DRC

国务院发展研究中心研究丛书2022

陆 昊 主编

国家出版基金项目
NATIONAL PUBLICATION FOUNDATION

# 迈向农业强国

To Build up China's Strength in Agriculture

农业农村现代化一体设计、一并推进

The Integrated Design and Promotion of Agricultural and Rural Modernization

国务院发展研究中心农村经济研究部 著

中国发展出版社
CHINA DEVELOPMENT PRESS

**图书在版编目（CIP）数据**

迈向农业强国：农业农村现代化一体设计、一并推进/国务院发展研究中心农村经济研究部著.—北京：中国发展出版社，2023.7

ISBN 978-7-5177-1333-3

Ⅰ.①迈… Ⅱ.①国… Ⅲ.①农业现代化—研究—中国②农村现代化—研究—中国 Ⅳ.① F320.1

中国版本图书馆 CIP 数据核字（2022）第 220154 号

| | |
|---|---|
| 书　　　名： | 迈向农业强国：农业农村现代化一体设计、一并推进 |
| 著作责任者： | 国务院发展研究中心农村经济研究部 |
| 责 任 编 辑： | 沈海霞 |
| 出 版 发 行： | 中国发展出版社 |
| 联 系 地 址： | 北京经济技术开发区荣华中路22号亦城财富中心1号楼8层（100176） |
| 标 准 书 号： | ISBN 978-7-5177-1333-3 |
| 经 销 者： | 各地新华书店 |
| 印 刷 者： | 北京盛通印刷股份有限公司 |
| 开 　　本： | 710mm×1000mm　1/16 |
| 印 　　张： | 16.75 |
| 字 　　数： | 230 千字 |
| 版 　　次： | 2023 年 7 月第 1 版 |
| 印 　　次： | 2023 年 7 月第 1 次印刷 |
| 定 　　价： | 69.00 元 |

联 系 电 话：（010）68990642　68360970
购 书 热 线：（010）68990682　68990686
网 络 订 购：http://zgfzcbs.tmall.com
网 购 电 话：（010）68990639　88333349
本 社 网 址：http://www.develpress.com
电 子 邮 件：841954296@qq.com

DRC

*2022*

# 国务院发展研究中心研究丛书

## 编 委 会

**主编**

陆　昊

**副主编**

张来明　隆国强　余　斌　陈昌盛

**编委**（按照姓氏笔画排列）

马名杰　王　微　王金照　叶兴庆　李佐军　李建伟

吴振宇　张　琦　侯永志　袁东明　高世楫

# "农业现代化与农村现代化一体设计、一并推进"
# 课题组

**课题顾问**

王安顺　国务院发展研究中心原副主任、党组成员（正部长级）

**课题负责人**

叶兴庆　国务院发展研究中心农村经济研究部部长、研究员

**课题执行负责人**

程　郁　国务院发展研究中心农村经济研究部副部长、研究员

**课题协调人**

伍振军　国务院发展研究中心农村经济研究部第三研究室主任、一级调研员、研究员

殷浩栋　国务院发展研究中心农村经济研究部四级调研员、副研究员

**课题组成员**

张云华　国务院发展研究中心农村经济研究部副部长、研究员

肖俊彦　国务院发展研究中心农村经济研究部原二级巡视员、研究员

秦中春　国务院发展研究中心农村经济研究部二级巡视员、研究员

赵俊超　国务院发展研究中心农村经济研究部第二研究室主任、一级调研员、研究员

韩　杨　国务院发展研究中心农村经济研究部第四研究室主任、一级调研员、研究员

李　青　国务院发展研究中心农村经济研究部一级调研员、副研究员

孙成龙　国务院发展研究中心市场经济研究所综合研究室副主任

周群力　国务院发展研究中心农村经济研究部第一研究室副主任、三级调研员、研究员

宁　夏　国务院发展研究中心农村经济研究部四级调研员、副研究员

张　诩　国务院发展研究中心农村经济研究部博士

# 总　序

党的二十大报告明确指出，从现在起，中国共产党的中心任务就是团结带领全国各族人民全面建成社会主义现代化强国、实现第二个百年奋斗目标，以中国式现代化全面推进中华民族伟大复兴。中国的现代化是人类历史上规模最大的现代化，也是难度最大的现代化，必须在深刻理解和准确把握中国式现代化的理论内涵和实践要求的基础上，通过深入研究，科学回答现代化新征程中的一系列理论和实践问题。

## （一）

习近平总书记指出，"一个国家走向现代化，既要遵循现代化一般规律，更要符合本国实际，具有本国特色"。英国工业革命开启了世界现代化进程。尽管各国现代化的具体路径不同，但都遵循着人类文明进步的一般规律，也有一些共同特征。从一般规律看，成功推进现代化，必须建立符合人类进步方向、适应本国国情的社会制度；必须以科技进步为主要推动力，大力发展社会生产力；必须随着经济结构和社会结构的变化，创新国家治理和社会治理。从共同特征看，各国现代化都经历了以工业化为主要内容的经济结构转变，和以城市化为主要内容的社会结构变迁。中国式现代化既遵循了现代化的一般规律，也反映出各国现代化的共同特征。

中国式现代化更有基于自己国情的鲜明特色。习近平总书记指出，"中国式现代化是人口规模巨大、全体人民共同富裕、物质文明和精神文明相协调、人与自然和谐共生、走和平发展道路的现代化"。要把中国式现代化五个方面的中国特色变为成功实践，把鲜明特色变成独特优势，需要付出艰巨努力。

第一，我国人口规模超过现有发达国家的人口总和，中国式现代化是人类历史上前所未有的、最为波澜壮阔的现代化，也是难度最大的现代化。人口规模巨大，意味着市场潜在空间大、分工效应高，有助于形成规模经济优势和比较完整的产业体系；意味着中国的现代化将面临更强的资源环境约束，必须走资源节约、环境友好的发展道路；意味着中国的现代化将改写现代化的世界版图，深刻影响世界政治经济格局，处理好内外关系更具挑战性；意味着任何一个小问题都可能演变成为一个大问题，实现社会良好治理难度大。谋划和推进中国式现代化的各项工作，都需要把巨大的人口基数作为重要前提。

第二，全体人民共同富裕是中国式现代化的本质特征，也是区别于西方现代化的显著标志。党的十八大以来，我们在促进共同富裕方面取得了显著成效。同时要看到，城乡区域发展差距和收入差距依然较大，与人民群众对共同富裕的期盼有距离，要自觉主动地解决城乡差距、地区差距和收入差距的问题。要在继续做好做大"蛋糕"的同时，进一步分好"蛋糕"，初次分配、再分配、第三次分配协同发力，努力提高居民收入在国民收入分配中的比重，努力提高劳动报酬在初次分配中的比重，着力解决好民生问题，让现代化建设成果更多更公平惠及全体人民。同时，要充分认识到，我国仍然处于并将长期处于社会主义初级阶段，实现全体人民共同富裕是一个长期过程，必须有足够的历史耐心；要按照经济社会发展规律循序渐进，不断地、逐渐地解决好共同富裕问题。

第三，既要物质富足、也要精神富有，是中国式现代化的崇高追求。西方国家的现代化往往伴随着信仰缺失、精神贫乏、物欲横流等问题，我国要坚决避免出现类似问题。还要看到，迈上现代化新征程，人民精神文化需求将持续增长，也会呈现越来越多元化的局面。推进中国式现代化，要推动物质文明和精神文明相互协调、相互促进，加强理想信念教育，培育和弘扬社会主义核心价值观，建设全体人民共同享有的精神家园，让全体人民始终拥有团结奋斗的思想基础、开拓进取的主动精神、健康向上的价值追求。

第四，尊重自然、顺应自然、保护自然，促进人与自然和谐共生，是中国式现代化的鲜明特点。西方国家的现代化大都经历了对自然资源肆意掠夺和生态环境恶性破坏的阶段，在创造巨大物质财富的同时，往往造成环境污染、资源枯竭等严重问题。我国人均资源禀赋严重不足，现代化所处的时代背景、历史阶段与西方国家快速推进现代化时显著不同，推进现代化面临更强烈、更严格的能源资源和环境约束，不可能走西方国家的老路，必须走出一条永续发展的新路，必须加快形成绿色低碳的产业结构、生产方式、生活方式，在守住底线、节约集约、多目标平衡下促进高质量发展。

第五，在坚定维护世界和平与发展中谋求自身发展，又以自身发展更好维护世界和平与发展，是中国式现代化的突出特征。中国是社会主义国家，决不可能走一些国家通过战争、殖民、掠夺等方式实现现代化的老路。当今世界，恃强凌弱、巧取豪夺、零和博弈等霸权行径危害深重，世界又一次站在历史的十字路口。还要看到，作为人口大国，中国的现代化将深刻影响世界政治经济格局，会受到一些国家的打压、遏制。我们要坚定站在历史正确的一边，高举和平、发展、合作、共赢旗帜，以中国新发展为世界提供新机遇，推动全球治理朝着更加公正合理的方向发展，促进各国共同走和平发展道路。

## （二）

新征程上推进中国式现代化已经具备显著优势。新时代十年，在以习近平同志为核心的党中央坚强领导下，我们推动中国式现代化又向前迈进了一大步，在全球竞争中创造了竞争新优势：规模经济优势突出，能够为不同技术创新路线、商业创新模式提供足够赛道和空间；制造业系统性优势突出，能大规模标准化生产，又能快速响应个性化需求；科技创新能力不断增强，人才基础、创新主体、新兴产业、新型举国体制等优势正在聚合释放；经济深度融入世界经济体系，"世界工厂"的地位日益巩固，"世界市场"的重要性不断提升；人力资本质量红利显现，资本丰裕度明显改善，要素禀赋优势实现动态升级；新型城镇化和消费结构升级持续推进，总需求较快释放和升级。利用好、巩固好、发展好这些新优势，既是经济基本面长期向好的重要支撑，也是解决当前经济问题的重要基础，更是实现现代化目标的重要保障。

习近平总书记指出，"推进中国式现代化，是一项前无古人的开创性事业，必然会遇到各种可以预料和难以预料的风险挑战、艰难险阻甚至惊涛骇浪"。要清醒地认识到，当今世界百年未有之大变局加速演进，逆全球化思潮抬头，局部冲突和动荡频发，世界进入新的动荡变革期。我国改革发展稳定面临不少深层次矛盾躲不开、绕不过，来自外部的打压遏制随时可能升级。我国发展进入战略机遇和风险挑战并存、不确定难预料因素增多的时期，各种"黑天鹅""灰犀牛"事件随时可能发生。

应对这些风险挑战，必须全面落实习近平总书记在 2023 年 2 月 7 日学习贯彻党的二十大精神研讨班开班式上的重要讲话精神，正确处理好顶层设计与实践探索、战略与策略、守正与创新、效率与公平、活力与秩序、自立自强与对外开放等重大关系。处理这六对关系，角度不完全一样，需要把握的重点、难点也不完全一样。处理前三对关系，主要靠我们自己的积累和把握；处理后三对关系，要注重学习借鉴国外现代化的经验教训，不断深化对现代化规律的认识，不断提高应对各种风险挑战的能力。

处理顶层设计与实践探索的关系，要根据现代化总体安排和分阶段、分领域的发展目标，设计好总体战略和各项分战略；要根据时和势的变化，勇于探索未知领域，提出新思路新办法，创造新鲜经验。

处理战略与策略的关系，要着眼于解决事关党和国家事业兴衰成败、牵一发而动全身的重大问题，谋划战略目标、制定战略举措，为中国式现代化提供强大的战略支撑；要适应新情况、新变化，把战略的原则性和策略的灵活性结合起来，因地制宜、因势而动、顺势而为。

处理守正与创新的关系，要毫不动摇坚持中国式现代化的中国特色、本质要求和重大原则，确保中国式现代化的正确方向；要顺应时代发展要求，积极识变应变求变，大力推进各方面创新，不断开辟发展新领域。

处理效率与公平的关系，要更好实现效率与公平相兼顾、相促进、相统一。既要提高效率又要实现公平，是一大世界性难题。处理得不好，要么损失效率，要么带来严重社会问题。在创造更高效率的同时，更好地维护社会公平，要坚持"两个毫不动摇"，把社会主义制度和市场经济更好有机结合起来，既要发挥市场经济的长处，又要发挥社会主义制度的优越性；要防止社会阶层固化，畅通向上流动通道，扎实推进共同富裕取得更为明显的实质性进展。

处理活力与秩序的关系，要实现活而不乱、活而有序的动态平衡。要深化各方面体制机制改革，充分释放全社会创新创造潜能；要适应人民群众在民主、法治、公平、正义等方面日益增长的需求，发展全过程人民民主，完善社会治理体系；要统筹发展和安全，贯彻总体国家安全观，健全国家安全体系。

处理自立自强与对外开放的关系，要加快构建以国内大循环为主体、国内国际双循环相互促进的新发展格局。在经济全球化背景下，任何一个国家的发展都离不开外部资源和外部市场，必须利用好国际循环。但是，大国和小国对国际市场的依赖程度不一样，小国发展可以依赖国际市场；大国发展必须立足自身，历来都以内循环为主体，而且随着经济规模的扩大，内循环越来越重要。2022年，新加坡进出口总额相当于国内生产总值的330.0%，而美国仅为27.4%。我国是人口大国，目前已是世界第二大经济体，未来发展要在扩大高水平对外开放、更好利用国际循环的同时，必须更多依靠国内大循环、增强内循环的内生动力和可靠性，必须提高产业链供应链韧性和安全水平，必须提高科技自立自强水平，把国家和民族发展放在自己力量的基点上。

应对这些风险挑战，还必须坚持系统观念和底线思维，充分发挥高端智库作用，加强理论研究和实践探索，做好政策和方案储备，及时破解前进道路上的各种难题，化解前进道路上的各种风险挑战。

## （三）

近年来，国务院发展研究中心坚持运用习近平新时代中国特色社会主义思想的立场、观点和方法，围绕推进中国式现代化，开展了相关研究，形成了系列成果，可为探索现代化具体路径和破解现代化建设难题提供有价值的参考。

推进中国式现代化，必须把宏伟蓝图变成可执行的时间表、路线图。党的十九大和二十大擘画了建设社会主义现代化国家的宏伟蓝图，指明了现代化建设的方向。现代化的内涵随着技术的进步而不断拓展，现代化的路径因时代背景和发展所处阶段的不同而不同。我国现代化新征程恰逢新一轮科技革命和产业变革方兴未艾，又面临世界进入新的动荡变革期，现代化具有难得机遇，但也不会一马平川。把党中央的决策部署落到实处，需要通过深入研究，进一步明晰现代化的内涵，细化现代化的目标、任务和路径。《基本实现社会主义现代化：机遇挑战和战略路径》提出现代化是人类进入工业社会以来在科学技术推动的引领下，一个国家的经济、社会、文化、国家治理等领域由低级形态向高级形态演变的过程；认为新一轮科技革命和产业变革是新阶段现代化的最大机遇，超大规模经济及与之相适应的治理体系是新阶段现代化最重要的基础；明确发展知识技术密集型产业是新阶段经济结构升级的重大任务，在此基础上细化了基本实现现代化的目标任务，提出了基本实现现代化的战略路径和相关对策建议。

推进中国式现代化，必须加快农业农村现代化。农业现代化与农村现代化有其各自的规律，但两者之间又有相互依存、相互促进的逻辑关联。农业和农村在地理空间上交叉分布，在发展所需的基础设施上可高度共享，在发展所需的投入要素上有共同需求，在生态环境上会相互带来正外部效应或负外部效应。推进农业农村现代化，一方面应遵循农业现代化与农村现代化各自的规律采取针对性举措；另一方面也应从农业现代化与农村现代化既各有其规律又相互关联的情况出发，坚持一体设计、一并推进。《迈向农业强国：农业农村现代化一体设计、一并推进》着重分析了农业现代化和农村现代化的耦合性，提出要围绕空间、基础设施、生态环境、产业、人口等耦合点做好统筹谋划、系统布局、协同推进，为两者协调发展创造共同的基础条件、做好并行保障，建立健全两者相互促进的有效机制。

推进中国式现代化，必须提升产业链供应链的稳定性和竞争力。产业链供应链的稳定性和竞争力是国民经济循环稳定畅通和国家安全发展的重要基础，对建设现代化经济体系、构建新发展格局具有重要意义。在新一轮科技革命和产业变革深入发展、保护主义明显抬头、大国博弈愈演愈烈等因素影响下，国际产业链供应链加速调整、分化和重组，我国产业链供应链必须加快提升。《新发展格局与产业链提升战略》围绕畅通国民经济循环、构建新发展格局的需要，提出要实施产业基础再造和产业链提升工程，加快推进"强基础""补短板""锻长板""提水平""促升级"，着力提高关键领域自主可控能力、优势领域全球引领能力和战略性新兴领域产业链综合能力，打造安全可控、开放包容、韧性高效的产业链体系。

推进中国式现代化，必须实现高水平科技自立自强。科技是第一生产力，是全面建设社会主义现代化国家的基础性、战略性支撑，是国家强盛之基、安全之要。在美西方对我进行全方位围堵的背景下，实现科技自立自强显得尤为紧迫和重要。当前，我国科技自立自强水平的提高还面临不少体制机制障碍，不能适应市场经济条件下科技创新的新要求，各方科技力量缺乏有效协同，对人才和企业等关键创新要素的不合理束缚仍然较多，成果应用转化的支撑体系尚不健全。《科技自立自强：体制与政策》提出构建定位清晰、协同合作的科研组织体系，完善满足国家使命和产业发展需要的政策机制，建立符合科研规律和充分调动各方力量的支持新机制等，形成符合科研规律、有效满足国家需求、开放和有活力的科技创新体制。

推进中国式现代化，必须做大做强国内市场，特别是扩大国内消费需求。进入新发展阶段，以消费为主导的内需应逐渐成为我国经济最根本的发展动力，这是构建安全可控、富有韧性的经济体系的重要基础。当前，有效扩大内需和更好满足内需依然存在难点堵点和体制机制障碍，需要建立供求适配和互动互促的体制机制，以形成供需更高水平的动态平衡。《转向消费驱动》提出要加快构建以"全领域覆盖、全周期管理、全环节贯通、全要素支撑"为主要特征的完整内需体系，推动形成"高效匹配、强力激发、加速创新、有序转型"的内需发展新机制，深化供给侧结构性改革，强化消费促进政策和制度改革创新，做到供需双侧发力，进一步夯实有效扩大和更好满足内需的制度基础，为推动高质量发展提供强大内生动力。

推进中国式现代化，必须大力发展平台经济。经济平台化是数字时代最突出的商业变革之一。美国前国务卿基辛格等学者研究指出，人工智能技术驱动的平台经济已成为大国博弈的前线。大型数字平台企业一边吸引商户入驻平台，另一边吸引用户入驻平台，具有技术创新快、网络效应强、规模经济突出、动态竞争激烈等突出特点，很容易形成"赢者通吃""一家独大"的市场格局，除了挑战既有的市场准入、反垄断、消费者保护等制度外，还带来了数字治理、网络安全和数据安全等领域的难题。《数字平台的发展与治理》针对社会上广泛关注的平台经济发展放缓、创新能力不足、国际竞争力下降等担忧，以及平台垄断、滥用市场支配地位、从业主体权益保护乏力等议题，提出了有效防范负外部性、促进数字平台良性发展、实现数字平台良好治理的思路和建议。

推进中国式现代化，必须有序推进人民币国际化。国际金融危机以来，人民币的国际货币职能逐步拓展深化，目前已成为全球第三大贸易融资货币，可以顺势而为积极稳妥提高人民币国际化水平。需要看到，人民币国际化有利有弊。货币国际化达到一定程度后，财政货币政策空间都能得到扩展，应对金融风险的能力会提升，但也可能带来银行、资产泡沫和汇率波动等风险。《国际货币体系演进与人民币国际化》在深入分析国际货币体系演进规律的基础上，围绕人民币国际化及其基础设施的现状、人民币国际环流和离岸市场发展等展开了深入研究，提出推进人民币国际化，要加快推进相关改革和政策，重点完善支撑人民币国际化的基础设施，引导和构建人民币环流机制，强化区域金融合作，完善人民币国际化的制度性保障，防范人民币国际化中的金融风险。

推进中国式现代化，必须加快实现绿色转型。力争 2030 年前实现碳达峰、2060 年前实现碳中和，是推动高质量发展的内在要求。我国是世界上最大的发展中国家，在全面建设社会主义现代化国家新征程中实现碳达峰碳中和，关键是要处理好发展与减排的关系。实现"双碳"目标是一项系统工程，涉及生产方式、生活方式和空间格局等的转变，必须运用系统思维从根本上推动发展方式绿色转型。《绿色低碳转型》从"处理好发展与减排的关系"视角出发，遵循提高资源利用效率和抢占绿色产业新赛道并举的战略思路，重点研究了面向碳达峰碳中和的总体路径和关键举措，强调要加快完善激励约束机制，用好政府和市场"两只手"尽快建立健全碳排放核算核查制度、法律法规、标准规范及政府监管等基础性制度，补齐治理能力短板。

推进中国式现代化，必须建设健康中国。人民健康是民族昌盛和国家强盛的重要标志，也是中国式现代化的重要目标。由于全生命周期中不同年龄阶段的人面临不同的健康问题，针对不同年龄阶段的健康政策也应有所不同。同时，随着工业化、信息化、城镇化、全球化的推进，以及生产和生活方式的变化，影响人们身心健康的因素越来越多。建设健康中国，一方面要关注不同年龄阶段人群的健康需要，另一方面必须把健康融入所有公共政策。《健康中国：全生命周期视角》从人的生育、托幼、教育、就业、养老、临终关怀等全过程健康管理的需要出发，提出了通过全人群融入、全生命周期融入、全方位融入、全政策链条融入，将健康融入经济社会环境等各方面公共政策的具体建议。

推进中国式现代化是一项系统工程、长期任务，尚有不少深层次问题需要深化研究，在推进现代化的进程中还会出现新的问题和矛盾需要研究破解。国务院发展研究中心是直接服务于党中央、国务院的高端智库。我们将以习近平新时代中国特色社会主义思想为指导，深刻领悟"两个确立"的决定性意义，坚决做到"两个维护"，按照习近平总书记关于建设中国特色新型智库的重要指示精神，探索和创新适应新时代新征程需要的决策咨询机构组织形式和管理方式，不断增强综合研判和战略谋划能力，不断提升为中央决策咨询服务水平。同时，在充分全面准确领悟党中央精神的基础上，不断夯实基本理论训练和真实情况掌握这两项基本功，加快建设合作开放研究平台，深入开展现代化进程中的高质量发展的质量动力效率变革、站在高收入国家门槛上的中国、构建新发展格局、扎实推进共同富裕、促进人口高质量发展、深化社会主义市场经济体制改革等重大课题研究，不断推出高水平决策咨询成果，为推进中国式现代化作出应有贡献。

国务院发展研究中心主任、党组书记

# 目 录

总报告

# 新发展阶段农业现代化与农村现代化一体设计、一并推进的逻辑关联和总体思路

　　全面推进农业农村现代化是确保实现第二个百年奋斗目标的重大任务。习近平总书记强调，要坚持农业现代化和农村现代化一体设计、一并推进，实现农业大国向农业强国跨越[①]。这为新发展阶段加快农业农村现代化提供了重要遵循。农业现代化与农村现代化有其各自的规律，但两者又有紧密的逻辑关联。在新发展阶段高质量推进农业农村现代化，一方面应遵循农业现代化与农村现代化各自的规律采取针对性举措；另一方面也应从农业现代化与农村现代化既各有其规律，又相互关联的情况出发，坚持一体设计、一并推进。做到农业现代化与农村现代化一体设计、一并推进，需要清醒认识农业现代化与农村现代化各自进展到了什么程度、两者的耦合度与协调度如何，要找准两者的耦合点，并围绕这些耦合点做好统筹谋划、系统布局、协同推进，为两个现代化的协调发展创造共同的基础条件，做好并行保障，建立健全农业现代化与农村现代化相互促进的有效机制。

---

　　① 《习近平在中共中央政治局第八次集体学习时强调 把乡村振兴战略作为新时代"三农"工作总抓手 促进农业全面升级农村全面进步农民全面发展》，《光明日报》2018年9月23日第1版。

# 一、全面建成小康社会为新发展阶段
# 全面推进农业农村现代化奠定了坚实基础

在向全面建成小康社会目标迈进的进程中，中央坚持把解决好"三农"问题作为全党工作的重中之重，作出统筹城乡经济社会发展、推进城乡经济社会发展一体化、促进城乡融合发展的战略决策，提出多予少取放活、工业反哺农业城市支持农村、农业农村优先发展的方针，实施社会主义新农村建设和乡村振兴战略，有力推进了农业产业升级和农村面貌更新，如期实现打赢脱贫攻坚战、全面建成小康社会目标，为新发展阶段全面推进农业农村现代化奠定了坚实基础。

## （一）农业现代化取得重要进展

为保障国家粮食安全和重要农产品供给，新中国成立以来，特别是改革开放以来，我国在现代化建设中始终重视农业现代化建设。经过长期努力，我国现代农业产业体系、生产体系、经营体系逐步健全，农业现代化成效显著。

### 1. 多功能、多层次、复合型的现代农业产业体系逐步健全完善

一是主要农产品现代产业体系逐步完善。顺应城乡居民食物消费结构升级要求，不断优化农产品生产结构，以水稻、蔬菜、生猪、柑橘、淡水鱼等50个主要农产品为单元，围绕产业发展需求，构建了从产地到餐桌、从生产到消费、从研发到市场各个环节紧密衔接、环环相扣、服务国家目标的现代农业产业技术体系。二是一二三产业融合的多功能产业体系逐步健全。延伸农业产业链，拓展农业多种功能，发展农村新产业新业态，逐步形成产业链完备、多功能集成、创新创业活跃的一二三产业融合的现代产业体系。农产品加工业发展壮大。根据农业农村部数

据，2020 年全国农产品加工转化率提升到 68%，比 2015 年提升 3 个百分点；农产品加工业与农业总产值之比提升到 2.4∶1，比 2015 年的 2.2∶1 明显提高[①]。农村新兴产业快速发展。2020 年，农村网络零售额达 1.79 万亿元，返乡入乡创新创业人员达到 1010 万，在乡创新创业人员达到 3000 多万。2019 年全国休闲农业和乡村旅游业接待游客 32 亿人次，营业收入超过 8500 亿元。三是现代农业产业园区、产业化联合体等载体丰富发展，特色产业集群兴起。2021 年全国已认定 308 个中国特色农产品优势区和 667 个省级特色农产品优势区，绿色优质特色农产品供给能力进一步增强。

### 2. 机械化、设施化、绿色化、良种化的现代农业生产体系建设取得较大进展

一是农业机械化水平稳步提高。根据农业农村部数据，截至 2020 年底，全国主要农作物耕种收综合机械化率达到 71%，主要粮食作物生产基本实现全程机械化。二是农业设施建设稳步推进。全国已建成 8 亿亩旱涝保收、高产稳产的高标准农田。农田有效灌溉面积提升，2020 年我国农田有效灌溉面积达到 10.37 亿亩，耕地实际灌溉亩均用水量为 356 立方米，农田灌溉水有效利用系数达到 0.565[②]。三是化肥农药减量增效进展明显。2020 年全国农用化肥施用量为 5250.65 万吨，与 2015 年 6022.6 万吨的历史峰值相比下降 12.82%；2019 年全国农药使用量为 139.17 万吨，与 2013 年 180.77 万吨的历史峰值相比下降 23.01%。在使用量减少的同时，利用率明显提升。2020 年化肥和农药有效利用率分别提高到 40.2% 和 40.6%，

---

① 数据来自农业农村部《农业现代化辉煌五年系列宣传之十六："四链"结合 农产品加工业高质量发展》，2021 年 6 月。

② 数据来自水利部《2020 年中国水资源公报》，2021 年 7 月。

比 2015 年分别提高 5 个和 4 个百分点[①]。四是农业科技支撑能力进一步增强。良种覆盖率、科技进步贡献率提高。2020 年我国农作物良种覆盖率达到 96% 以上，良种对农业增产的贡献率达到 45% 以上，对畜牧业发展的贡献率超过 40%。种源基本实现自主可控。2021 年我国自主选育品种面积占 95% 以上，主要畜种核心种源自给率超过 75%。2020 年我国农业科技进步贡献率提升至 60%，近五年来年均提升 0.8 个百分点[②]。

### 3. 规模化、合作化、社会化的现代农业经营体系不断健全

一是农业适度规模经营有序推进。完善农村土地经营权流转服务体系，深入推进承包地"三权分置"改革。全国有 1200 多个县（市、区）、18000 多个乡镇建立农村土地经营权流转服务中心。截至 2020 年底，全国农村土地经营权流转总面积超过 5.32 亿亩，流转面积占家庭承包经营耕地面积的 34.08%[③]。积极培育家庭农场等新型农业经营主体，家庭农场数量从 2015 年的 34.3 万个增加到 2020 年的 348.1 万个，其中 50 亩以上经营粮食的家庭农场从 2015 年的 114.7 万个增加到 2020 年的 161.7 万个[④]。二是农民组织化程度提高。根据农业农村部数据，截至 2021 年 4 月底，全国依法登记的农民合作社达到 225.9 万家，辐射带动全国近一半的农户。三是社会化服务加快发展。截至 2020 年底，全国各类农业服务组织数量超过 90 万个，服务小农户超过 6000 万户[⑤]。土地托管、联耕联种等新型方式创新发展，2020 年全国农业生产土地托管达到 15.1 亿亩次[⑥]。

---

① 数据来自农业农村部《农业现代化辉煌五年系列宣传之二十六：化肥农药使用量零增长行动取得明显成效》，2021年7月。
② 数据来自农业农村部《农业现代化辉煌五年系列宣传之六：加强农业关键核心技术攻关科技创新支撑引领农业农村现代化》，2021年5月。
③ 数据来自《2020年中国农村政策与改革统计年报》。
④ 数据来自《2020年中国农村政策与改革统计年报》。
⑤ 《有了"田保姆"种地更划算》，《人民日报》2021年2月8日第11版。
⑥ "亩次"表示单位面积接受托管服务的累计次数，如1亩地接受耕、收两次托管服务的，托管服务深度为2亩次。数据来自《2020年中国农村政策与改革统计年报》。

### （二）农村现代化具备一定基础

在实现全面建成小康社会目标的进程中，中央把基础设施和公共服务建设的重点放在农村，持续加大对农村的投入，努力补上农村发展短板，不断加强和改进乡村治理，为新发展阶段接续推进农村现代化打下较好的基础。

#### 1. 农村基础设施提档升级

改革开放以来，我国持续推进农村道路、饮水安全、电网升级改造、通信网络等建设工程项目，农村水电路网等基础设施逐步完善。农村公路总里程由 1978 年的 59.6 万公里增加到 2020 年的 438.2 万公里[①]，全国基本形成以县城为中心、以乡镇为节点、以建制村为网点的农村公路网络。具备条件的建制村全部通硬化路，通客车率达到 99.45%[②]。农村饮水安全问题基本得到解决，截至 2020 年底，农村自来水普及率达到 83%[③]。农村电气化快速发展，电网升级改造解决了电压低和供电不足等问题，农村供电可靠率超过 99.77%[④]，农村用电量从 1978 年的 253.1 亿千瓦时增长至 2020 年的 9717.2 亿千瓦时，增长了 37.4 倍[⑤]。农村电信服务水平普遍显著提升，现有行政村已全面实现"村村通宽带"，农村地区互联网普及率从 2015 年的 31.6% 提高到 2021 年的 57.6%[⑥]，为数字技术赋能乡村振兴奠定良好基础。

#### 2. 农村公共服务稳步提标扩面

以提高农村教育、医疗服务水平为重点，强化资金投入和人员配备，

---

① 数据来源：《我国农村公路总里程达438.2万公里 占公路总里程84.3% 乡村百姓共享发展成果》，2021年10月9日央视网。

② 数据来源：农业农村部农村社会事业促进司，《加快补上农村发展短板，持续推进美丽宜居乡村建设》，2021年8月，农业农村部网站。

③ 数据来源：国务院新闻办公室，《国新办就落实五中全会精神、全面推进乡村振兴有关情况举行发布会》，2021年1月，中国网。

④ 数据来源：农业农村部农村社会事业促进司，《加快补上农村发展短板，持续推进美丽宜居乡村建设》，2021年8月，农业农村部网站。

⑤ 数据来源：国家统计局，《中国统计年鉴2021》。

⑥ 数据来源：中国互联网络信息中心，第49次《中国互联网络发展状况统计报告》，2022年2月。

着力缩小城乡基本公共服务差距。2013 年以来持续推进全面改善贫困地区义务教育薄弱学校基本办学条件和县域内城乡义务教育一体化，2019 年底全国 99.8% 的义务教育学校办学条件达到"20 条底线"要求①。截至 2020 年，农村义务教育学校专任教师本科以上学历占比达 65.7%②。通过农村订单定向医学生免费培养、全科医生特设岗位计划、"县聘县管乡用"和"乡聘村用"、巡诊、派驻、开展远程医疗等方式推动优质医疗资源逐级下沉，基本消除乡村医疗机构和人员"空白点"。2020 年底，全国 50.9 万个行政村共设 60.9 万个村卫生室，村卫生室人员达 144.2 万人，其中执业（助理）医师 46.5 万人 ③。不断完善农村社会保障体系，逐步推进城乡社会保障制度并轨，居民基本养老保险和基本医疗保险保障水平逐步提高，在同一个统筹区内先后实现城乡统一。在城乡居民基本养老和医疗保险并轨过程中，城乡居民基本养老保险基础养老金最低标准从 2016 年的每人每月 70 元提高到 2020 年的每人每月 93 元，城乡居民基本医疗保险人均财政补助标准从 2016 年每人每年 420 元提高到 2020 年每人每年 550 元。不断健全覆盖城乡的公共文化服务体系，实施农村电影放映工程、农家书屋工程、送戏下乡工程、非遗保护工程等文化惠民工程，乡村公共文化服务得到极大补充。

### 3. 农村人居环境整治成效显著

2018 年至 2020 年，各地对标中共中央办公厅、国务院办公厅印发的《农村人居环境整治三年行动方案》的目标要求，扎实推进村庄清洁行动、农村厕所革命、生活垃圾治理、生活污水治理等工作，发动群众开展"三

---

① 数据来自《新建改扩建校舍2.24亿平方米，23个省份实现县域义务教育基本均衡——贫困地区办学条件改善成效显著》，2020年5月，教育部网站。
② 数据来自农业农村部农村社会事业促进司，《加快补上农村发展短板 持续推进美丽宜居乡村建设》，2021年8月，农业农村部网站。
③ 数据来自2020年我国卫生健康事业发展统计公报，国家卫生健康委员会，2021年7月。

清一改"（清理农村生活垃圾、清理村内塘沟、清理畜禽养殖粪污等农业生产废弃物，改变影响农村人居环境的不良习惯），统筹推进农村污水治理与粪污处理，村庄面貌发生明显变化。截至 2020 年底，全国农村卫生厕所普及率超过 68%，农村生活垃圾进行收运处理的自然村比例稳定保持在 90% 以上，农村生活污水治理率达到 25.5%[①]。

### 4. 乡村治理体系逐步健全

坚持和完善党的领导，以基层党建为引领，建立起自治、德治和法治相结合的治理体系，推进了乡村治理能力的提升和乡风文明建设的进步。建立健全以村民自治为核心的群众性自治机制，形成民事民议、民事民办、民事民管的多层次基层协商格局。建立多元共治机制，吸引各类经营主体、社会组织加入乡村治理中。健全德治机制，强化乡风文明建设，完善村规民约和道德规范，探索出"积分制""红黑榜"等模式，引导农民群众见贤思齐、崇德向善。运用互联网、大数据等信息技术，优化乡村村务管理和综合治理，提升治理效能。

### 5. 脱贫攻坚取得全面胜利

我国始终把扶贫开发作为一项重要民生工程，不断推动减贫事业取得新进展。特别是党的十八大以来，中央把脱贫攻坚纳入"五位一体"总体布局和"四个全面"战略布局，统筹谋划，强力推进，如期打赢脱贫攻坚战。全国农村贫困人口到 2020 年底全部实现脱贫，832 个国家级贫困县全部摘帽，消除了绝对贫困和区域性整体贫困，提前 10 年实现联合国 2030 年可持续发展议程的减贫目标。贫困人口全面实现不愁吃、不愁穿，喝上了安全饮用水，义务教育、基本医疗、安全住房全部得到保障，补上了全面建成小康社会的最大短板。

---

① 数据来源：国务院新闻办公室就农村人居环境整治提升五年行动有关情况举行发布会，2021 年 12 月 6 日，中国网。

## 二、新发展阶段高质量推进农业农村现代化需要提高农业现代化与农村现代化的耦合度和协同度

在新发展阶段高质量推进农业农村现代化，既需要处理好农业农村现代化与国家现代化的关系，把坚持农业农村优先发展的方针落到实处；也需要处理好农业现代化与农村现代化的关系，坚持两者一体设计、一并推进，实现两者协调统一、相互促进。在农业农村现代化进程中，无论国家层面还是地区层面，农业现代化与农村现代化的进展并不平衡，两者的协调性较差。认清农业现代化与农村现代化各自进展到了什么程度、两者的协调关系如何，是在新发展阶段做到两者一体设计、一并推进的重要前提。为此，我们构建了农业农村现代化评价指标体系，选取可获得的省级数据指标对 2019 年全国 31 个省（区、市）的农业现代化与农村现代化的耦合度进行测算评估。

### （一）评价指标体系的构建

农业农村现代化评价指标的选取主要遵循三个原则。首先，要充分考虑数据的可获得性，相关数据能够从国家统计部门和涉农部委现有的各类统计中直接获得，或以这些数据为基础进行计算。其次，要保持时间的统一性，各指标分省数据要尽可能更新至 2019 年，最大限度地接近当下的情况。最后，为了消除不同省份农业生产结构、农村生活方式、自然资源禀赋等方面的差异，在选取指标时全部选择比例型指标并将指标作标准化处理。基于以上三个原则，农业现代化评价指标分为农业产业体系现代化、农业生产体系现代化、农业经营体系现代化三个维度，农村现代化评价指标分为农村基础设施和公共服务现代化、农村居民思想观念和生活质

量现代化、农村治理体系和治理能力现代化三个维度，共设置 33 个指标构成农业农村现代化评价指标体系（见表 1）。

在农业产业体系现代化方面，设置了"粮食播种面积与 2015—2018 年粮食平均播种面积的比值""畜牧业和渔业占农林牧渔业总产值比重""农产品加工业产值与农林牧渔业总产值的比值""农业劳动生产率""单位耕地面积种植业产值"5 项指标。前 3 项指标主要体现粮食安全、畜牧业和农产品加工业在现代农业中的重要地位。《"十四五"全国种植业发展规划》要求稳定播种面积，着力提高单产，到 2025 年，粮食播种面积稳定在 17.5 亿亩以上。设置"粮食播种面积与 2015—2018 年粮食平均播种面积的比值"是为了评价各省份粮食播种面积的变化情况，按照中央关于各省份粮食播种面积只增不减的要求，将此指标 2035 年基本现代化目标值定为 1。参考发达国家与国内发达地区的水平，将"畜牧业和渔业占农林牧渔业总产值比重"和"农产品加工业产值与农林牧渔业总产值的比值"2035 年基本现代化目标值分别设定为 45% 和 3.5。后两项指标主要体现生产效率，参考目前国内生产率较高地区水平，将"农业劳动生产率"和"单位耕地面积种植业产值"的 2035 年基本现代化目标值按 2019 年不变价格分别设定为 6 万元 / 人和 0.4 万元 / 亩，大体上在 2019 年全国平均水平的基础上分别提高 70% 和 50%。

在农业生产体系现代化方面，设置了"每万名第一产业从业人员中科技活动人员数""劳均农业机械动力""农田灌溉用水有效利用系数""单位面积农药使用量负增长率""单位面积化肥使用量负增长率"5 项指标。"每万名第一产业从业人员中科技活动人员数"衡量的是农业科技支撑水平，参考国内农业科技支撑较有力地区的水平，将其 2035 年基本现代化目标值设定为 7，力争到 2035 年全国农业科技活动人员数新增 10 万人左右。"劳均农业机械动力"反映农业机械化水平，参考目前国内农业机械化较发达地区的水平，将其 2035 年基本现代化目标值设定为 6.6 千瓦 / 人，力争到 2035 年全国劳均农业机械化水平提升三成以上。"农田灌溉用水有效利用系数"反映农业水资源利用效率，参考《"十四五"全国农业绿色发展规划》每五年提高 0.01 的要求，将其 2035 年基本现代化目标值设定为 0.59。"单位面积化肥使用量负增长率"和"单位面积农药使用量负增长率"反映农业绿色发展导向，2015 年以来，农业农村部组织开展化肥农药使用量零增长行动，2020 年三大粮食作物化肥、农药利用率从 2015 年的 35.2% 和 36.6% 分别提高到 40.2% 和 40.6%。根据农业农村部关于力争化肥、农药利用率到 2025 年再各增加 3 个百分点的工作要求，按此趋势到 2035 年可再各增加 4 个百分点，若假设种植面积不变，则 2035 年单位面积化肥和农药使用量较 2015 年将下降 25% 左右。同时，参考化肥和农药减量领先省份的下降幅度，将 2015 年至 2035 年单位面积化肥和农药使用量的负增长率目标分别定为 20% 和 30%。

在农业经营体系现代化方面，设置了"农民合作社辐射带动农户比例""农业产业化龙头企业带动农户比例""农业生产托管服务深度""耕地适度规模经营户比例"4 项指标。设置这些指标主要是考虑到在大国小农的起点上推进农业现代化，必须把实现小农户与现代农业有机衔接作为重要政策取向。考虑到农民合作社和农业产业化龙头企业在带动农户方面具有一定的交叉互补性，参考目前国内较高水平地区的情况，将"农民合作社辐射带动农户比例"和"农业产业化龙头企业带动农户比例"的 2035 年基本现代化目标值分别设定为 50% 和 60%。参考托管服务较发达地区的水平，将"农业生产托管服务深度"2035 年基本现代化目标值设定为 0.9 亩次。考虑到南北方差异，将北方 50 亩以上和南方 10 亩以上确定为适度经营规模的门槛，参考适度规模经营发展较好地区的情况，将"耕地适度规模经营户比例"2035 年基本现代化目标值设定为 10%。

在农村基础设施和公共服务现代化方面，设置了"农村自来水普及率""农村道路硬化比例""农村居民年人均用电量""农村无害化卫生厕所普及率""农村生活污水处理率""农村生活垃圾处理率""农村义务教育阶段教师本科及以上学历比例""农村每千人口卫生技术人员数""每个行政村拥有的农村社区养老机构和设施数"9项指标。按照实现农村现代化生活的基本要求，这些指标的2035年基本现代化目标值主要参考目前城市和发达地区农村的水平来确定。参考目前国内领先地区的水平，将"农村自来水普及率""农村道路硬化比例""农村居民年人均用电量""农村无害化卫生厕所普及率"和"农村生活垃圾处理率"的2035年基本现代化目标值分别设定为92%、75%、2500千瓦时/（人·年）、90%和96%。尽管村庄的生活污水收集处理仍有一定难度，但由于"农村生活污水处理率"采用的是建制镇市政生活污水处理率的数据，建制镇作为农村居住和服务中心，其基本现代化的标准应接近城镇水平，达到90%。根据教育部2021年发布的《中华人民共和国教师法（修订草案）（征求意见稿）》，取得中小学教师资格应当具备高等学校师范专业本科或者其他相关专业本科毕业及以上学历，参照目前城市水平，将"农村义务教育阶段教师本科及以上学历比例"2035年基本现代化目标值设定为83%。参照目前国内领先地区农村的水平，并按照逐步接近城市水平的要求，将"农村每千人口卫生技术人员数"2035年基本现代化目标值设定为7.5人。按照农村养老服务基本覆盖的要求，将"每个行政村拥有的农村社区养老机构和设施数"2035年基本现代化目标值设定为0.7个，以实现平均1~2个村庄就能有一处养老机构或设施。

在农村居民思想观念和生活质量现代化方面，设置了"农村6岁以上人口中高中及以上学历占比""农村居民人均可支配收入""农村居民恩格尔系数""农村居民教育文化娱乐支出占比""农村居民每百户家用汽车拥有量"5 项指标。参考当前全国平均水平，将"农村 6 岁以上人口中高中及以上学历占比"2035 年基本现代化目标值设定为 30%。按照城乡居民收入与经济增长同步、城乡居民收入差距不断缩小的要求，将"农村居民人均可支配收入"2035 年基本现代化目标值按 2019 年不变价格设定为 3.5 万元。参考联合国以居民恩格尔系数划分生活水平的标准，将"农村居民恩格尔系数"2035 年基本现代化目标值设定为 25%。参考目前城市和该指标领先地区农村的水平，将"农村居民教育文化娱乐支出占比"2035 年基本现代化目标值设定为 12%。农村因地域广阔、分散且公共交通不够发达而对家用汽车有更强的需求，发达国家农村居民家用汽车拥有水平一般高于城镇居民，参考与我国国情相近的东亚发达国家日本的汽车拥有水平，将"农村居民每百户家用汽车拥有量"2035 年基本现代化目标值设定为 60 辆。

在农村治理体系和治理能力现代化方面，设置了"村综合服务站的行政村普及率""村规民约的行政村普及率""'农村文明家庭'农户占比""法律顾问、法律服务工作的行政村普及率""土地承包及流转纠纷村级调解成功率"5 项指标。参考目前国内领先地区的水平，将村综合服务站、村规民约、法律顾问和法律服务工作的行政村普及率 2035 年基本现代化目标值分别设定为 95%、98% 和 90%。"农村文明家庭"作为评选称号，有一定的评选标准和总量限制，作为标杆不宜过多，因此参考全国平均水平，将"'农村文明家庭'农户占比"的 2035 年基本现代化目标值设定为 10%。按照"小事不出村"的要求，将"土地承包及流转纠纷村级调解成功率"的 2035 年基本现代化目标值设定为 90%。

指标权重按平均权重确定。在一级指标中，农业现代化和农村现代化权重各为 50%；在二级指标中，层级内的三维度指标按各 1/3 确定；在三级指标中，则按层级内指标数量将层级内的权重进一步平均分配。各细分指标在整体评价体系中的权重见表 1。

表1 农业农村现代化评价指标体系

| 一级指标 | 二级指标 | 三级指标 | | 权重 | 说明 | 2035年基本现代化目标值 |
|---|---|---|---|---|---|---|
| | | 序号 | 指标名称 | | | |
| 农业现代化 | 农业产业体系现代化 | 1 | 粮食播种面积与2015—2018年粮食平均播种面积的比值 | 1/30 | 正向指标 | 1 |
| | | 2 | 畜牧业和渔业占农林牧渔业总产值比重（%） | 1/30 | 正向指标 | 45 |
| | | 3 | 农产品加工业产值与农林牧渔业总产值的比值 | 1/30 | 正向指标 | 3.5 |
| | | 4 | 农业劳动生产率（万元/人，2019年不变价格） | 1/30 | 正向指标 | 6 |
| | | 5 | 单位耕地面积种植业产值（万元/亩，2019年不变价格） | 1/30 | 正向指标 | 0.4 |
| | 农业生产体系现代化 | 6 | 每万名第一产业从业人员中科技活动人员数（人） | 1/30 | 正向指标 | 7 |
| | | 7 | 劳均农业机械动力（千瓦/人） | 1/30 | 正向指标 | 6.6 |
| | | 8 | 农田灌溉用水有效利用系数 | 1/30 | 正向指标 | 0.59 |
| | | 9 | 单位面积农药使用量负增长率（%，以2015年为基期） | 1/30 | 负向指标 | 30 |
| | | 10 | 单位面积化肥使用量负增长率（%，以2015年为基期） | 1/30 | 负向指标 | 20 |
| | 农业经营体系现代化 | 11 | 农民合作社辐射带动农户比例（%） | 1/24 | 正向指标 | 50 |
| | | 12 | 农业产业化龙头企业带动农户比例（%） | 1/24 | 正向指标 | 60 |
| | | 13 | 农业生产托管服务深度（亩次） | 1/24 | 正向指标 | 0.9 |
| | | 14 | 耕地适度规模经营户比例（%） | 1/24 | 正向指标 | 10 |
| 农村现代化 | 农村基础设施和公共服务现代化 | 15 | 农村自来水普及率（%） | 1/54 | 正向指标 | 92 |
| | | 16 | 农村道路硬化比例（%） | 1/54 | 正向指标 | 75 |
| | | 17 | 农村居民年人均用电量［千瓦时/（人·年）］ | 1/54 | 正向指标 | 2500 |
| | | 18 | 农村无害化卫生厕所普及率(%) | 1/54 | 正向指标 | 90 |

续表

| 一级指标 | 二级指标 | 序号 | 指标名称 | 权重 | 说明 | 2035年基本现代化目标值 |
|---|---|---|---|---|---|---|
| 农村现代化 | 农村基础设施和公共服务现代化 | 19 | 农村生活污水处理率（%） | 1/54 | 正向指标 | 90 |
| | | 20 | 农村生活垃圾处理率（%） | 1/54 | 正向指标 | 96 |
| | | 21 | 农村义务教育阶段教师本科及以上学历比例（%） | 1/54 | 正向指标 | 83 |
| | | 22 | 农村每千人口卫生技术人员数（人） | 1/54 | 正向指标 | 7.5 |
| | | 23 | 每个行政村拥有的农村社区养老机构和设施数（个） | 1/54 | 正向指标 | 0.7 |
| | 农村居民思想观念和生活质量现代化 | 24 | 农村6岁以上人口中高中及以上学历占比（%） | 1/30 | 正向指标 | 30 |
| | | 25 | 农村居民人均可支配收入（万元，2019年不变价格） | 1/30 | 正向指标 | 3.5 |
| | | 26 | 农村居民恩格尔系数（%） | 1/30 | 负向指标 | 25 |
| | | 27 | 农村居民教育文化娱乐支出占比（%） | 1/30 | 正向指标 | 12 |
| | | 28 | 农村居民每百户家用汽车拥有量（辆） | 1/30 | 正向指标 | 60 |
| | 农村治理体系和治理能力现代化 | 29 | 村综合服务站的行政村普及率（%） | 1/30 | 正向指标 | 95 |
| | | 30 | 村规民约的行政村普及率（%） | 1/30 | 正向指标 | 98 |
| | | 31 | "农村文明家庭"农户占比（%） | 1/30 | 正向指标 | 10 |
| | | 32 | 法律顾问、法律服务工作的行政村普及率（%） | 1/30 | 正向指标 | 90 |
| | | 33 | 土地承包及流转纠纷村级调解成功率（%） | 1/30 | 正向指标 | 90 |

注：1. 农业机械化程度在国家层面一般用"主要农作物耕种收综合机械化率"衡量，但分省层面缺乏公开数据，因而以"劳均农业机械动力"替代。

2. 因现有分省指标无法统计到村的生活污水处理率，农村生活污水处理率的实际取值为建制镇市政生活污水处理率。

资料来源：作者根据测算数据绘制。

## （二）各地区农业农村基本现代化实现程度存在较大差距

以上述指标体系为基础，收集各省份 2019 年的数据[①]对农业农村基本现代化的实现程度进行评价。第一步，将各指标进行标准化处理，包括 2019 年全国及各省份的农业农村现代化指标和 2035 年农业农村基本现代化目标值，选用的方法是极差法，相关公式如下。

$$正向指标：\frac{x_i - x_{i\min}}{x_{i\max} - x_{i\min}}$$

$$负向指标：\frac{x_{i\max} - x_i}{x_{i\max} - x_{i\min}}$$

其中 $x_i$ 为指标值，$x_{i\max}$ 为指标最大值，$x_{i\min}$ 为指标最小值，这里的最大值和最小值分别是包括 2035 年基本现代化目标值在内的最大值和最小值。第二步，根据表 1 中确定的权重，对标准化处理后的各指标进行加权平均，得出 2035 年基本现代化目标值指数和全国及各省份的农业农村现代化综合指数、农业现代化综合指数、农村现代化综合指数。需要说明的是，由于在标准化的过程中包括了 2035 年基本现代化的目标值，这里计算的农业农村现代化综合指数不用于评价我国 2019 年的农业农村现代化水平，仅作为计算农业农村现代化实现度的一个中间步骤。第三步，瞄准 2035 年农业农村基本现代化目标，计算全国及各省份农业农村基本现代化、农业基本现代化和农村基本现代化的实现度（见图 1~图 3）。农业农村基本现代化实现度等于农业农村现代化综合指数与 2035 年农业农村基本现代化目标值指数之比，其计算公式如下。

$$实现度\ S_{ij} = \frac{IN_{ij}}{IN_{目标值}}，S_{ij} \in [0，100\%]$$

---

[①]　大部分数据来自《中国统计年鉴》《中国农村统计年鉴》《中国农村政策与改革统计年报》《农村合作经济统计年报》《中国城乡建设统计年鉴》《中国人口和就业统计年鉴》，另有小部分数据来自农业农村部。除农产品加工业产值与全口径农业总产值比为2018年的数据，农村无害化卫生厕所普及率为2017年数据以外，其余指标均反映2019年的情况。第11、第12、第25~29指标中缺失西藏数据，用农业农村情况基本类似的青海进行替代。

其中 $S_{ij}$ 表示基本现代化的实现度，$IN_{ij}$ 表示各省份农业农村现代化的综合指数，$IN_{目标值}$ 表示 2035 年基本现代化目标值指数，$i$ 表示地区，$j$ 表示农业农村现代化、农业现代化或农村现代化。由于大部分指标 2035 年基本现代化目标值参考的是领先省份的水平，因此最发达省份的农业农村现代化水平可能会高于基本现代化目标值，即完成度达到其至超过 100%，当 $S_{ij} \geqslant 100\%$ 时，令 $S_{ij}=100\%$，表示已实现了基本现代化目标。实现度值越高表明越接近 2035 年基本现代化目标。

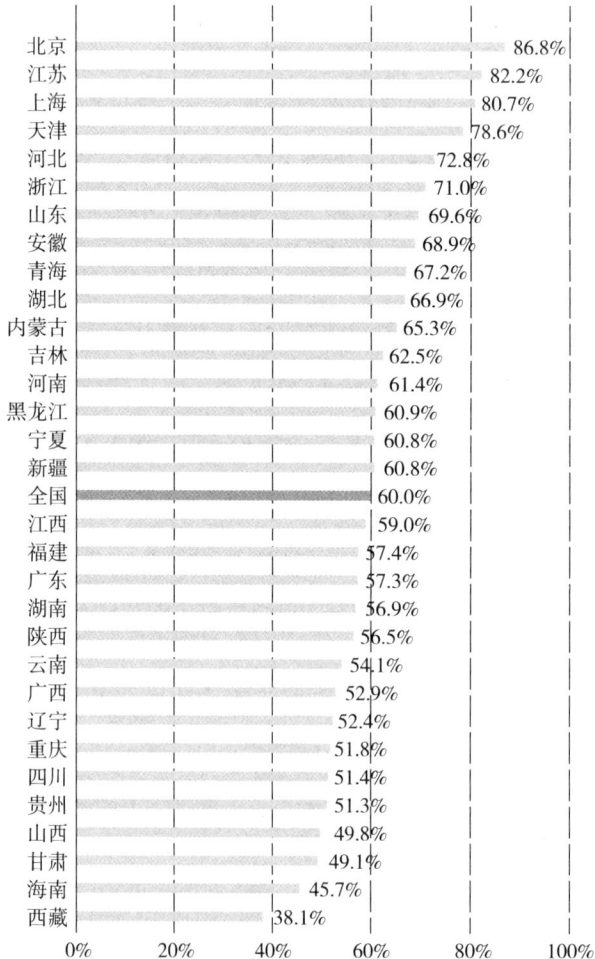

| 地区 | 实现度 |
|---|---|
| 北京 | 86.8% |
| 江苏 | 82.2% |
| 上海 | 80.7% |
| 天津 | 78.6% |
| 河北 | 72.8% |
| 浙江 | 71.0% |
| 山东 | 69.6% |
| 安徽 | 68.9% |
| 青海 | 67.2% |
| 湖北 | 66.9% |
| 内蒙古 | 65.3% |
| 吉林 | 62.5% |
| 河南 | 61.4% |
| 黑龙江 | 60.9% |
| 宁夏 | 60.8% |
| 新疆 | 60.8% |
| 全国 | 60.0% |
| 江西 | 59.0% |
| 福建 | 57.4% |
| 广东 | 57.3% |
| 湖南 | 56.9% |
| 陕西 | 56.5% |
| 云南 | 54.1% |
| 广西 | 52.9% |
| 辽宁 | 52.4% |
| 重庆 | 51.8% |
| 四川 | 51.4% |
| 贵州 | 51.3% |
| 山西 | 49.8% |
| 甘肃 | 49.1% |
| 海南 | 45.7% |
| 西藏 | 38.1% |

**图1 2019年各省份农业农村基本现代化实现度**

资料来源：作者根据测算数据绘制。

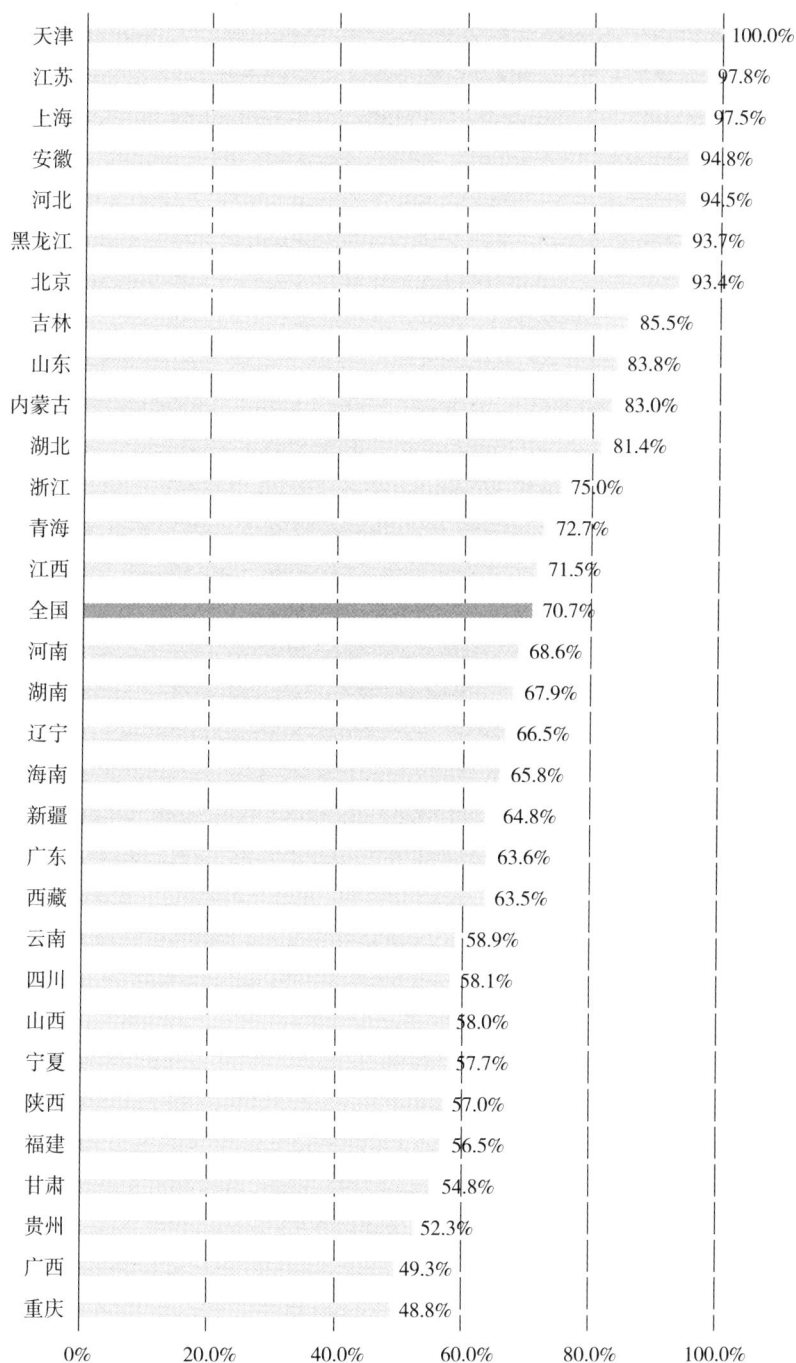

**图2 2019年各省份农业基本现代化实现度**

资料来源：作者根据测算数据绘制。

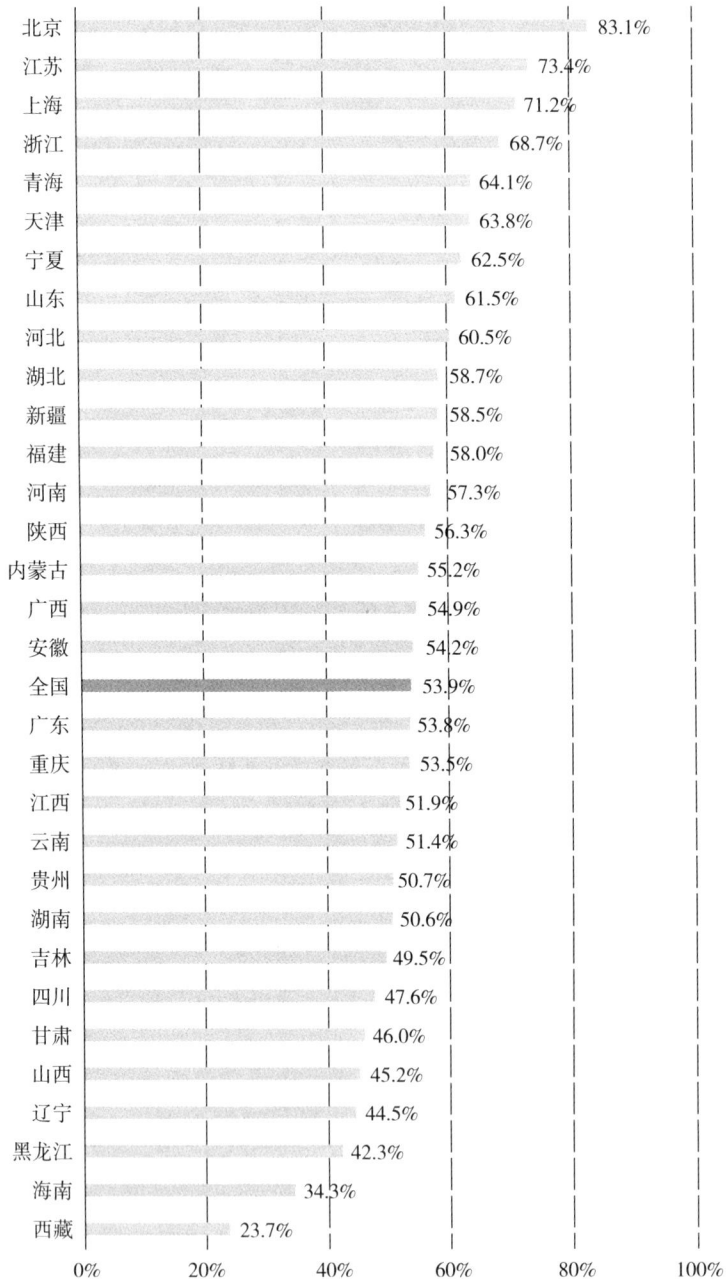

**图3 2019年各省份农村基本现代化实现度**

注：鉴于牧区和农区生产生活方式的差异，对地域广阔、人口稀少的牧区在农村现代化指标值方面进行了差异化处理，具体方法是根据内蒙古、青海、西藏和新疆牧业产值比重，将其农村现代化指数分别乘以1.2、1.3、1.3和1.1。下同。

资料来源：作者根据测算数据绘制。

从农业农村现代化的整体实现度来看，2019 年全国平均水平为 60%，绝大多数省份在 50% 以上。北京、江苏、上海和天津处于第一方阵，都超过了 75%，其中北京高达 86.8%。全国只有山西、甘肃、海南和西藏低于 50%，其中西藏最低，为 38.1%。这表明，未来国家对农业农村现代化的支持，需要适当地向农业农村基本现代化实现度相对较低的地区倾斜。

从农业基本现代化与农村基本现代化两方面实现度的对比来看，农业基本现代化的实现度普遍高于农村基本现代化的实现度。在全国平均水平上，农业基本现代化的实现度为 70.7%，高于农村基本现代化 53.9% 的实现度。11 个省（区、市）农业基本现代化的实现度超过 80%，但只有北京农村基本现代化的实现度超过 80%。大部分省份的农业基本现代化实现度超过农村基本现代化实现度。如图 4 所示，斜线下方的为农业基本现代化实现度大于农村基本现代化实现度的省份，上方为农村基本现代化实现度大于农业基本现代化实现度的省份。有 27 个省份的农业基本现代化实现度超过农村基本现代化实现度，分别是北京、天津、河北、山西、内蒙古、辽宁、吉林、黑龙江、上海、江苏、浙江、安徽、江西、山东、河南、湖北、湖南、广东、海南、四川、贵州、云南、西藏、陕西、甘肃、青海、新疆；有 4 个省（区、市）的农业基本现代化实现度滞后于农村基本现代化实现度，分别是福建、广西、重庆、宁夏。

大部分省份农业基本现代化与农村基本现代化实现度存在明显不平衡。从农业现代化发展快于农村现代化的地区看，农业基本现代化实现度与农村基本现代化实现度差值最大的前 5 个省（区、市）分别为黑龙江、安徽、西藏、天津和吉林，其中差距最大的黑龙江达 51.4 个百分点。从农村现代化发展快于农业现代化的地区看，只有 4 个省（区、市）是这种情况，农村基本现代化实现度与农业基本现代化实现度差值由大到小分别是广西、宁夏、重庆和福建，其中差距最大的广西也只有 5.6 个百分点。

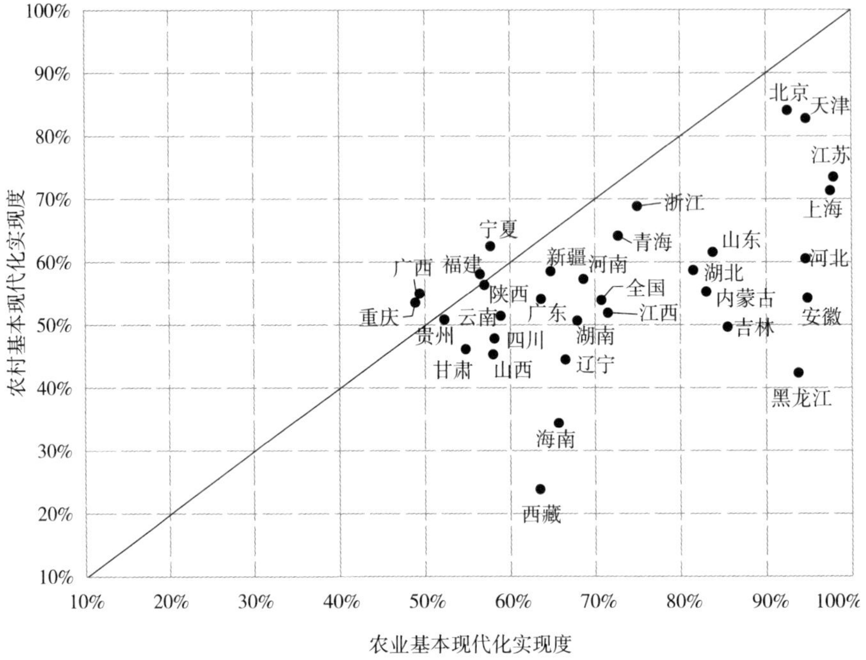

**图4　2019年各地农业基本现代化与农村基本现代化实现度的匹配度**

资料来源：作者根据测算数据绘制。

从发展的进程上看，2019 年农业现代化实际水平与基本现代化目标值的差距相对较小，未来实现目标的难度相对较小，而 2019 年农村现代化实际水平与基本现代化目标值差距相对较大，未来实现难度也会相对更大一些。从发展协同性上看，黑龙江、安徽、河北、吉林等农业资源禀赋较好的地区农业现代化的实现程度更高，而农村现代化发展相对滞后；福建、宁夏、广西、重庆等地受自然条件约束农业现代化发展相对滞后。北京、上海、江苏等发达地区农业基本现代化与农村基本现代化的实现度协同达到了较高水平；陕西等地尽管农业基本现代化与农村基本现代化实现度大体平衡，但受制于经济发展水平，均处于较低水平。

## （三）各地区农业现代化与农村现代化发展存在协调失衡问题

按照农业现代化与农村现代化一体设计、一并推进的要求，两者之间应形成耦合协调的相互促进关系。为评价两者发展的耦合协调性，我们测算了全国和各省份农业现代化与农村现代化之间的耦合度，计算步骤如下。第一步，先对全部指标进行标准化处理，和前文计算实现度不同的是，这里的计算不包括 2035 年农业农村基本现代化目标值，选用的方法同样是极差法，公式同上。第二步，根据表 1 中确定的权重，对标准化处理后的各指标进行加权平均，得出全国和各省（区、市）的农业现代化综合指数和农村现代化综合指数①（见表 2），这里的农业农村现代化综合指数可用于评价我国 2019 年全国和各省（区、市）的农业农村现代化水平。第三步，计算耦合度，公式如下（逯进等，2015）。

$$C=\left\{\frac{A\times R}{\left(\dfrac{A+R}{2}\right)^2}\right\}^k$$

$$T=\alpha A+\beta R$$

$$D=\sqrt{C\times T}$$

其中 $A$ 为农业现代化综合指数，$R$ 为农村现代化综合指数，$C$ 表示协调度，$T$ 表示农业农村现代化的综合发展水平，$D$ 为耦合度，$k$ 为调节系数，$\alpha$ 和 $\beta$ 是衡量农业现代化与农村现代化重要程度的权重。这里认为农业现代化与农村现代化同等重要，因此 $k$ 取 2，$\alpha$ 和 $\beta$ 各取值 0.5。最终测算得到的 $D$ 即为考虑综合发展水平的耦合协调度，$D$ 越高，表示农业现代化与农村现代化之间的良性互促关系越强。

从耦合度的测算结果来看（见表 2），我国农业与农村发展的协调性仍有待改善。全国层面上农业现代化与农村现代化属于初级协调；大多数省份处于协调状态下的磨合适应阶段；福建、重庆、广西是山区推进农村现代化发展较好的地区，农村现代化发展却未能有效转化为带动农

---

① 农业农村现代化综合指数=（农业现代化综合指数+农村现代化综合指数）/2。

业现代化发展的动力。一方面，受山区地形约束，农业机械化和规模经营发展滞后；另一方面，农村环境的改善未能强化其生态农业优势，其单位播种面积农药、化肥使用量下降程度不明显。其他各省（区、市）农业与农村发展均展现出了一定的协同互促特征，但耦合度均不高，需要进一步加强一体设计、一并推进来提高发展的耦合协调性。宁夏、云南等12个省（区、市）是勉强协调水平，山东、湖北等13个省（区）是初级协调水平，只有江苏、上海等6个省（市）达到了中级协调水平，没有一个省（区、市）达到高度协调水平。结合前面的分析，北京、天津、上海和江苏既是农业农村基本现代化实现度最好的地区，也是农业现代化与农村现代化耦合度最高的地区，既达到了农业现代化与农村现代化的全国领先水平，又实现了两者良性的相互促进、协调发展，可以视作全国农业农村现代化的标杆。河北和安徽虽然农业现代化和农村现代化水平不如上述4个省（市），但农业农村发展较为平衡，也基本实现了农业农村现代化的协调发展。中级协调的6个省（市）和初级协调的13个省（区）全部是农业基本现代化的实现度高于农村基本现代化的实现度。在勉强协调的12个省份中，2/3的省份农业基本现代化实现度高于农村基本现代化实现度，1/3的省份农村基本现代化实现度高于农业基本现代化实现度。总体来看，农村现代化仍是发展的短板。相对而言，农业基本现代化实现度较高的地区农业和农村发展的协调度较高，农业现代化对农村现代化的带动较为明显，在适应发展需要的同时配套完善相应的农村基础设施、公共服务和治理体系，即可实现两者协调发展。而农村现代化带动农业现代化的机理则相对复杂，受到客观条件的约束也较多，要建立起农村现代化带动农业现代化的发展机制还需要更有力的科技支撑与组织创新、更有效的资源要素整合。

表2　　2019年各省（区、市）农业现代化与农村现代化耦合度

| | 农业现代化综合指数 | 农村现代化综合指数 | 耦合度 | 协调程度 |
|---|---|---|---|---|
| 全国 | 0.36 | 0.49 | 63.4% | 初级协调 |
| 江苏 | 0.49 | 0.67 | 74.5% | 中级协调 |
| 上海 | 0.49 | 0.65 | 74.2% | |
| 北京 | 0.47 | 0.76 | 74.1% | |
| 天津 | 0.53 | 0.59 | 72.5% | |
| 河北 | 0.48 | 0.56 | 71.4% | |
| 安徽 | 0.48 | 0.50 | 70.0% | |
| 山东 | 0.42 | 0.56 | 68.8% | 初级协调 |
| 湖北 | 0.41 | 0.54 | 67.6% | |
| 内蒙古 | 0.42 | 0.50 | 67.3% | |
| 浙江 | 0.38 | 0.63 | 66.5% | |
| 吉林 | 0.43 | 0.45 | 66.4% | |
| 青海 | 0.37 | 0.59 | 65.4% | |
| 黑龙江 | 0.47 | 0.38 | 64.6% | |
| 江西 | 0.36 | 0.47 | 63.4% | |
| 河南 | 0.35 | 0.52 | 63.1% | |
| 湖南 | 0.34 | 0.46 | 61.9% | |
| 新疆 | 0.33 | 0.53 | 61.7% | |
| 广东 | 0.32 | 0.49 | 60.9% | |
| 辽宁 | 0.34 | 0.40 | 60.2% | |
| 宁夏 | 0.29 | 0.57 | 58.7% | 勉强协调 |
| 云南 | 0.30 | 0.47 | 58.7% | |
| 陕西 | 0.29 | 0.51 | 58.2% | |
| 四川 | 0.29 | 0.43 | 58.0% | |
| 福建 | 0.28 | 0.53 | 58.0% | |
| 山西 | 0.29 | 0.41 | 57.5% | |
| 海南 | 0.33 | 0.31 | 56.5% | |
| 甘肃 | 0.28 | 0.42 | 56.4% | |
| 贵州 | 0.26 | 0.46 | 55.7% | |
| 广西 | 0.25 | 0.50 | 54.3% | |
| 重庆 | 0.25 | 0.49 | 54.0% | |
| 西藏 | 0.32 | 0.22 | 50.4% | |

资料来源：作者根据测算数据绘制。

表3 耦合度值解释

| 协调阶段 | 耦合度 | 阶段细分 | 协调水平 |
|---|---|---|---|
| 低水平耦合阶段 | 0～30%（含） | 0～20%（含） | 严重失调 |
| | | 20%（不含）～30%（含） | 重度失调 |
| 拮抗阶段 | 30%（不含）～50%（含） | 30%（不含）～40%（含） | 轻度失调 |
| | | 40%（不含）～50%（含） | 濒临失调 |
| 磨合适应阶段 | 50%（不含）～80%（含） | 50%（不含）～60%（含） | 勉强协调 |
| | | 60%（不含）～70%（含） | 初级协调 |
| | | 70%（不含）～80%（含） | 中级协调 |
| 高水平耦合阶段 | 80%（不含）～100% | 80%（不含）～100% | 高度协调 |

注：学界关于耦合度的阶段划分基本达成共识，刘超、陈祺弘（2016）。

资料来源：作者根据测算数据绘制。

## 三、新发展阶段农业现代化与农村现代化的逻辑关联

农业作为一个产业部门，其现代化要遵循结构转型、技术升级、要素重组、经营重塑等一般规律。农村作为一种空间和社会网络，其现代化要遵循空间重划、设施建设、治理改进、人口调整、观念变革等基本规律。这两个现代化在一定程度上可以独自进行，但两者之间存在逻辑关联，两者长期分割可能造成相互掣肘，找准耦合点并紧扣耦合点加大推进力度则能够使两者相互促进。农业现代化的发展能够为农村现代化提供物质基础保障，农村现代化的推进又可以为农业现代化创造有利的基础条件。农业与农村在地理空间上交叉分布，在发展所需的基础设施上可以高度共享，在发展所需的投入要素上有共同需求，在生态环境上会相互带来正外部效应或负外部效应。这些逻辑关联点就是农业现代化与农村现代化的耦合点（见图5）。农业现代化与农村现代化一体设计、一并推进就是要围绕这些耦合点作好统筹谋划、系统布局、协同推进，为两个现代化的协调发展创

造共同的基础条件，作好并行保障，建立健全农业现代化与农村现代化相互促进的有效机制。

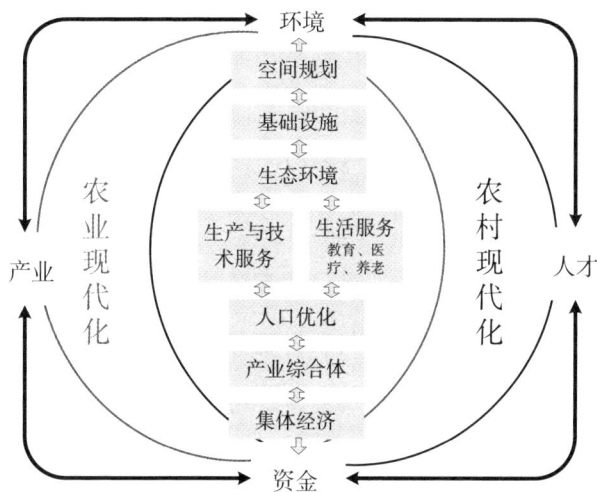

**图5 农业现代化与农村现代化的耦合点**

资料来源：作者绘制。

空间规划是农业现代化与农村现代化一体设计、一并推进的重要载体。推进农业现代化，需要加强高标准农田建设，通过土地综合整治促进碎片化的土地集中连片，优化农业区域布局。推进农村现代化需要逐步调整优化村镇体系，重新布局村落内部结构。科学的空间规划可以为农业现代化与农村现代化的合理布局提供指引，以土地集中连片整治来提升农业现代化的生产条件，以村庄集中居住来提高基础设施和公共服务水平。科学的空间规划可以促进形成合理的生产、生活、生态空间结构，通过生产与生活空间的适度分离，提高农业生产效率和村庄生活品质。

基础设施是农业现代化与农村现代化一体设计、一并推进的重要保障。农业现代化的发展需要支持生产体系和产业体系提升的生产性基础设施做保障，农村现代化的发展也需要支持生活便捷化和舒适度提升的生活性基础设施做保障。农业生产性基础设施与农村生活性基础设施在相当程度上是互联互通、难以割裂的。通达顺畅的农村路网、物流体系、通信网络，稳定可靠的供水、供电、供气管网，是农业现代化与农村现代化的共同需求，是农业生产和农民生活可以共享的重要设施，是农业现代化与农村现代化一体设计、一并推进的必然要求。

生态环境是农业现代化与农村现代化一体设计、一并推进的重要根基。良好的生态环境既是发展绿色农业、生态农业等高附加值现代农业的重要基础，也是建设宜居、宜业乡村的重要基础。农业与农村共处一个生态系统，生态环境是农业现代化与农村现代化共生共荣的重要基础。统筹推进农业产地环境与农村居住环境建设，可以形成相互支撑、相得益彰的良性循环。推进农业景观化、生产循环化、产品绿色化，治理好种养业面源污染，有利于提升农村的休闲观光价值和居住品质。推进农村厕所改造、垃圾和生活污水治理、村容村貌整治，有利于降低农村生活污染物对农业生产的负面影响。

人口优化是农业现代化与农村现代化一体设计、一并推进的重要支撑。推进农业现代化既需要进一步减少农业劳动力总量和占比，又需要优化农业劳动力结构，培养职业农民，让年轻人愿意务农。推进农村现代化既需要进一步减小乡村人口总量和占比，又需要优化乡村人口结构，培养和引进教育、卫生、文化、科技等人才，让部分市民能够下乡。年轻一代务农者对生活品质的要求越来越高，农村现代化程度越高越有利于吸引年轻人务农。在乡村居住生活的人对就业质量的要求也会越来越高，农业现代化程度越高越有利于年轻人留乡入乡务农。人是连接农业现代化与农村现代化的重要桥梁和纽带，应统筹考虑农业现代化与农村现代化对优化农村人口结构的需求，为农业现代化与农村现代化一体设计、一并推进提供人才支撑。

产业综合体是农业现代化与农村现代化一体设计、一并推进的重要平台。农业现代化是产业融合的现代化，需要建立完整的配套产业体系，实现农业产业集群化、多元化发展，农业产业体系是乡村产业综合体的重要组成部分。农村现代化需要多元化的产业支撑乡村多元价值的实现，提供多元化的乡村就业、丰富多样的乡村生活，发展科技、物流、信息、金融等生产性服务业，提升农业发展动能；发展文化、娱乐、餐饮、康养等生活性服务业，提高农村生活质量；发展各类新产业、新业态、新商业模式，提升乡村活力。田园综合体、现代农业园区、农产品加工集聚区、特色小镇等是农业现代化与农村现代化的重要交汇点，在农业现代化与农村现代化一体设计、一并推进中可以发挥重要的平台功能。

集体经济是农业现代化与农村现代化一体设计、一并推进的重要牵引。在大国小农的起点上推进农业现代化，既需要尊重小农户的主体地位，维护承包农户的合法权益，又需要顺应农户分化的大趋势，促进土地流转集中，发展适度规模经营。在城乡二元结构的起点上推进农村现代化，既需要加强对农村的公共资源配置，又需要发挥农民和村落共同体的主体作用，提高乡村振兴的内生性，促进共建共治共享。坚持农村土地集体所有制，发展土地股份合作社等新型农村集体经济，可以减少农村土地流转市场失灵问题。深化农村集体产权制度改革，发展股份经济合作社等新型农村集体经济，可以解决靠分散的小农户共建村落基础设施、共治村落社会所存在的共识形成难、议事效率低、交易成本高等难题。集体经济的发展壮大还能为农村道路、环境卫生等公共服务提供强有力的保障。新型农村集体经济的发展，可以为农业现代化与农村现代化一体设计、一并推进发挥重要的牵引和带动作用。

# 四、新发展阶段农业现代化与农村现代化一体设计、一并推进的思路和措施

农业现代化需要农村土地资源、基础设施、人力资源、制度环境等的支撑，农村现代化需要农业现代化创造的物质条件作为保障。应把握好农业现代化与农村现代化相互促进的逻辑关系和协同演进的发展规律，利用好两个现代化之间的关联带动机制，推动农业现代化与农村现代化相得益彰、协同发展。

## （一）做好乡村空间规划

长期以来，我国村庄主要是自然演变，农户家庭分散经营下农业生产缺乏整体功能布局的协调，农民建房选址随意性较大，没有充分考虑对产业发展和生态的影响。在这种情况下，大部分村庄布局较为凌乱，给产业发展、基础设施和公共服务覆盖、生活品质提升、生态环境保护等均带来困难。随着经济社会的发展，乡村内在结构发生了较大变化，对生产、生活、生态功能也有了新的需求。比如，传统农业中为了家庭生产的方便，农业生产和农民生活空间交叉重叠，而追求效率的现代农业和追求生活品质的现代乡村则需要生产和生活空间的适度分离。尽管中央有关部门已部署推进村庄建设规划的编制，但由于大部分地区县域国土空间规划仍未编制出台，编制村庄建设规划缺乏上位规划的支撑。

应顺应自然地理走向、经济发展趋向、人口迁移动向和人文情感倾向等村庄演变趋势，立足于农业农村现代化发展的需要，加快推进县域国土空间规划的编制，科学划定县域内农业、第二和第三产业、居住生活、生态等空间，为编制"多规合一"的实用性村庄规划提供指引。按照城乡融合、有序带动的原则，综合考虑承载空间、发展潜力、辐射能力、交通物

流、生态保护、人文联系等因素确定中心镇、中心村，统筹生产和生活需求，合理布局基础设施和公共服务，构建功能错位、保障有效、带动有力、整体协调的县乡村联动发展格局。按照顺应规律、梯度推进的原则，平衡好保护与利用、当前和长远、局部与整体的关系，产业和村庄布局应与特色资源、生态保护以及历史文化等融合协调，推进发展的优先序和时度效应与人口变迁、经济社会发展的需求相适应，片区划分和重点选择应有利于发挥辐射带动、协作联动的作用。按照尊重意愿、因地制宜的原则，对发展水平、资源禀赋条件、地理区位条件、历史文化传统不同的村庄分类施策。对于能明确定位的村庄，应突出特色、强化功能配套、协同并行推进。对于不能明确定位的村庄，应保持历史耐心、适时动态调整，建立村庄规划"留白"机制，预留一定机动建设用地指标，为村庄长远发展预留空间。

### （二）推进全域土地综合整治

我国人均耕地资源少、土地细碎化严重，尤其是山区丘陵地带不足一亩的地块比比皆是，这已成为制约我国农业现代化发展的突出障碍。当前农村空间布局的无序化不仅导致土地资源利用效率低，还带来了生态质量退化、居住环境恶化、配套保障难等问题，阻碍了农村现代化的进程。土地综合整治是推动空间布局调整和优化土地资源利用的重大措施。应在县域国土空间规划的引领下，以若干毗邻村或乡镇为单元，推进全域土地综合整治，切实推动农村生产、生活、生态空间布局的优化调整，进而建立农业现代化与农村现代化一体设计、一并推进的空间载体基础。应统筹耕地质量提升、土地节约集约经营、山水林田湖草整体保护以及建设用地优化配置与高效利用，以高标准农田建设项目为依托集中连片改造耕地、补充耕地面积、培肥耕地地力以及完善排灌、机耕道等农田设施综合配套，以生态修复、环境保护和地质防灾工程为依托对山水林田湖草进行系统修复、综合治理、绿化美化，以建设用地增减挂钩和耕地占补平衡项目为依托，推进闲置低效建设用地盘活利用、空间优化和新产业新业态用地有效保障等工作。

根据不同类型村庄的功能定位，通过全域土地综合整治进一步强化其特色功能的优化布局。对于粮食主产区，应以适应机械化、规模化、标准化等现代化生产需求为方向，重点推进耕地集中连片整治、适机化改造、灌排与产地初加工等综合配套、种养循环和农牧结合；以促进农村一二三产业融合发展为目标，通过存量建设用地集中盘活利用建设适度规模的产业园区，实现产业和人口的聚集发展；以提升生活居住质量为目标，推进村内布局结构优化、河道沟渠整治、庭院环境美化以及重点村落保护等。对于丘陵山区，应以适应特色产业发展需求为方向，重点推进地块适度集中、区块连通、灌排与产地初加工配套以及合理保障设施农业用地等；以强化生态价值优势为目标，推进生态修复、生态屏障建设、污染综合防治以及地质灾害防范，促进特色生态农业发展；以保障现代化生活条件为目标，推进村庄适度集中居住、特色民居保护以及重要基础设施通达。对于城郊地区，应以满足城市"菜篮子"需求为方向，推进农田适度集中、精细化和设施化发展，促进高附加值的都市型农业发展；以强化城市生态屏障和市民休闲需求为目标，推进城市绿带生态屏障建设、农业景观化打造以及乡村旅游配套产业用地有效保障；以产业转型提升为目标，推进集体建设用地资源的整合开发，以环境优美、配套完善的园区吸引优质企业和优秀创业者；以城乡融合发展为目标，推进村庄集中居住区的社区化发展，为承接城市基础设施和公共服务延伸创造条件。

### （三）协同推进生产和生活基础设施建设

由于农业生产和农村生活具有不同的需求特征，长期以来这两方面的基础设施建设是各自推进的。但以生活需求为着眼点设计的村庄基础设施，越来越难以适应农村新产业新业态发展的需要，比如农村电网载荷低、乡村道路窄、路网不健全和停车场缺乏等成为农村电商、乡村旅游等新产业新业态发展的重要制约因素。以向村庄延伸覆盖为目标的道路和网络基础设施布局，也日益制约农业产业向机械化、智能化方向的升级，比如田间运输、农业机械上路以及农业物联网设施的应用等均受到制约。

因此，农业现代化与农村现代化一体设计、一并推进需要系统考虑基础设施的布局，应统筹好农业生产和农村生活用途，作好水、电、路、网等基础设施的并行保障。在用水方面，应立足于生产生活协同保障优化引水工程，强化节水目标，统筹推进农田水利与农村生活污水治理，促进农村生产生活用水循环利用。在用电方面，优先推进产业发展较快村庄的电网扩容升级，适应农村一二三产业融合发展需要推动农村电网相应延伸覆盖，加大对边远地区电网延伸的补助支持，确保不因用电成本过高影响产业发展。在道路方面，推进机耕道与主干道路的衔接连通，在推进农村道路向自然村延伸的同时，兼顾向产区、向地头延伸，保障农资和农产品运输的便利性。在网络方面，针对数字乡村、智慧农业以及农村电商等新产业新业态发展需求，推进农村网络的覆盖和升级，发展卫星互联网，实现网络对广袤农业产区的覆盖。

### （四）构建多元化的现代乡村产业体系

当前，我国乡村产业结构单一，大部分以单一的农业为主，第二、第三产业发展滞后。一方面，缺乏专业化生产性服务业支撑的单一农业难以实现现代化装备、设施、技术以及组织化水平的提升，难以建成现代化农业产业体系；另一方面，单一的农业难以有效提升农户家庭收入水平，也难以为农村创造便利化、多样化的现代化生活条件。

应统筹推进生产与生活产业体系的综合配套、协同发展，推动乡村产业多元化发展，创造良好的事业平台、稳定的创收渠道和舒适的生活环境，以高收益的现代化产业和高品质的现代化生活条件强化对人才的吸引，通过人才结构的优化不断提升农村产业的现代化水平。应结合资源禀赋和产业基础，合理布局特色优势产业，以现代农业产业园区、现代农业示范区等为载体，围绕主导产业聚集要素资源，前向强化先进设施、装备、技术、种子、社会化服务等支撑，后向延伸加工、生物制造、贸易、物流、电商等产业链，横向拓展休闲旅游、文创娱乐、教育体验、生态康养等多元价值，构建多层次产业交叉融合创新、多元化市场需求创造发掘和农业多功能价值整合优化的产业集群。应推进"产镇融合"发展和"产村融合"发展，发挥村镇人口聚集、物流集散和服务中心作用，考虑随产业发展所带来的人口增长及人口构成的变化，有序布局医院、学校、交通、住房、商贸、文娱、金融等配套设施与服务的发展，以多元化生活服务业强化对乡村人口美好生活的有力支撑，使村庄社会与产业协同发展。

## （五）营造宜居宜业的美好生态环境

2015 年以来，农业面源污染防治攻坚战和农业绿色发展行动取得了明显成效，但与发达国家农药化肥利用率超过 50% 的水平还有较大差距，要达到农业现代化高效、生态、环境友好的要求仍需努力。目前农村生活污水收集处理率很低，卫生厕所普及率不高，厕所粪污处置还缺乏便利性、长效性，农业废弃物的资源化利用存在较多堵点，不仅严重影响农产品产地环境，而且明显制约农村生活条件现代化。

应统筹农业绿色生态发展和农村环境综合整治，以生态环境建设带动生态农业、乡村旅游等生态型产业的现代化发展，以人居环境建设营造生态宜人、舒适宜居的农村现代化生活环境，以生态产业增值收益、生态补偿收益、碳汇交易收益等提高农村居民收入和生活水平。在垃圾处理方面，应以一定辐射半径为基础合理布局生物质能源、生物发酵等处理设施，完善收集处理和有机肥施用服务体系，打通循环链条，一体推进农业废弃物和农村生物质垃圾、畜禽粪污和农村厕所粪污资源化利用。在生态修复治理方面，协同推进农产品产地和村庄生态环境治理，系统安排农田灌溉水系和村庄水系控污、清淤、疏浚等综合治理，在保障农产品产地环境安全的同时实现农村生活环境的生态安全。在环境美化绿化方面，一体推进农田林网和村庄绿化美化工程，以农业生产的景观化、村庄环境的景区化、农居生活的休闲化为目标，支持打造农业产业、村落文化和自然生态融合发展的美丽乡村。

### （六）加强资金投入的有机协同

农村资金较为匮乏，农村金融服务下沉难，农村资金被"抽吸"外流的现象依然突出，农业经营主体得不到充分的融资支持，向现代农业升级的进程缓慢。农村建设投入欠账较多，村庄环境治理和基础设施财政投入不足，政策性金融支持不充分，制约了农村现代化水平的提升。农业现代化和农村现代化的发展均需要财政和金融投入的支持，而且财政和金融政策是能够促进资源整合和协同发展的横向政策，可以通过项目的协同安排、投向的配套联动促进农业现代化和农村现代化。

因此，财政资金应统筹安排农业和农村建设项目，在农业产业和农村建设项目资金的整合上赋予地方一定的自主权，在农业产业项目投入建设的同时，配套跟进道路、电网、供水、生态治理等农村建设项目投入，从而在对产业给予充分保障的同时使产业和农村环境得到并行发展。金融应对农业产业项目和农村建设项目整体打包支持，农村基础设施、生态治理等建设项目没有直接经济收入，难以获得金融的支持，但农村环境的建设可以提升产业项目的生产效率和生态溢价，应以项目长期的综合收益为基础进行评估，给予中长期的贷款、债券募资等支持。提高财政、金融与产业资本投入的协同性，增强相关职能部门与金融部门的信息透明度和沟通及时性，推进项目资源信息库共建共享，建立起农业农村发展项目全生命周期、全链条环节、全构成部分的分工协作和联合投入机制，更有力地推动农业农村资源的有效整合、价值的充分挖掘、潜能的有序释放。

### （七）围绕激发要素活力深化农村重点领域改革

农业现代化和农村现代化的协同发展仍面临农业与农村资源整合、城乡要素资源自由流动与平等交换等方面的障碍。要实现两者一体设计、一并推进需要有效的资源整合机制、组织协调机制和联合治理机制。在土地制度改革方面，应统筹推进农村承包地、宅基地和集体经营性建设用地改革，在承包地和宅基地"三权分置"的基础上，强化对承包地经营权和宅基地使用权投资利用的保护，打通经腾退清理宅基地、土地整理等获得的存量建设用地转变为集体经营性建设用地的通道，以农村土地资源的盘活和整合为农业现代化和农村现代化空间上的协同创造条件。在农村金融改革方面，完善农村土地和农业资产抵押融资制度，建立农业农村政策性中长期贷款制度，打通农村资源变资产、资产变资金的通道。在利益联结机制方面，继续探索土地经营权入股、集体资产股权合作、财政产业项目资金入股等长效利益联结机制，提升集体资产管理水平，提高在与外部经营者合作经营中的规划统筹和谈判议价能力。在城乡融合方面，完善集体经营性建设用地入市制度；落实将一定比例的土地出让收入用于农业农村发展的规定；增强城乡人口双向流动的开放性，加大对返乡、下乡人才的支持力度，探索长期扎根农村的人才加入农村集体经济组织、获得相关权益的具体办法，让外来人才进得来、留得住。

## （八）因地制宜、因势利导，推进农业现代化与农村现代化一体设计、一并推进

我国不同地区农业农村发展程度差异较大，农业与农村发展的平衡和协调程度也差异较大，应基于农村资源禀赋条件选择适合的农业现代化与农村现代化一体化发展路径。农业现代化与农村现代化一体设计、一并推进是相对的，不同领域、不同地区、不同阶段应有所侧重，形成梯次推进格局。农业资源禀赋好的地区可选择优先发展农业现代化，延伸农业产业链，拓展多元价值，走农业现代化带动农村现代化发展路径。但纯农业产区比较收益较低、带动能力较弱，需要建立一定补偿机制或投入支持机制促进农村现代化发展，尤其是粮食主产区普遍存在农村现代化发展滞后问题，需要加大投入补齐农村发展短板。山地丘陵地带由于农业发展受制于地形和交通条件，需要基础设施先行破除发展障碍，宜选择先行打造农村发展环境，走农村现代化带动农业现代化的发展路径。尤其是贫困地区只有道路交通、仓储物流、网络等基础设施完备后，特色农产品才能卖得出好价格；只有生态修复治理和人居环境有效整治后，生态环境优势才能得到充分发挥，乡村旅游等新产业、新业态才有发展空间。城郊村和第二、第三产业发达的专业镇则应选择以城带乡、以工补农的路径，依靠财政投入反哺、产业资本下乡投资、基础设施和公共服务延伸发展，在规划引领和投入保障下统筹农业现代化和农村现代化。部分城郊村和专业强镇集体土地的经营性收入较高、集体经济比较发达，集体经济可以通过经营板块的整体谋划、内部收益分配的综合调节来统筹推进农业现代化和农村现代化。

执笔人：叶兴庆　程郁　张诩　伍振军　殷浩栋

## 参考文献

[1] 国家统计局. 中国统计年鉴 2021[M]. 北京：中国统计出版社，2021.

[2] 国新办就落实五中全会精神、全面推进乡村振兴有关情况举行发布会[EB/OL].
（2021–01–13）[2021–09–09]. http://www.china.com.cn/zhibo/content_77102752.htm.

[3] 蒋永穆. 从"农业现代化"到"农业农村现代化"[J]. 红旗文稿，2020（5）：
30–32.

[4] 刘超，陈祺弘. 基于协同理论的港口群交互耦合协调度评价研究[J]. 经济经纬，
2016（5）：8–12.

[5] 逯进，朱顺杰. 金融生态、经济增长与区域发展差异——基于中国省域数据的耦
合实证分析[J]. 管理评论，2015（11）：44–56.

[6] 农业农村部政策与改革司. 2020年中国农村政策与改革统计年报[M]. 北京：中国
农业出版社，2021.

[7] 农业农村部发展规划司. 加强农业关键核心技术攻关 科技创新支撑引领农业农村
现代化[EB/OL].（2021–05–14）.[2021–09–13]. http://www.ghs.moa.gov.cn/ghgl/202105/
t20210514_6367690.htm.

[8] 农业农村部发展规划司. 农业现代化辉煌五年系列宣传之二十六：化肥农药使用
量零增长行动取得明显成效[EB/OL].（2021–07–16）.[2021–10–19]. http://www.jhs.
moa.gov.cn/ghgl/202107/t20210716_6372084.htm.

[9] 农业农村部发展规划司. 农业现代化辉煌五年系列宣传之十六："四链"结合 农产
品加工业高质量发展[EB/OL].（2021–06–04）.[2021–09–16]. http://www.ghs.moa.gov.
cn/ghgl/202106/t20210604_6369044.htm.

[10] 农业农村部发展规划司. 农业现代化辉煌五年系列宣传之三十二：加快补上农村
发展短板 持续推进美丽宜居乡村建设[EB/OL].（2021–08–17）.[2021–09–25]. http://
www.ghs.moa.gov.cn/ghgl/202108/t20210817_6374183.htm.

[11] 水利部. 2020年中国水资源公报[R]. 2021年7月9日.

[12] 孙贺，傅孝天. 农业农村现代化一体推进的政治经济学逻辑[J]. 求是学刊，2021
（1）：81–89.

[13] 我国农村公路总里程达438.2万公里 占公路总里程84.3% 乡村百姓共享发展
成果[EB/OL].（2021–10–09）.[2021–10–16]. https://news.cctv.com/2021/10/09/
ARTI91mqcYjIOfH2s1Xju9ay211009.shtml.

[14] 郁静娴. 有了"田保姆"种地更划算[N]. 人民日报，2021年2月8日第11版.

[15] 中国互联网络信息中心. 中国互联网络发展状况统计报告（第48次）[R]. 2021年8月.

[16] 新建改扩建校舍2.24亿平方米 23个省份实现县域义务教育基本均衡——贫困地区
办学条件改善成效显著[N]. 中国教育报，2020年5月25日.

# 新发展阶段农业农村现代化的内涵特征和评价体系

以全面建成小康社会为起点，我国迈入全面建设社会主义现代化国家的新发展阶段。在新发展阶段，必须把同步推进农业农村现代化作为重大任务。2020 年 12 月召开的中央农村工作会议强调，对农业农村现代化到 2035 年、21 世纪中叶的目标任务，要科学分析、深化研究，把概念的内涵和外延搞清楚，科学提出我国农业农村现代化的目标任务。本报告对我们党在农业现代化和农村建设方面的认识发展进行了全面梳理，对学术界的相关研究进行了系统钩沉，在此基础上从立足新发展阶段、贯彻新发展理念、构建新发展格局出发，对我国农业农村现代化的内涵特征进行提炼概括，通过构建评价体系提出 2035 年和 2050 年农业农村现代化的目标任务。

## 一、我们党对农业现代化和农村建设的认识发展

我们党历来高度重视农业农村问题，在谋划国家现代化建设时把农业现代化和农村建设摆在突出位置，注重对实践经验的总结，不断深化对国家现代化建设中农业农村发展规律的认识。

### （一）我们党对农业现代化的认识发展

新中国成立后，党领导全国人民开展社会主义现代化建设，对建设什

么样的现代化农业、怎样建设现代化农业进行了积极探索。1954年6月，毛泽东同志在中央人民政府委员会第30次会议上提出，要实现社会主义工业化，要实现农业的社会主义化、机械化，要建成一个伟大的社会主义国家①。1954年9月，周恩来同志在第一届全国人民代表大会第一次会议上所作的《政府工作报告》中明确提出实现"四个现代化"，即现代化的工业、农业、交通运输业和国防②。1959年4月，毛泽东同志在《党内通信》中作出"农业的根本出路在于机械化"的著名论断③。1961年3月，周恩来同志在中央经济工作会议上强调，必须从各方面支援农业，有步骤地实现农业的机械化、水利化、化肥化、电气化④。1962年9月，毛泽东同志在党的八届十中全会上指出，我们党在农业问题上的根本路线是，第一步实现农业集体化，第二步是在农业集体化基础上实现农业机械化和电气化⑤。1966年2月，毛泽东同志在给王任重同志的信中强调，"用二十五年的时间，基本上实现农业机械化""已经过去十年了，这十年我们抓得不大好"⑥。按照毛泽东同志指示，1966年7月第一次全国农业机械化会议召开，部署到1980年基本上实现农业机械化。直到1977年1月，中共中央转发的国务院《关于一九八〇年基本上实现农业机械化的报告》，仍要求进一步修订和落实农业机械化规划，保证在1980年基本上实现农业机械化。这个时期，我们党对农业集体化、机械化格外重视，对农业水利化、化肥化也倾注了很大心血。

党的十一届三中全会对农业现代化建设进行了深刻反思，作出了新的

---

① 中共中央文献研究室：《毛泽东文集》第六卷，人民出版社1999年版，第329页。

② 《人民日报》1954年9月24日，第1—2版。

③ 中共中央文献研究室：《毛泽东文集》第八卷，人民出版社1999年版，第49页。

④ 曹应旺：《中国的总管家周恩来》，上海人民出版社2006年版，第102页。

⑤ 中共中央文献研究室：《建国以来重要文献选编》第十五册，中央文献出版社1997年版，第602页。

⑥ 夏蒙、钟兆云：《项南画传》，人民出版社2014年版，第121页。

全面部署。全会原则上通过、党的十一届四中全会正式通过的《中共中央关于加快农业发展若干问题的决定》强调，走出一条适合我国国情的农业现代化的道路，明确要求精心作好分阶段逐步实现农业现代化的规划，农业部、林业部、农垦部、农机部、水利部、电力工业部、化工部要根据农业现代化的要求，密切协同，在一九八〇年内，分别作出实现农业现代化的全面的长期规划。邓小平同志反复强调，"我国农业现代化，不能照抄西方国家或苏联一类国家的办法，要走出一条在社会主义制度下合乎中国情况的道路"[①]，"农业现代化不单单是机械化，还包括应用和发展科学技术等"[②]，"将来农业问题的出路，最终要由生物工程来解决，要靠尖端技术"，"科学技术的发展和作用是无穷无尽的，一个种子，一个肥料，还有多种经营，潜力是很大的"[③]。邓小平同志还从经营体制的维度前瞻性地提出了"两个飞跃"的著名论断。他指出，"中国社会主义农业的改革和发展，从长远的观点看，要有两个飞跃。第一个飞跃，是废除人民公社，实行家庭联产承包为主的责任制……第二个飞跃，是适应科学种田和生产社会化的需要，发展适度规模经营，发展集体经济"[④]。这个时期，我们党已将农业现代化的内涵拓展到农业科技、经营管理等方面。

党的十三届四中全会以后，以江泽民同志为主要代表的中国共产党人逐步丰富和拓展了对农业现代化动力、目标和途径的认识。党的十三届八中全会通过的《中共中央关于进一步加强农业和农村工作的决定》指出，推进农业现代化，必须坚持科技、教育兴农的发展战略，多渠道增加农业投入，加快农用工业的发展，切不可放松农业物质技术基础建设，强调把农业发展转移到依靠科技进步和提高劳动者素质的轨道上来。党的十五

①　《邓小平文选》第二卷，人民出版社1994年版，第362页。
②　《邓小平文选》第二卷，人民出版社1994年版，第28页。
③　《邓小平文选》第二卷，人民出版社1994年版，第315、316页。
④　《邓小平文选》第三卷，人民出版社1993年版，第355页。

大报告指出，"大力推进科教兴农，发展高产、优质、高效农业和节水农业"，"积极发展农业产业化经营，形成生产、加工、销售有机结合和互相促进的机制，推进农业向商品化、专业化、现代化的转变"。党的十五届三中全会通过的《中共中央关于农业和农村工作若干重大问题的决定》指出，"在家庭承包经营的基础上，积极探索实现农业现代化的具体途径，是农村改革和发展的重大课题"，"农村出现的产业化经营……能够有效解决千家万户的农民进入市场、运用现代科技和扩大经营规模等问题，提高农业经济效益和市场化程度，是我国农业逐步走向现代化的现实途径之一"，"由传统农业向现代农业转变，由粗放经营向集约经营转变，必然要求农业科技有一个大的发展，进行一次新的农业科技革命"。江泽民同志反复强调，"要强化科教兴农，优化内部结构，走贸工农一体化发展路子，逐步实现从粗放经营向集约经营、从低效农业向高效农业的转变"[1]，"要切实抓好农业科研攻关、先进适用技术推广和农民科技培训"[2]，"积极发展农业产业化经营，形成生产、加工、销售有机结合和相互促进的机制，推进农业向商品化、专业化、现代化转变"[3]。

党的十六大以后，以胡锦涛同志为主要代表的中国共产党人从科学发展观的高度丰富和拓展了对中国特色农业现代化的认识。2007 年中央一号文件以"六用三化"全面阐述了农业现代化的内涵特征和实现途径，即用现代物质条件装备农业，用现代科学技术改造农业，用现代产业体系提升农业，用现代经营形式推进农业，用现代发展理念引领农业，用培养新型农民发展农业，提高农业水利化、机械化和信息化水平。党的十七大报告强调，"走中国特色农业现代化道路，建立以工促农、以城带乡长效机制，

① 《江泽民论有中国特色社会主义》（专题摘编），中央文献出版社2002年版，第129–130页。
② 中共中央文献研究室、国务院发展研究中心：《新时期农业和农村工作重要文献选编》，中央文献出版社1992年版，第794页。
③ 《江泽民在中国共产党第十五次全国代表大会上的报告》，中国共产党新闻网。

形成城乡经济社会发展一体化新格局"。党的十七届三中全会通过的《中共中央关于推进农村改革发展若干重大问题的决定》强调，发展现代农业，必须按照高产、优质、高效、生态、安全的要求，加快转变农业发展方式，推进农业科技进步和创新，加强农业物质技术装备，健全农业产业体系，提高土地产出率、资源利用率、劳动生产率，增强农业抗风险能力、国际竞争能力、可持续发展能力。胡锦涛同志从实现科学发展的高度，作出了"两个趋向"的重要论断，即在工业化初始阶段，农业支持工业、为工业提供积累是带有普遍性的趋向；但在工业化达到相当程度以后，工业反哺农业、城市支持农村，实现工业与农业、城市与农村协调发展，也是带有普遍性的趋向。他指出，我国总体上已到了以工促农、以城带乡的发展阶段[①]。要把提高农业效益和竞争力作为农业现代化的主线，处理好调整农业结构、增加农民收入和保护粮食综合生产能力的关系，把农业结构调整的重点放到提高农产品的质量和效益、提高农业竞争力上来；要以龙头企业和产加销结合带动农业产业化，大力发展农产品加工业和运销业，提高农产品加工程度，增加农产品的附加值，构建生产、加工、销售有机结合的高效农业产业体系，鼓励工商企业投资发展农产品加工和营销，积极推进农业产业化经营，形成科研、生产、加工、销售一体化的产业链；强调标准化是现代农业的重要标志，没有农业标准化，就没有农业现代化，就没有食品安全保障，只有把农业产前、产中、产后全过程纳入标准化轨道，才能加快农业从粗放经营向集约经营转变，才能提高农业科技含量和经营水平，才能完善适应现代农业要求的管理体系和服务体系。

党的十八大以来，党中央立足中国特色社会主义进入新时代，把对中国特色农业现代化的认识提升到新的高度。从 2014 年起，连续三年的中

---

① 《胡锦涛文选》第二卷，人民出版社2016年版，第367页。

央一号文件都把农业现代化写入文件标题，强调指出"工业化信息化城镇化快速发展对同步推进农业现代化的要求更为紧迫"，"要以解决好地怎么种为导向加快构建新型农业经营体系，以解决好地少水缺的资源环境约束为导向深入推进农业发展方式转变，以满足吃得好吃得安全为导向大力发展优质安全农产品，努力走出一条生产技术先进、经营规模适度、市场竞争力强、生态环境可持续的中国特色新型农业现代化道路"，"积极开发农业多种功能"，"加快形成资源利用高效、生态系统稳定、产地环境良好、产品质量安全的农业发展新格局"。党的十八届五中全会通过的《中共中央关于制定国民经济和社会发展第十三个五年规划的建议》指出，"大力推进农业现代化"，"着力构建现代农业产业体系、生产体系、经营体系"，"走产出高效、产品安全、资源节约、环境友好的农业现代化道路"。党的十九大报告指出，"构建现代农业产业体系、生产体系、经营体系，完善农业支持保护制度，发展多种形式适度规模经营，培育新型农业经营主体，健全农业社会化服务体系，实现小农户和现代农业发展有机衔接。"习近平同志对中国特色农业现代化，多次作出重要论述。在国家现代化建设整体布局方面，他强调"同步推进新型工业化、信息化、城镇化、农业现代化，薄弱环节是农业现代化"[①]，"没有农业现代化，国家现代化是不全面、不完整、不牢固的"[②]；在农业现代化内涵方面，他指出"加快转变农业发展方式，加快农业技术创新步伐，走出一条集约、高效、安全、持续的现代农业发展道路"[③]，"要用现代物质装备武装农业，用现代科学技术服务农业，强化农业水利等基础设施，健全农业社会化服务体系，提高农业

---

① 中共中央文献研究室：《习近平关于社会主义经济建设论述摘编》，中央文献出版社2017年版，第190页。

② 习近平：《论"三农"工作》，中央文献出版社2022年版，第202页。

③ 中共中央党史和文献研究院：《习近平关于"三农"工作论述摘编》，中央文献出版社2019年版，第92页。

良种化、机械化、科技化、信息化、标准化水平"[1]，"要以构建现代农业产业体系、生产体系、经营体系为抓手，加快推进农业现代化"[2]；在现代农业产业体系方面，他强调"要加快建立现代农业产业体系，延伸农业产业链、价值链"[3]，"发展现代畜牧业、园艺业、水产业，发展高附加值、高品质农产品，发展农产品加工和流通业，优化农业区域布局，推动第一、第二和第三产业融合发展，提高农业整体素质和竞争力"[4]；在现代农业生产体系方面，他强调"按照增产增效并重、良种良法配套、农机农艺结合、生产生态协调的原则，促进农业技术集成化、劳动过程机械化、生产经营信息化、安全环保法治化，加快构建适应高产、优质、高效、生态、安全农业发展要求的技术体系"[5]，"充分利用现代农业科技手段，生产出满足人民需求的高产量、高品质、生态化的农产品"；在现代农业经营体系方面，他强调"落实集体所有权、稳定农户承包权、放活土地经营权，加快构建以农户家庭经营为基础、合作与联合为纽带、社会化服务为支撑的立体式复合型现代农业经营体系"[6]，"要培育专业大户、家庭农场、农民合作社、农业企业等新型经营主体，加快形成集约化、专业化、组织化、社会化相结合的新型农业经营体系"[7]，"推动家庭经营、集体经营、合作经营、企业经营共同发展，提高农业经营集约化、规模化、组织化、社会化、产业化水平"[8]。

纵观不同历史时期我们党对农业现代化的认识，在强调农业现代化对国家现代化的重要性、农业现代化道路必须符合我国国情等方面是一脉

①　习近平：《论"三农"工作》，中央文献出版社2022年版，第202页。
②　习近平：《论"三农"工作》，中央文献出版社2022年版，第202页。
③　习近平：《论"三农"工作》，中央文献出版社2022年版，第158页。
④　习近平：《论"三农"工作》，中央文献出版社2022年版，第202页。
⑤　习近平：《论"三农"工作》，中央文献出版社2022年版，第42页。
⑥　中共中央党史和文献研究院：《论坚持全面深化改革》，中央文献出版社2018年版，第71页。
⑦　习近平：《论"三农"工作》，中央文献出版社2022年版，第202、203页。
⑧　习近平：《论"三农"工作》，中央文献出版社2022年版，第201页。

相承的，在农业现代化的内涵、路径、着力点等方面则与时俱进、具有鲜明的时代特色。在农业现代化内涵方面，从机械化、水利化、化肥化、电气化，到科学化、集约化、社会化、产业化，再到规模化、绿色化、信息化、多功能化，反映出我们党对现代农业本质特征的认识不断深化。在农业现代化外延方面，从突出生产工具和劳动对象变革，到重视经营管理和资源配置优化，再到强调产业体系、生产体系、经营体系系统构建，反映出我们党对现代农业关注点的不断演进。在农业现代化目标任务方面，从农业增产的单一目标，到高产优质高效的多元目标，再到土地产出率、资源利用率、劳动生产率、抗风险能力、市场竞争能力、可持续发展能力的复合目标，反映出我们党发展现代农业理念的不断升华。

### （二）我们党对农村建设的认识发展

新中国成立后，党把农村建设放在社会主义建设的重要位置。在实行土地改革、促进农业合作化的同时，党领导农民进行整修水利、防治病虫害、发展供销和信用合作等事业。毛泽东同志为其主持选编、1956 年 1 月出版的《中国农村的社会主义高潮》写了两篇序言和 104 条按语，其中既有怎样办好合作社的经验总结，也有对农村经济工作、文化教育工作、妇女青年工作等的意见。党中央 1956 年 1 月提出、后经多次修改的《一九五六年到一九六七年全国农业发展纲要》，是完成社会主义改造后我们党关于农业农村发展的第一个纲领性文件，也是我国历史上第一个农业农村中长期发展规划。该纲要用大量篇幅部署农村建设，对改善住房、移风易俗、医疗卫生、文化教育、广播邮电、交通运输、商业金融和社会福利等农村各项事业发展提出了明确要求。"楼上楼下、电灯电话"的形象描述，成为从"一穷二白"中走出来的新中国农民对农村现代化的朴素认识。在社会主义建设高潮的推动下，1958 年全国广泛建立起农村人民公社。

农村人民公社作为政社合一的基层单位，既有作为集体经济组织的生产经营管理职能，又有作为农村基层政权的公共服务与社会治理职能。尽管在发展中经历曲折，但农村人民公社在广大农村地区提供教育、医疗等基本公共服务，创办"五保"等农村福利事业，根据自身条件开办社队企业、发展乡村工业，迈出了农村现代化建设的第一步。

党的十一届三中全会深刻总结了经验教训，将农村改革作为突破口，翻开了农村建设的新篇章。全会原则通过的《中共中央关于加快农业发展若干问题的决定（草案）》强调，为调动农民积极性，必须"在经济上充分关心他们的物质利益，在政治上切实保障他们的民主权利"；为活跃农村经济，"应当鼓励和扶持农民经营家庭副业""社队企业要有一个大发展……凡是符合经济合理的原则，宜于在农村加工的农副产品，要逐步由社队企业加工"；为缩小工农城乡差别，"我们一定要十分注意加强小城镇的建设，逐步用现代工业交通业、现代商业服务业、现代教育科学文化卫生事业把它们武装起来，作为改变全国农村面貌的前进基地"。从 1982 年起，中央连续 5 年出台指导农村工作的一号文件，不仅关注农业发展，也关注农村建设，要求广辟资金来源加快农村建设，鼓励农民投资建设农村基础设施和兴办社会事业；加强对小城镇建设的指导，将集镇建设成农村区域性的经济文化中心；切实帮助贫困地区逐步改变落后面貌；建设具有高度精神文明和高度物质文明的新农村。特别是 1982 年《宪法》明确规定，村民委员会是农村基层群众性自治组织，1988 年颁布《村民委员会组织法（试行）》，1983 年中共中央、国务院发布《关于实行政社分开、建立乡政府的通知》，"乡政村治"的乡村治理框架逐步形成。

党的十三届四中全会以后，以江泽民同志为主要代表的中国共产党人，根据建设小康社会的要求不断深化对农村建设的理解、丰富农村建设的内容。党的十三届八中全会通过的《中共中央关于进一步加强农业和农村工作的决定》指出，20世纪90年代农业农村工作的总目标是：在全面发展农村经济的基础上，使广大农民的生活从温饱达到小康水平，逐步实现物质生活比较丰裕，精神生活比较充实，居住环境改善，健康水平提高，公益事业发展，社会治安良好。党的十五届三中全会通过的《中共中央关于农业和农村工作若干重大问题的决定》，不仅作出了经过20年农村改革，我们成功开创了一条有中国特色的农村现代化道路的重大论断，而且从经济、政治、文化三大方面擘画了到2010年建设有中国特色社会主义新农村的目标，涉及农村建设的主要包括：农村产业结构进一步优化，城镇化水平有较大提高；农民收入不断增加，农村全面实现小康，并逐步向更高的水平前进；以党支部为核心的村级组织健全，干群关系密切；加强法治，保持农村良好的社会秩序和治安环境；发展农村教育、卫生、体育、文化事业。

党的十六大以后，以胡锦涛同志为主要代表的中国共产党人从全面贯彻落实科学发展观、全面建设小康社会出发，进一步深化对农村建设的规律性认识。党的十六届五中全会通过的《中共中央关于制定国民经济和社会发展第十一个五年规划的建议》指出，按照"生产发展、生活宽裕、乡风文明、村容整洁、管理民主"的要求建设社会主义新农村，是我国现代化进程中的重大历史任务。党的十七届三中全会通过的《中共中央关于推进农村改革发展若干重大问题的决定》，从六个方面擘画了到2020年农村改革发展的基本目标任务，涉及农村建设的主要包括：城乡经济社会发展一体化体制机制基本建立；农民人均纯收入比2008年翻一番，消费水平大幅提升，绝对贫困现象基本消除；农村基层组织建设进一步加强，村民自治制度更加完善，农民民主权利得到切实保障；城乡基本公共服务均等化明显推进，农村文化进一步繁荣，农民基本文化权益得到更好落实，农村人人享有接受良好教育的机会，农村基本生活保障、基本医疗卫生制度更加健全，农村社会管理体系进一步完善；农村人居和生态环境明显改善。

在 2004 年至 2012 年的 9 次中央农村工作会议和 9 个指导"三农"工作的中央一号文件中，出现了一系列加强农村建设的新理念新举措，主要包括：重塑工农城乡关系，实行工业反哺农业、城市支持农村和"多予少取放活"方针；公共财政逐步介入农村公共产品供给，取消农业税和村提留、乡统筹，建立村级公益事业建设一事一议财政奖补制度，财政为村干部报酬和村级管理提供经费支持；加强农村道路、供水、电力等基础设施建设；实行农村义务教育"两免一补"政策，建立新型农村合作医疗、新型农村社会养老保险、农村最低生活保障制度；加强村庄规划和人居环境治理。

党的十八大以来，党中央从补齐全面建成小康社会短板、开启全面建设社会主义现代化国家新征程出发，对农村建设作出新的部署。党的十八届五中全会要求贯彻新发展理念，推动城乡协调发展，健全农村基础设施投入长效机制，把社会事业发展重点放在农村，推动城镇公共服务向农村延伸；提高社会主义新农村建设水平，开展农村人居环境整治行动，加大传统村落民居和历史文化名村名镇保护力度，建设美丽宜居乡村；实施脱贫攻坚工程。党的十九大提出实施乡村振兴战略，按照"产业兴旺、生态宜居、乡风文明、治理有效、生活富裕"的总要求，加快推进农业农村现代化。党的十九届五中全会要求实施乡村建设行动，把乡村建设摆在社会主义现代化建设的重要位置。在 2013 年至 2021 年的 9 次中央农村工作会议和 9 个指导"三农"工作的中央一号文件中，对农村建设作出了一系列新部署，主要包括：开展村庄人居环境整治，推进垃圾、污水治理和农村改厕；推进城乡基本公共服务均等化；完善乡村治理机制，加强农村基层组织建设；实施精准扶贫。习近平总书记指出，农村现代化既包括"物"的现代化，也包括"人"的现代化，还包括乡村治理体系和治理能力的现代化[①]；到 2035 年基本实现社会主义现代化，大头重头在"三农"，必须向农村全

---

① 习近平：《把乡村振兴战略作为新时代"三农"工作总抓手》，《求是》2019 年第 11 期。

面发展进步聚焦发力，推动农业农村农民与国家同步基本实现现代化[①]。

纵观不同历史时期我们党对农村建设的认识发展，可以看出党始终把改变农村面貌、增进农民福祉放在重要位置，不断总结，不断提高。在对农村建设内涵的认识上，从新中国成立后的农村社会主义改造，到改革开放后的社会主义新农村建设，再到新时代的乡村建设行动，充分表明我们党对农村建设内在规定性的把握是与时俱进的。在对农村建设外延的认识上，从"楼上楼下、电灯电话"的物质建设到物质文明和精神文明两手抓的拓展，从基础设施和公共服务建设到乡村物、人、治理体系和治理能力现代化全面推进的升华，充分表明我们党对农村建设具体内容的部署是不断丰富的。在对农村建设和农业建设关联性的认识上，从单纯重视农业建设、保障农产品供给到强调农业农村农民问题是一个不可分割的整体，坚持农业现代化和农村现代化一体设计、一并推进，充分表明我们党对农业农村现代化建设的整体把握明显增强。

## 二、学术界对农业现代化和农村建设的认识发展

我国是一个农耕历史悠久、农村腹地广阔、农村人口众多的国家，学术界在对国家现代化的探索中对农业现代化和农村建设倾注了大量精力，形成了不少对在新发展阶段继续推进农业农村现代化具有启发意义的认识成果。

### （一）学术界对农业现代化的认识发展

学术界对农业现代化的研究探索与我们党对农业现代化的认识发展和推进历程密切相关。在党的十九大提出实施乡村振兴战略、加快推进农业

---

[①] 中共中央党史和文献研究院：《习近平关于"三农"工作论述摘编》，中央文献出版社2019年版，第11页。

农村现代化之后，学术界对农业现代化的研究明显增多，研究内容更加深入。多年来，学术界从内涵特征、目标任务、推进路径等维度，对农业现代化进行了大量研究。

在农业现代化的内涵特征方面，主要有三种看法。第一种认为农业现代化就是传统农业转变为现代农业的过程。一些学者提出，农业现代化是发展到一个较高级阶段农业的过程，要用现代工业技术装备和生物科学技术改造农业，用现代市场经济观念和组织方式管理农业，不断调整农业结构和农业的专业化、社会化分工，同时创造良好的生态环境，实现农业全要素生产率水平的不断提高和农业可持续发展，以实现由传统的生产部门转变为现代的产业部门。第二种认为农业现代化是农业生产力和生产关系的现代化，包括农业技术的全面升级、农业结构的现代转型、农业制度的现代变迁、农业经营体制的改革创新等。持这种观点的学者提出，农业现代化是现代化的农业生产力与现代化的农业生产关系的总和。这不仅是一个现代生产要素引入或技术进步的过程，同时也是一个要素优化配置的过程或制度创新的过程。农业生产力的现代化是农业劳动对象、劳动资料、劳动力的现代化，包括科学技术的渗透、工业部门的介入、现代要素的投入等。农业生产关系的现代化包括农业经营的市场化和农业生产组织制度的现代化等。第三种从目标导向概括农业现代化内涵特征。有的学者认为，农业现代化是科技革命推动产业革命所形成的高产、优质、高效、生态、安全农业，需要调整优化农业内部结构，促进农业结构的多元化转变，从以增量为主的品种结构转向以优质、高效为主的品种结构。他们认为，中国特色农业现代化的目标模式是高效生态农业，其科学内涵要求确保实现提高农产品有效供给能力和农民务农增收致富的双重目标，顺应农业绿色化、生态化的时代潮流。

在农业现代化的目标任务方面，主要有两个侧重点。一是侧重政策目标。在实行以粮为纲的农业生产方针时期，对农业现代化目标任务的研究聚焦于农业增产。在注重农民增收问题的时期，学者把农业增产和农民增收列为农业现代化的重要目标。在资源环境问题得到越来越多重视的时期，粮食安全、农民增收和农业可持续发展成为农业现代化目标研究的重要议题。二是侧重本质目标。强调农业现代化的核心任务是提高劳动生产率和农业竞争力，包括提升农业全要素生产率，提高产业链、品质、功能等方面的竞争力。有学者提出，农业现代化就是提升农业的经济效率和效益，即提高农业生产力的综合水平和农业生产的社会经济效益。也有学者强调，要以提高农业综合生产能力、市场竞争力和可持续发展能力"三力并重"为农业现代化的核心目标。

在农业现代化推进路径方面，主要有两种分析角度。一种是从农业发展方式的角度，侧重于分析技术层面的现代化路径。强调用现代技术改造农业部门，加强农业现代物质技术装备建设，改善农业投入结构、生产结构和产品品质，加快生产体系现代化；延伸产业链，贯通供应链，提升价值链，推进第一、第二和第三产业融合发展，加快产业体系现代化；用现代市场经济观念和组织方式经营农业，强化农村市场和农业社会化服务体系建设，培育壮大新型农业经营主体，加快经营体系现代化等。另一种是从农业现代化功能特征的角度，强调农业现代化要实现生产要素、生产方式、经营效益和产业功能多元化，以满足保供给、促增收、可持续的要求。推进农业现代化，需要长期保持多样化、混合型的农业现代化发展模式和经营形态；不断提高农业劳动生产率和土地产出率，提升农业的综合生产力水平；通过调整和改革经营管理方式，深入挖掘农业多功能性，使之更加适应现代社会的市场环境和生活实际需要，全面拓展农业生产经营结构、经济产出功能以及增产增收效应，形成多元化、多样化、复合型的现代产业、生产和经营体系。

### （二）学术界对农村建设的认识发展

如何认识、改造和建设中国农村，是近现代中国知识分子高度关注的话题，部分知识分子甚至积极投身农村建设实践。不少近现代知识分子认为，中国以农立国，中国人口绝大多数是农民，中国的现代化必先从农村现代化起始。这些学者发出"到农村去""到民间去"的口号，深入农村开展乡村建设试验，形成了知识分子探索中国农村现代化道路热潮，即著名的"乡村建设运动"。从清末民初到 20 世纪 20 年代，就有张謇在江苏南通兴办实业、发展教育、建设乡村公益事业，米迪刚在河北定县翟城村开展"村治"试验。进入 20 世纪 30 年代，以晏阳初、梁漱溟、卢作孚为代表的一批学者提出各自的乡村建设主张，并在部分地方开展乡村建设试验。晏阳初认为，乡村建设不仅是救济复兴乡村，更要通过教育改造农村、改造农民，使国家民族得到"再造"。为此，他领导的平民教育运动在河北定县开展"定县试验"，针对农民的主要问题，开展文艺、生计、卫生、公民四大教育，以期达成改造乡村、再造国家民族的目的。梁漱溟认为，农村衰败在于文化被破坏，主张以新文化改造旧乡村，并在山东邹平开展乡村建设试验。卢作孚最早从"现代化"视角思考乡村建设，明确指出乡村建设的目的是"赶快将乡村现代化起来"。为此，他在重庆北碚开展以发展实业助推乡村现代化、城市化的乡村建设试验。20 世纪 20—30 年代的乡村建设运动，将农村现代化置于国家现代化基础的高度，将农村经济、社会、生活、文化、政治纳入乡村建设内容，将从教育入手改造农村文化、实现"人"的现代化作为重点，开展了丰富的理论研究和试验探索。尽管这些探索后来由于战争等原因而中断，但所形成的认识成果和积累的实践经验，对今天我们认识和推进农村现代化依然有重要的启示意义。

新中国成立后，农村很快被集体化和纳入人民公社体制，农村基础设施和公益事业等建设主要由农村集体组织自行开展。与国家对农业现代化的高度关注和积极推进形成反差的是，国家对农村建设重视不够。反映在研究领域，学术界对农村建设的探索也不活跃。改革开放后，随着人民公社制度的废除和农村经济活跃程度的提高，以及国家在农业农村领域工作重心的转移，学术界开始关注农村建设问题，形成了三次研究高潮。

第一次研究高潮，重点关注乡镇企业、小城镇和农民负担等问题。不少学者观察到改革后农村发生的巨大变化，期望从这些变化中发现农村现代化的有效途径。长三角、珠三角地区异军突起的乡镇企业，以及依托乡镇企业发展起来的小城镇，成为这一时期学者关注的重点。20世纪80—90年代，乡村工业化、城镇化成为农村现代化的代名词，乡镇企业、小城镇成为农村现代化路径研究的关键词。一些学者在苏南地区考察后认为，当地在发展乡镇企业、实现乡村工业化基础上成长起来的小城镇，是促进农村劳动力就地转移、推动农村生活方式变迁和为农业现代化创造条件的有效方式，是农村现代化的重要途径。部分学者提出，继"包产到户"后农村第二轮改革的关键，就是大力发展乡镇企业，为农业现代化和农村社会福利事业发展、小城镇建设提供经济积累。进入20世纪90年代，农民负担日益加重，成为影响农村社会稳定的突出矛盾，并为学术界所关注。许多学者分别从经济学、社会学、政治学等不同视角对农民负担问题展开研究，这些研究对后来农村税费的改革起到了推动作用。

第二次研究高潮，重点关注新农村建设中的村容村貌、农民增收等问题。进入21世纪，特别是中央提出建设社会主义新农村的重大历史任务后，学术界对农村现代化的研究讨论形成了新的高潮。这一时期的学术研究首先是认识到农村在国家现代化中不可或缺的重要地位，必须改变只有城市现代化而农村凋敝衰落的状态，改变过去认为依靠城镇化自然可以解决农村问题的观点，建设现代化的新农村。其次是认识到不仅要有农业现代化，农村的政治、经济、社会、文化，农民的生活方式与思想观念等都需要进行现代化建设。最后是拓展了对农村现代化实现途径的认识，从单纯依靠工业化、城镇化来转移农村人口、改变农村面貌，到产业融合带动、乡村建设推动、公共服务提升、社会治理保障多管齐下，农村经济、社会、制度、文化建设多元并举。在新农村建设任务提出后，学术界对通过乡村建设改变乡村风貌、注入内生动力、带动农民增收做了大量研究与实践探索工作。

第三次研究高潮，重点关注乡村振兴中的基础设施、公共服务和治理效能等问题。党的十八大以来，特别是中央提出并实施乡村振兴战略以来，学术界对全面实现小康和新阶段乡村如何振兴展开了新一轮研究与讨论。许多学者认识到农村现代化是农业农村现代化中的短板，也是乡村振兴的难点，需要通过大力推进农村建设来补短板、克难点。农村建设的重点有三个：一是农村基础设施等硬件建设，以改善农村人居环境，建设生态宜居的美丽乡村；二是农村公共服务、农村党建与乡村治理体系、农村文化等软环境的建设，以提升农村治理效能，建设乡风文明、治理有效的乡村；三是农村人才建设，以乡村人才振兴培育乡村振兴的主体能力。此外，对于刚刚完成脱贫攻坚任务的欠发达地区来说，还需要强化构建农村社会保障救助体系，以巩固脱贫攻坚成果并与乡村振兴有效衔接。

## 三、新发展阶段农业农村现代化的内涵特征

农业农村现代化是一个动态的过程，不同发展阶段农业农村现代化的内涵特征不尽相同。在我国新发展阶段，新发展理念将得到全面贯彻，新科技革命将广泛渗透，新型工农城乡关系将逐步形成，这些都将对农业农村现代化的内涵特征产生明显影响。

准确认识和深刻把握新发展阶段农业农村现代化的内涵特征，应当遵循以下原则。一是保持连续性。农业农村现代化是一个连续的过程，新

发展阶段的农业农村现代化不可能另起炉灶，认识其内涵特征应从历史上不同时期的认识积累中汲取智慧，尤其是要以党的十八大以来我们党对农业现代化和农村建设的认识为根本遵循。二是增强协调性。农业农村现代化是国家现代化的重要组成部分，其内涵特征应与国家现代化的特质相契合。我们要实现的现代化，是人口规模巨大的现代化，是全体人民共同富裕的现代化，是物质文明和精神文明相协调的现代化，是人与自然和谐共生的现代化。这些特质应当反映在农业农村现代化的内涵特征之中。三是体现前瞻性。对农业农村现代化内涵特征的把握，既要立足既有的认知水平，也要充分考虑时代潮流、发展理念、科技进步等方面在可预见的未来将会发生的演进。四是具有可比性。温饱、小康、全面小康是我国现代化进程中的重要节点目标，对凝聚共识、汇聚力量、鼓舞人心发挥了重要作用，但这些发展目标都是中国特色的概念，其所指代的发展程度是我们根据国情自主赋值的。现代化则是一个世界性的概念，在生产力、科技教育、物质生活水平等基本维度应当具有横向可比性。

根据以上原则，我们把新发展阶段农业农村现代化的内涵特征概括为"六化"。

一是农业产业体系现代化。新发展阶段所要建设的现代化农业，应当是在稳定粮食生产、确保国家粮食安全基础上，现代种植业、畜牧业、园艺业、水产业充分发展的农业，品质优良、附加值高、产业链条长的农业，比较优势突出、主导产业鲜明、集聚效益明显的农业。彰显这种内涵特征，需要优化农业产业门类结构，在种植业充分发展的基础上，大力发展畜牧养殖业，提高畜牧业在农业生产总值中的比重，尤其是要在一定地域范围内和经营主体层面推进农牧结合、种养循环；需要优化农业产品品质结构和价值链结构，着力发展高品质、高附加值农产品生产，着力延长农业产业链条，以农业生产为基础，以合作社或龙头企业为牵引，以农民分享更大比例增值收益为目的促进第一、第二和第三产业融合发展；需要优化农业区域结构，按比较优势原则科学划定粮食生产功能区、重要农产品生产保护区、特色农产品优势区，打造区域公用品牌，构建特色产业集群，释放农业集聚效应。

二是农业生产体系现代化。新发展阶段所要建设的现代化农业，应当是在严格保护耕地的基础上，设施和装备化水平高、旱涝保收的农业，科技成果集成化应用、主要依靠科技进步实现增长的农业，投入品和生产过程绿色低碳、可持续性强的农业，信息技术得到广泛应用、生产经营智能化水平高的农业。彰显这种内涵特征，需要以土地平整、土壤改良、农田水利、机耕道路、农田输配电设备等为重点加强农业基础设施建设，以粮食生产薄弱环节、设施农业、丘陵山区特色农业等为重点提高农业全程全面机械化水平；需要以种业为核心加强农业科技创新，建立健全产学研推多方协作的技术集成创新推广体系，集成组装推广区域性、标准化高质高效技术模式；需要提高农田灌溉水、化肥和农药有效利用率，减少农业温室气体排放；需要建立贯通全产业链的信息收集和处理体系，在生产管理、经营决策中广泛应用物联网、大数据、云计算等现代信息技术。

三是农业经营体系现代化。新发展阶段所要建设的现代化农业，应当是在着力促进小农户和现代农业有机衔接的基础上，土地逐步流转集中、经营规模逐步扩大的规模化农业，各类农户进行多形式、多层次联合的合作化农业，各类农户乃至合作社将难以实现规模经济的生产经营活动交由专业化、社会化组织完成的服务社会化农业。彰显这种内涵特征，需要完善承包地"三权分置"办法，发挥集体所有权在土地连片整治和宜机化改造、闲置和撂荒土地利用等方面的组织协调功能，对承包权的权能进行适度调整、逐步淡化其财产权属性和社会保障属性，对经营权给予更加充分的保障，稳定租地经营主体预期；需要引导生产同类产品的农户开展产前产中产后专业合作，引导比邻农户自愿将毗邻土地入股开展土地股份合作，探索开展生产、供销、信用"三位一体"综合合作；需要以农机专业户或农机合作社、基层供销社、农资综合服务商、返乡入乡创业新农人等为主体，以提高联合收割机、农用飞机和无人机、烘干机等专用资产利用率为支撑，为各类农户乃至合作社开展托管服务，实现托管服务的规模经济。

四是农村基础设施和公共服务现代化。新发展阶段所要建设的现代化农村，应当是在遵循村庄演变规律的基础上，水电路网通村入户、雨天脚不沾泥、夜晚人不迷路的基础设施便利化农村，上学方便、看病不愁、老有所养的基本公共服务均等化农村，屋外鸟语花香、屋内干净整洁的人居环境美丽化农村。彰显这种内涵特征，需要促进道路、供水、电力、网络等基础设施向自然村覆盖、向农户延伸，加强村庄路灯、公共活动空间建设；需要加强农村托幼和养老设施建设，提高村卫生室和村医服务能力，提高农村义务教育质量；需要加强人居环境整治，使垃圾得到收集、污水得到治理、厕所干净卫生、房前屋后整洁美丽。

五是农村居民思想观念和生活质量现代化。新发展阶段所要建设的现代化农村，应当是在实现人的全面发展的基础上，农业从业者以农为主业、劳动生产率和收入水平接近全社会平均水平的农民职业化农村，世居人口与外来人口和谐共处、各得其所的村民多元化农村，公序良俗养成、传统文化得到传承的乡风文明化农村。彰显这种内涵特征，需要结合农业经营体制创新，注重从留守农村的农户中培养一批家庭农场主，从返乡入乡创业人员中培育一批新型农业经营主体，提高新型职业农民的技术和管理水平；需要打通城乡之间、村村之间人口流动的堵点，在继续提高城市对进城农民开放性、提高全社会城镇化水平的同时注重提高农村社区对入乡市民的开放性，以人为核心发挥村庄的多种功能和多元价值；需要推进以移风易俗为核心的农村社会改造，提高农村居民的科学素养、责任意识、公德意识、民主意识。

六是农村治理体系和治理能力现代化。新发展阶段所要建设的现代化农村，应当是在发挥基层党组织领导作用的基础上，村民踊跃参与、议事效率高的自治规范化农村，学法守法用法的法治主导化农村，崇德向善、见贤思齐的德治效力化农村。彰显这种内涵特征，需要根据村庄人口构成和自治事项的变化确定合适的自治半径，逐步把该由政府承担的公共产品和公共服务移交给政府，把该由集体经济组织承担的集体资产所有者职责移交给集体经济组织，积极探索积分制等传统治理手段和"云上村庄"等数字化治理工具；需要加强普法力度，引导农民用法律手段维护自身权益；需要增强农村居民的社区共同体意识，培养共同的价值观和行为规范，让失范者受处罚，让崇德者受尊重。

## 四、新发展阶段农业农村现代化评价体系

为顺利推进新发展阶段的农业农村现代化，有必要设置评价体系以明确目标任务、把握推进进度、弥补短板弱项。立足对新发展阶段农业农村现代化内涵特征的认识，我们构建了一套包括三个层级、33 项具体指标的农业农村现代化评价体系，并设定了各指标 2035 年基本实现现代化和2050 年实现现代化的目标值。

### （一）设置农业农村现代化评价体系的必要性

设置经济社会发展中长期目标并为之努力是我国开展现代化建设的重要经验之一。进入 21 世纪后，我国提出全面建成小康社会奋斗目标，经过 20 多年努力，这个目标已经实现。作为全面建成小康社会的重要组成部分，我国在农业农村领域同样设置了具体的发展目标，并构成内容广泛全面的评价体系，如《农村全面建设小康社会统计监测指标体系》《中

国农村扶贫开发纲要（2011—2020 年）》《国家粮食安全中长期规划纲要（2008—2020 年）》《全国农村经济发展"十三五"规划》《全国农业现代化规划（2016—2020 年）》《乡村振兴战略规划（2018—2022 年）》等，分别对 2020 年我国农业农村发展目标提出具体的评价指标，在推进农村全面建成小康社会进程中发挥了积极作用。

进入新发展阶段后，国家对"十四五"时期农业农村现代化目标任务进行了部署。2021 年中央一号文件要求："到 2025 年，农业农村现代化取得重要进展，农业基础设施现代化迈上新台阶，农村生活设施便利化初步实现，城乡基本公共服务均等化水平明显提高"，"把农业现代化示范区作为推进农业现代化的重要抓手，围绕提高农业产业体系、生产体系、经营体系现代化水平，建立指标体系，加强资源整合、政策集成，以县（市、区）为单位开展创建，到 2025 年创建 500 个左右示范区，形成梯次推进农业现代化的格局"。作为国家层面"十四五"专项规划之一的《推进农业农村现代化规划（2021—2025 年）》已经发布实施。

一些地方已尝试建立评价体系，对当地农业农村现代化目标进行设定、对现状水平进行评估。2020 年 3 月，江苏省苏州市发布《苏州市率先基本实现农业农村现代化评价考核指标体系（2020—2022 年）》，将农业农村现代化设定为农业现代化、农村现代化、农民现代化、城乡融合 4 个领域，制定三级指标，并按市、县、镇不同行政层级分别进行评价。其中，市级评价指标体系由 12 个一级指标、27 个二级指标、49 个三级指标组成，根据发达国家标准和国内先进地区标准，设定"农业农村全面现代化水平"目标值及相应权重，测算农业农村现代化程度综合评分。依据该评价体系测算，苏州市 2019 年综合得分为 79.22 分，2022 年综合得分达到 89.95 分，可率先基本实现农业农村现代化。2021 年 6 月，山东省潍坊市发布《潍坊市全面推进乡村振兴加快实现农业农村现代化指标体系》，将农业农村现代化设定为农业生产现代化、农民生活现代化、乡村生态现代化、乡村文化现代化、乡村治理现代化和城乡融合发展六个领域，制定三级指标，其中市级评价体系由 6 个一级指标、16 个二级指标、40 个三级指标组成。根据该评价体系测算，2020 年潍坊市农业农村现代化综合得分为 65.55 分，处于转型跨越阶段；2025 年综合得分预计为 81.28 分，进入基本实现农业农村现代化阶段。

从国家层面来看，新发展阶段推进农业农村现代化需要一个评价体系，其原因有以下三个。第一，有助于明确目标。2050 年建成社会主义现代化强国，农业农村要同步实现现代化。开展推进工作首先需要明确什么是农业农村现代化，包括哪些领域、各个领域的目标是什么。目标明确了，未来推进农业农村现代化也就有了明确的努力方向。第二，有助于把握进度。农业农村现代化是一个长期发展过程，从 2021 年到 2050 年，需要在长达 30 年的时期内持续推进，既不能不顾客观条件急躁冒进，也不能行动迟缓错失发展时机，需要根据每项指标在不同时期可能的推进速度差异，制订相应的分阶段推进安排。第三，有助于弥补短板。农业农村现代化包括多个领域和大量发展指标，这些领域并非齐头并进，而是存在显著差异，一些指标当前水平距离现代化的目标相对接近，另一些指标则可能距离现代化目标相对遥远，属于推进农业农村现代化中的短板。设置评价体系，可以对每项指标的实现程度进行测算，找出短板弱项，进行有针对性的提升，促使其尽快跟上农业农村现代化的整体进程。

### （二）设置农业农村现代化评价体系应处理好的关系

新发展阶段农业农村现代化评价体系，既涉及与农村全面建成小康社会目标的衔接，又涉及与新发展阶段国家整体现代化目标任务的衔接，还要体现我们对新发展阶段农业农村现代化内涵特征的认识。为此，需要妥善把握和处理好以下关系。

一是处理好新发展阶段评价体系和此前发展阶段评价体系的关系。新发展阶段评价体系构建在我国已有建设成就的基础上，在先前的发展阶段中，国家也曾设置发展任务并最终促成其实现。除历次五年规划中提出的发展目标之外，在全面建成小康社会时期，我国在农业农村领域曾设置明确和具体的发展任务。如《农村全面建设小康社会统计监测指标体系》，分别从经济发展、社会发展、人口素质、生活质量、民主法制、资源环境等6个方面对农村全面小康的建设进度进行评价。在《乡村振兴战略规划（2018—2022年）》中，在产业兴旺、生态宜居、乡风文明、治理有效、生活富裕等5个方面，设置了22项具体指标。新发展阶段农业农村现代化评价体系，既需要体现新认识，也需要与已有的这些评价体系保持必要的历史延续性。

二是处理好评价体系理想状态和数据可获得性之间的关系。从构建评价体系本身来说，选取的指标越紧扣内涵特征则评价准确度越高。然而，这往往受到数据可获得性的制约。一些领域尽管非常重要，但很难找到定量化的体现指标，如乡村治理、乡风文明、民主法制等，对这些领域的评价具有高度的主观性，缺乏对应的客观统计指标。因此，设置新发展阶段农业农村现代化评价体系时，我们坚持选取现有统计口径中已有的、可以定量化体现的指标，以降低指标数据获取和处理的难度。

三是处理好评价体系覆盖全面与突出重点之间的关系。未来我国要实现的农业农村现代化，包括了农业农村发展的各个方面，是全面实现、不留死角的现代化。但设置评价体系不可能面面俱到，只能覆盖主要领域、选取具有代表性的指标，在全面体现和突出重点之间进行有效平衡。例如农业生产体系既涉及技术装备，又涉及投入产出，还涉及未来绿色低碳的发展方向，应当设置较多的指标对各方面要求予以全面体现。又如农村基础设施和公共服务现代化，由于基础设施和公共服务都是范围较广的领域，对农村人居环境优化的需求也会随着农民富裕程度提高而不断凸显，因此也应设置较多的指标。通过覆盖全面、突出重点的方式，可以使指标体系更具代表性，并充分适应未来需求的变化趋势。

### （三）构建适合新发展阶段的农业农村现代化评价体系

立足于我国新发展阶段农业农村现代化的内涵特征，综合考虑历史延续性、代表性、数据可得性等因素，并根据农业农村发展的底线要求，我们构建了包括 33 项具体指标的农业农村现代化评价体系（见表 4）。

设置指标体系之后，需要设定各指标 2035 年和 2050 年的目标值。首先，根据各指标当前发展水平、未来增长变化趋势和制约条件，以及发达国家和国内发达地区发展水平，设定各指标 2050 年全面建成现代化时的目标值。然后，根据各指标在未来实现现代化过程中可能具有的速率分布特征，如先快后慢、大体匀速或先慢后快等，确定 2035 年基本实现现代化时各指标的目标值。

在农业产业体系现代化方面，设置了"畜牧业和渔业产值占农林牧渔业总产值比重""农产品加工业产值与农林牧渔业总产值的比值""农业劳动生产率"和"单位耕地面积种植业产值"4 项指标。设置"畜牧业和渔业产值占农林牧渔业总产值比重"指标，主要是考虑到现代畜牧业和渔业是现代农业的重要标志，发达国家畜牧业和渔业产值占农林牧渔业总产值比重普遍在 50% 以上，参照国际经验将此指标的 2050 年现代化目标值设定为 50%。设置"农产品加工业产值与农林牧渔业总产值的比值"指标，主要是考虑到现代农业的产业链应该更长，发达国家一般在 3.5 以上，高的甚至达到 8 以上，2020 年我国为 2.4，作为国内发达地区代表的苏州市将此指标的现代化目标值设定为 6，综合考虑这些因素，将此指标的 2050年现代化目标值设定为 4。设置"农业劳动生产率"指标，主要是考虑到提高农业劳动生产率是提高农业竞争力、增加务农劳动力收入的根本途径。2020 年我国农业全员劳动生产率达到 4 万元 / 人，但与发达国家仍存在巨大差距，如美国在 2013 年就已接近 86 万元 / 人。苏州是我国农业发达地区，其现代化指标体系中将农业劳动生产率目标值设定为 21 万元 / 人。综合考虑这些情况，我们将其 2050 年现代化目标值设定为 12 万元 / 人（2019 年不变价格）。设置"单位耕地面积种植业产值"指标，主要是考虑到种植业在农业中具有基础性地位，我国又是耕地稀缺的国家，提高种植业效益具有至关重要的意义。2019 年我国种植业单位耕地面积（亩）产值为 0.27 万元，海南为最高，达到 0.8 万元，北京、福建等农业效益较高的省市为 0.7 万 ~0.8 万元，据此将这一指标的 2050 年现代化目标值设定为 0.7 万元（2019 年不变价格）。

在农业生产体系现代化方面，设置了"每万名第一产业从业人员中科技活动人员数""劳均农业机械动力""农田灌溉用水有效利用系数""单位面积农药使用量负增长率"和"单位面积化肥使用量负增长率" 5 项指标。设置"每万名第一产业从业人员中科技活动人员数"是为了体现科技对我国农业的支撑作用。2019 年，我国每万名第一产业从业人员中科技活动人员为 3.5 人，国内农业发达省份达到 10 人以上，据此将 2050 年现代化目标值设定为 10 人。设置"劳均农业机械动力"指标，主要是为了反映农业的机械化水平。近年来随着国家加大农机具购买支持力度，我国农业机械化水平提升迅速，至 2019 年劳均农业机械动力达到 5.0 千瓦 / 人。但各省份间由于农业生产条件不同，这一指标差距很大，最高的黑龙江超过了 10 千瓦 / 人，而以山区为主、土地细碎的云南、福建等省只有 2 千瓦 / 人左右。经过综合衡量将这项指标的 2050 年现代化目标值设定为 8 千瓦 / 人。设置"农田灌溉用水有效利用系数"是为了考察重要农业资源的利用效率。发达国家农田灌溉用水有效利用系数一般为 0.7~0.8，2019 年我国这一系数已达到 0.559，参照发达国家目前水平、兼顾我国农业禀赋将其 2050 年现代化目标值设定为 0.7。设置"单位面积农药使用量负增长率"和"单位面积化肥使用量负增长率"指标，主要是体现农业绿色发展导向。2015 年，我国提出到 2020 年实现农药、化肥使用量零增长，但实际上此后我国农药、化肥使用量即呈持续下降趋势，2019 年全国农药使用总量比 2015 年下降 21.7%，2020 年全国化肥使用总量比 2015 年下降 10%。我国单位面积农药和化肥使用量仍分别高于发达国家 1 倍左右。未来我国将进一步推进农药、化肥减量使用，综合考虑国际国内农业绿色化发展趋势，将 2050 年现代化目标值分别设定为比 2015 年减量 50% 和 30%。

在农业经营体系现代化方面，设置了"农民合作社辐射带动农户比例""农业产业化龙头企业带动农户比例""农业生产托管服务深度"和"耕地适度规模经营户比例"4 项指标。设置"农民合作社辐射带动农户比例"指标，主要是考虑到小农户将长期存在，需要通过合作方式将其纳入农业现代化轨道。2020 年我国农民合作社达 224.1 万家，辐射带动一半农户，预计 2050 年实现现代化时将带动 90% 农户。设置"农业产业化龙头企业带动农户比例"指标，是希望充分发挥龙头企业对我国分散小农的带动作用。2019 年，我国产业化龙头企业带动农户比例达到 44.4%，其中北京、天津接近 100%，预计 2050 年实现现代化时全国将达到 90%。设置"农业生产托管服务深度"指标，是为了体现农业生产社会化服务水平，2019 年这一指标为 0.61 亩次，考虑到未来我国小农户将进一步分化、农业劳动力老龄化程度进一步提高，预计至 2050 年实现现代化时将达到 1.5 亩次。设置"耕地适度规模经营户比例"指标，是因为土地流转集中、适度规模经营是未来我国农业发展方向，但我国大国小农的格局将长期存在。2019 年我国耕地适度规模经营户[①]的比例只有 4.5%，未来随着进城农

---

① 指南方地区经营10亩以上、北方地区经营50亩以上的农户。

民工市民化程度不断提高和农村土地流转进一步加速，预计至 2050 年实现现代化时耕地适度规模经营户比重约为 20%。

在农村基础设施和公共服务现代化方面，设置了"农村自来水普及率""农村道路硬化比例""农村居民年人均用电量""农村无害化卫生厕所普及率""农村生活污水处理率""农村生活垃圾处理率""农村义务教育阶段教师本科及以上学历比例""农村每千人口卫生技术人员数"和"每个行政村拥有的农村社区养老机构和设施数"9 项指标。设置"农村自来水普及率""农村道路硬化比例"和"农村居民年人均用电量"指标，主要是为了从供水、通路、供电等方面体现农村基础设施现代化水平。获取清洁、便利的生活用水是现代化生活的应有之义，此项指标 2050 年现代化目标值应为 100%。随着近几年国家基础设施建设优先向农村布局，尤其是脱贫攻坚中贫困地区的道路建设得到极大提升，至 2019 年农村道路硬化比例达到 51.0%，预计至 2050 年实现现代化时将达到 90% 以上。2019 年全国农村居民人均用电量为 1719.1 千瓦时，但因其中包含了生产用电，与国外农村居民用电量缺乏直接可比性。考虑现有水平、增长趋势，我们将农村居民年人均用电量的 2050 年现代化目标值设定为 3500 千瓦时。设置"农村无害化卫生厕所普及率""农村生活污水处理率"和"农村生活垃圾处理率"指标，主要是为了体现农村宜居水平。农村无害化卫生厕所普及率近年来提升迅速，2020 年已达到 68%，随着国家持续加大改厕力度和相关技术进步，2050 年实现现代化时应达到 100%。2020 年我国农村生活污水处理率只有约 30%，国外已有立法强制要求，生态宜居是乡村振兴的重要体现，因此 2050 年实现现代化时应要求农村生活污水全部得到处理。农村生活垃圾处理率 2020 年已达到 90%，2050 年实现现代化时应达到 100%。设置"农村义务教育阶段教师本科及以上学历比例""农村每千人口卫生技术人员数"和"每个行政村拥有的农村社区养老机构和设施数",主要是为了体现农村各类公共服务的现代化水平。2019 年我国农村义务教育阶段教师本科及以上学历比例达到 57.1%,在发达国家本科毕业是教师任职的基本要求,因此 2050 年实现现代化时这一指标应达到 100%。2019 年我国农村每千人口拥有卫生技术人员 4.96 人,城市为 11.1 人,经城乡比较将此项指标的 2050 年现代化目标值设定为 10 人。2019 年每个行政村拥有的农村社区养老机构和设施数只有 0.21 个,未来应实现普及化,因此将 2050 年现代化目标值设定为 0.9。

在农村居民思想观念和生活质量现代化方面,设置了"农村 6 岁以上人口中高中及以上学历占比""农村居民恩格尔系数""农村居民教育文化娱乐支出占比"和"农村居民每百户家用汽车拥有量"4 项指标。设置"农村 6 岁以上人口中高中及以上学历占比"指标,主要是为了体现农民在受教育程度等方面的人力资本水平。2019 年我国农村 6 岁以上人口中高中及以上学历占比只有 16%,现代化意味着受教育程度大幅提升,2050 年实现现代化时这一指标应达到 60%。设置"农村居民恩格尔系数""农村居民教育文化娱乐支出占比"和"农村居民每百户家用汽车拥有量"指标是为了反映农村居民生活质量。恩格尔系数是国际通用的衡量居民生活水平的重要指标,2019 年我国农村居民恩格尔系数降至 30%。经城乡比较和与发达国家水平比较,将 2050 年实现现代化时农村居民恩格尔系数目标值设定为 22%。我国农村居民消费支出中教育文化娱乐支出占比 2020 年为 9.5%,预计未来 30 年将再提升 5.5 个百分点,达到 15%。2020 年我国农村居民每百户家用汽车拥有量达到 26.4 辆,由于居住分散,农村居民普遍存在小汽车出行需求,发达国家已实现普及化。考虑到我国农村的地区差异,将其 2050 年现代化目标值设定为每百户 90 辆。

在农村治理体系和治理能力现代化方面,设置了"村综合服务站的行政村普及率""村规民约的行政村普及率""'农村文明家庭'农户占比""法律顾问、法律服务工作的行政村普及率"和"土地承包及流转纠纷村级调解成功率" 5 项指标。设置这些指标主要是为了体现农村文明化、法治化程度，对目标值的设定主要参考基期值、近年来的增速和国内发达地区已经达到的水平。"村综合服务站的行政村普及率"指标，2016 年仅为 14.3%，2019 年达到 61.1%，预计 2050 年实现现代化时将达到 100%。2019 年"村规民约的行政村普及率"指标达到 89%，预计 2050 年实现现代化时达到 100%。2019 年"'农村文明家庭'农户占比"指标为 6.5%，预计 2050 年实现现代化时达到 20%。2019 年"法律顾问、法律服务工作的行政村普及率"指标达到 69.8%，预计 2050 年实现现代化时达到 100%。2019 年"土地承包及流转纠纷村级调解成功率"指标达到 79.8%，预计 2050 年实现现代化时达到 95%。

另外，我们还设置了 2 项底线指标：一个是粮食综合生产能力，反映农业保障国家粮食安全的基本功能；另一个是城乡居民人均可支配收入倍差，反映共同富裕这一中国式现代化目标的导向。这两项指标是实现农业农村现代化时必须完成的底线任务，在整个评价体系中具有"一票否决"的作用。2020 年我国粮食总产量达到 6.69 亿吨，预计 2035 年和 2050 年全国人口总量分别为 14.1 亿和 13.6 亿人，按照"人均千斤粮"的目标，将 2035 年和 2050 年粮食综合生产能力的底线指标分别设定为不低于 7 亿吨和不低于 6.8 亿吨。我国城乡居民人均可支配收入倍差的极大值出现在 2007 年，为 3.14；近年来持续下降，2020 年为 2.56。理想情况下，城乡居民人均可支配收入应无差距，即比值为 1。从国际经验来看，在工业化向中后期推进过程中，城乡居民收入比均向 1 收敛，有些国家如韩国还出现过农村居民收入超过城市居民的情况，但也有一些国家如美国，这一数值长期保持在 1.28 以上。综合考虑理想状况、我国历史状况和发达国家状况，将全面实现现代化时城乡居民收入倍差的底线设定为 1.5。

表4　　　　　　　　　　农业农村现代化评价体系

| 一级指标（领域指标） | 二级指标（趋向指标） | 三级指标（具体指标） | | 2020年基期值 | 2035年基本现代化目标值 | 2050年全面现代化目标值 |
| --- | --- | --- | --- | --- | --- | --- |
| | | 序号 | 指标名称 | | | |
| 农业现代化 | 农业产业体系现代化 | 1 | 畜牧业和渔业产值占农林牧渔业总产值比重（%） | 26.7 | 45 | 50 |
| | | 2 | 农产品加工业产值与农林牧渔业总产值的比值 | 2.4 | 3.5 | 4 |
| | | 3 | 农业劳动生产率（万元/人，2019年不变价格） | 4 | 6 | 12 |
| | | 4 | 单位耕地面积种植业产值（万元/亩，2019年不变价格） | 0.27 | 0.4 | 0.7 |
| | 农业生产体系现代化 | 5 | 每万名第一产业从业人员中科技活动人员数（人） | 3.5 | 7 | 10 |
| | | 6 | 劳均农业机械动力（千瓦/人） | 5.0 | 6.6 | 8 |
| | | 7 | 农田灌溉用水有效利用系数 | 0.559 | 0.59 | 0.7 |
| | | 8 | 单位面积农药使用量负增长率（%，以2015年为基期） | 21.7 | 30 | 50 |
| | | 9 | 单位面积化肥使用量负增长率（%，以2015年为基期） | 10.0 | 20 | 30 |
| | 农业经营体系现代化 | 10 | 农民合作社辐射带动农户比例（%） | 50 | 50 | 90 |
| | | 11 | 农业产业化龙头企业带动农户比例（%） | 44.4 | 60 | 90 |
| | | 12 | 农业生产托管服务深度（亩次） | 0.61 | 0.9 | 1.5 |
| | | 13 | 耕地适度规模经营户比例（%） | 4.5 | 10 | 20 |
| 农村现代化 | 农村基础设施和公共服务现代化 | 14 | 农村自来水普及率（%） | 83 | 92 | 100 |
| | | 15 | 农村道路硬化比例（%） | 51.0 | 75 | 90 |
| | | 16 | 农村居民年人均用电量（千瓦时/人·年） | 1719.1 | 2500 | 3500 |
| | | 17 | 农村无害化卫生厕所普及率（%） | 68 | 90 | 100 |
| | | 18 | 农村生活污水处理率（%） | 30 | 90 | 100 |
| | | 19 | 农村生活垃圾处理率（%） | 90 | 96 | 100 |
| | | 20 | 农村义务教育阶段教师本科及以上学历比例（%） | 57.1 | 83 | 100 |

续表

| 一级指标（领域指标） | 二级指标（趋向指标） | 三级指标（具体指标） | | 2020年基期值 | 2035年基本现代化目标值 | 2050年全面现代化目标值 |
|---|---|---|---|---|---|---|
| | | 序号 | 指标名称 | | | |
| 农村现代化 | 农村基础设施和公共服务现代化 | 21 | 农村每千人口卫生技术人员数（人） | 4.96 | 7.5 | 10 |
| | | 22 | 每个行政村拥有的农村社区养老机构和设施数 | 0.21 | 0.7 | 0.9 |
| | 农村居民思想观念和生活质量现代化 | 23 | 农村6岁以上人口中高中及以上学历占比（%） | 16.0 | 30 | 60 |
| | | 24 | 农村居民恩格尔系数（%） | 30.0 | 25 | 22 |
| | | 25 | 农村居民教育文化娱乐支出占比（%） | 9.5 | 12 | 15 |
| | | 26 | 农村居民每百户家用汽车拥有量（辆） | 26.4 | 60 | 90 |
| | 农村治理体系和治理能力现代化 | 27 | 村综合服务站的行政村普及率（%） | 61.1 | 95 | 100 |
| | | 28 | 村规民约的行政村普及率（%） | 89 | 98 | 100 |
| | | 29 | "农村文明家庭"农户占比（%） | 6.5 | 10 | 20 |
| | | 30 | 法律顾问、法律服务工作的行政村普及率（%） | 69.8 | 90 | 100 |
| | | 31 | 土地承包及流转纠纷村级调解成功率（%） | 79.8 | 90 | 95 |
| 底线指标 | | 32 | 粮食综合生产能力（亿吨） | 6.69 | ≥7.0 | ≥6.8 |
| | | 33 | 城乡居民人均可支配收入倍差 | 2.56 | <2.0 | <1.5 |

注：基期值采用2020年数据，在2020年的数值无法获取的情况下取最近年份值。

资料来源：作者根据测算数据绘制。

# 五、结　语

以对新发展阶段农业农村现代化内涵特征的认识为基础，本文所构建的农业农村现代化评价体系，既是评价总体进展的标尺，又是检视短板弱项的工具。尽管受数据可获得性限制，本套评价体系在指标设置上存在一些不足，如对农业现代化中的绿色化和数字化、对农村现代化中人的现代化体现不够，但总体来看，本套评价体系能够用于衡量全国和不同地区农业农村现代化的实现程度。我们希望通过把握内涵特征和构建评价体系，明确我国实现农业农村现代化的主要目标任务，帮助全国和不同地区加快推进农业农村现代化步伐。

从本套评价体系出发，对标 2035 年基本实现现代化、2050 年全面建成现代化的目标，可以对我国推进农业农村现代化的战略态势作出综合研判，借此明确未来我国农业农村发展方向。一是在大国小农的条件下找准推进农业现代化的着力点。我国农业现代化的短板集中在经营体系现代化，主要是受我国农业人多地少资源禀赋的制约，经营规模过小、劳动生产率过低。未来应因势利导，多维度提高农业规模效益。二是在城乡二元结构的起点上找准推进农村现代化的着力点。在我国农村现代化建设中，可以发挥体制优势提升治理体系和治理能力现代化水平，但缩小农村居民收入和生活品质与城镇居民的差距任务艰巨。未来应继续着力破除城乡二元体制，坚持新型城镇化和乡村振兴双轮驱动，促进城乡要素双向流动，消除农民进城和市民下乡障碍，增进农民获取公共资源的机会，同时不断提升乡村公共资源投入的力度和效能。三是坚持农业现代化和农村现代化一体设计、一并推进。农业现代化建设步伐快于农村现代化建设步伐是改革开放以来我国农业农村发展的基本格局。尽管党的十六大以来农村基础设施和公共服务建设步伐明显加快，但农村现代化滞后于农业现代化的基本格局依然存在，农村现代化领域的短板更多。未来应当紧紧扭住农业现代化和农村现代化的耦合点，在继续推进农业现代化建设的同时，更加注重推进农村现代化建设，提高两者的协同度。

执笔人：叶兴庆　程郁　赵俊超

伍振军　宁夏　殷浩栋

# 新发展阶段基层对农业农村现代化的需求

## ——基于对 44 个县 154 个村的调查

在新发展阶段，为了解基层在"三农"工作重心从脱贫攻坚转向全面推进乡村振兴、加快农业农村现代化后的政策需求，我们委托吉林、江苏、浙江、安徽、福建、广西、云南、甘肃、新疆等 9 个省和自治区有关机构，对 44 个县的 154 名村支书进行问卷调查。结果表明，加快农业农村现代化具备一定基础，但在农田水利设施、农村养老服务等方面存在明显短板。

## 一、推进农业现代化迫切需要加强农田水利等基础设施和农业社会化服务

本次调查请村支书从 10 多个选项中按重要性排序选择三个"本村在推进农业现代化方面最迫切需要加强建设的方面"，首选项选择"农田水利建设"的比例达到 48.1%；"农田水利建设"入选前三项的比例达到 53.2%，其他选择比例较高的选项还有"机耕道建设""农业机械化""田块集中连片整治"（见图6）。

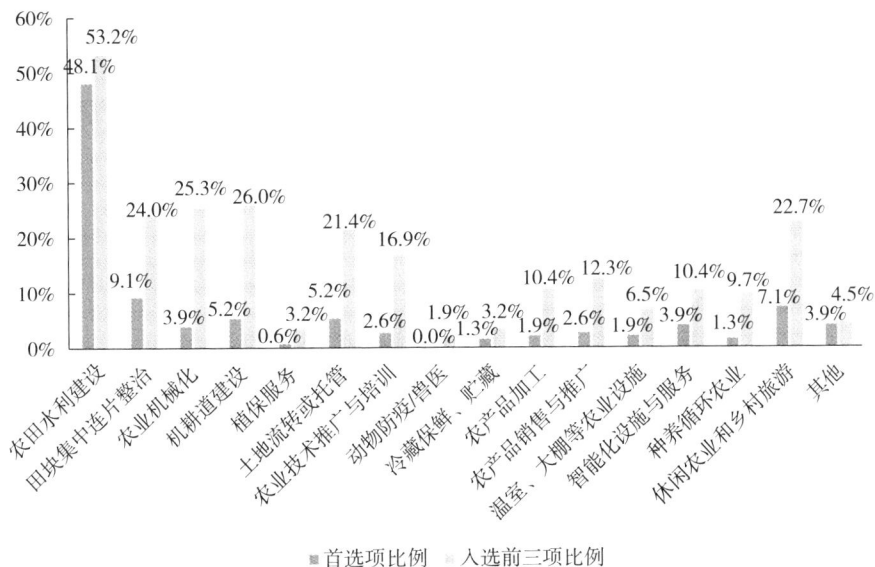

**图6　本村在推进农业现代化方面最迫切需要加强建设的方面**
资料来源：作者根据调查数据绘制。

### （一）缺乏灌溉条件，难以保证稳定生产

154个村的耕地面积合计约76.31万亩，受地形条件限制、水资源条件约束、农田水利设施不足等影响，有灌溉条件的耕地仅占总耕地面积的42%，其中平原地区这一比例为67.5%，丘陵和山区这一比例分别只有38.9%和13.1%。各村农田灌溉能力差异较大，31.2%的村所有耕地都具备灌溉条件，53.9%的村有效灌溉面积不足全部耕地面积的一半，28.6%的村所有耕地都不能灌溉。尤其需要注意的是，高标准农田建设未能完全解决农田灌溉问题，22.2%的村存在灌溉面积小于高标准农田面积的情况。

### （二）缺乏机耕道和农机服务组织，制约了农业机械化发展

在154个村中，能够实现机械化作业的耕地仅占总耕地面积的56.2%，平原地区这一比例为91.2%，丘陵和山区这一比例仅分别为29.9%和

27.8%；有机耕道连通的耕地仅占总耕地面积的 28.4%，平原地区这一比例也只有 43.5%，丘陵和山区这一比例仅分别为 23.5% 和 12.8%。缺乏机耕道不利于提升农机作业效率和推广高效农机。农机服务组织发展不充分，只有 34.4% 的村有农机作业服务，尤其在 28 个有土地托管的村中，仍有10 个村没有农机作业服务。

### （三）农业设施化、智能化和社会化服务水平不高

设施化发展滞后，只有 29.9% 的村有设施农业大棚，其中平原地区这一比例为 54.1%，丘陵和山区这一比例仅分别为 6.9% 和 39%；大棚总面积为 1.14 万亩，仅占全部耕地面积的 1.5%。智能化刚刚起步，只有 15.6% 的村采用无人机飞防监测，仅分别有 9.1% 和 8.4% 的村有自动化养殖和灌溉设施，68.2% 的村没有任何智能化农业设施。社会化服务发展不充分，有动物防疫和兽医、秸秆回收利用、植保、测土配方施肥、农膜供应回收、畜禽养殖废弃物处理和农产品初加工服务的村所占比例，分别仅为 41.5%、22.7%、16.9%、15.6%、15.6%、14.3% 和 7.8%，35.7% 的村没有任何农业社会化服务。丘陵地区村庄智能化农业设施和农业社会化服务更为缺乏，没有这两项的比例分别为 80.6% 和 52.8%，较平原地区分别高 21.8 个和 16 个百分点，较山区也分别高 8.6 个和 30.8 个百分点。

## 二、推进农村现代化亟须补齐养老、医疗和教育短板

本次调查请村支书从 10 多个选项中按重要性排序选择三个"本村公共服务最迫切需要改善的方面"，首选项选择"养老服务"的比例达到 30.5%；"养老服务"入选前三项的比例达到 61%，其他选择比例较高的选项还有"幼儿园""小学和初中""村卫生室""文体娱乐""就业技能培训

和岗位需求信息"（见图7）。

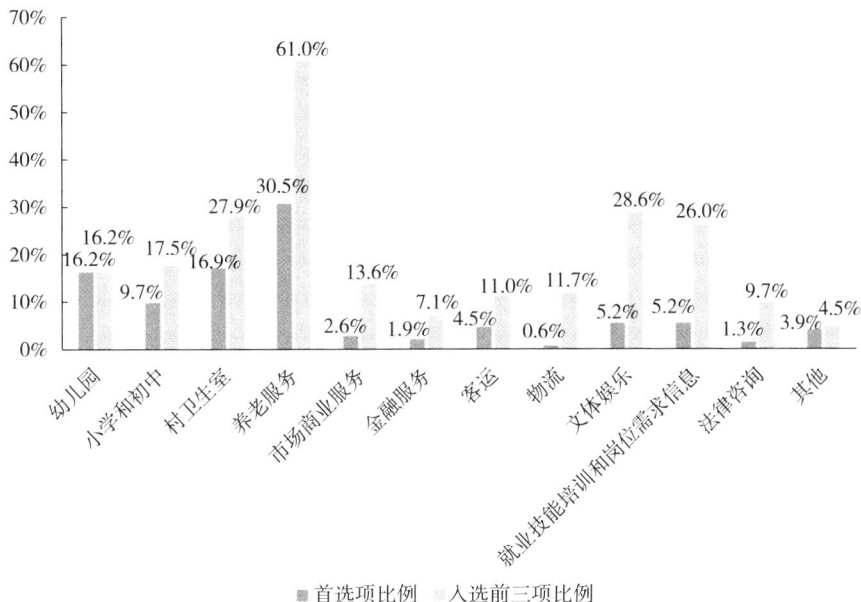

**图7 本村公共服务最迫切需要改善的方面**
资料来源：作者根据调查数据绘制。

### （一）农村养老服务能力薄弱

只有11.7%的村有养老院，8.4%的村有日间照料中心，2.6%的村有老年食堂，51.3%的村有老年活动室，没有任何养老服务机构的村达到40.3%。农村养老院利用率低，在全部被调查的村中养老院共有床位408个，实际入住老人134名，床位空置率高达67.2%。养老服务内容单一，虽然83个村有日间照料中心、老年食堂、老年活动室等养老服务机构，但大部分服务机构仅能为老年人提供棋牌等休闲娱乐服务，而对于老年人更迫切需要的用餐、康复理疗和疾病治疗服务，分别只有9.6%、6%和6%的机构能够提供。

### （二）农村医疗卫生服务水平有待提高

标准化村卫生室仍未实现全覆盖，11.7%的村还没有村卫生室。需要注意的是，距离县城不足 20 公里的村这一比例为 18.7%，原因可能在于距离县城近的村庄可以进城就医，部分村无须设立村卫生室。在 136 个村卫生室中，16.2% 建设面积不符合要求①，7.4% 尚未纳入乡镇卫生院的一体化管理。村医普遍缺乏执业资格且年龄老化，医护人员有职业医师资格证的村卫生室仅占 21.3%，医护人员年龄均在 50 岁以上的村卫生室占 29.4%。基本药品保障仍较欠缺，8.1% 的村卫生室药品经常不能满足需要，52.9% 的村卫生室偶尔有不能满足的情况，只有 39% 的村卫生室药品能满足本村患者需要。距离县城超过 20 公里的村这一比例进一步下降到 29.7%，边远村卫生室的药品保障不足问题更为突出。村卫生室仍难以得到大医院的技术支持，只有 33.1% 的村卫生室和大医院建立了远程医疗协作关系，其中，边远村更难获得大医院支持，距离县城超过 20 公里的村这一比例仅为 28.4%；只有 42.9% 的村有上级医疗机构巡诊或派驻医生，其中能够定期巡诊或派驻医生的比例仅为 21.6%。

### （三）农村幼儿园和小学教育体系亟待完善

只有 56.5% 的村有幼儿园，其中 98.9% 集中在距离县城 20 公里以内的村，距离县城超过 20 公里的村庄几乎没有幼儿园；87.4% 的村幼儿园教职工与幼儿数量比低于国家全日制幼儿园标准②。农村小学撤并后，农村儿童上学不方便和农村小学教学质量不高的问题并存。只有 56.5% 的村有小学，其余村的孩子只能到邻村、镇上或县城等地就读。村级小学师资力量薄弱，本科学历及以上的老师占比仅为 59.6%，距离县城超过 20 公里的村这一比例下降为 53%。部分学校的年级学制不健全，29.9% 的村级小学没

---

① 2014年发布的《村卫生室管理办法（试行）》规定，村卫生室建筑面积应大于60平方米。

② 教育部发布的《幼儿园教职工配备标准（暂行）》规定，全日制幼儿园的全园教职工与幼儿比应为1：5～1：7。

有完整的 1~6 年级全学制。由于村级小学教学质量不高，在有村级小学的村庄中，32.6% 的适龄儿童不会在本村小学上学，而会选择到教学质量更好的镇或县城读小学。

## 三、农村人居环境整治成果还需进一步巩固

本次调查请村支书从 10 多个选项中按重要性排序选择三个"本村人居环境最迫切需要加强建设的方面"，首选项选择"村容村貌整治提升"的比例达到 40.9%；"村容村貌整治提升"和"垃圾处理"入选前三项的比例分别达到 53.9% 和 56.5%，其他选择比例较高的选项还有"生活污水治理"和"村内道路"（见图 8）。

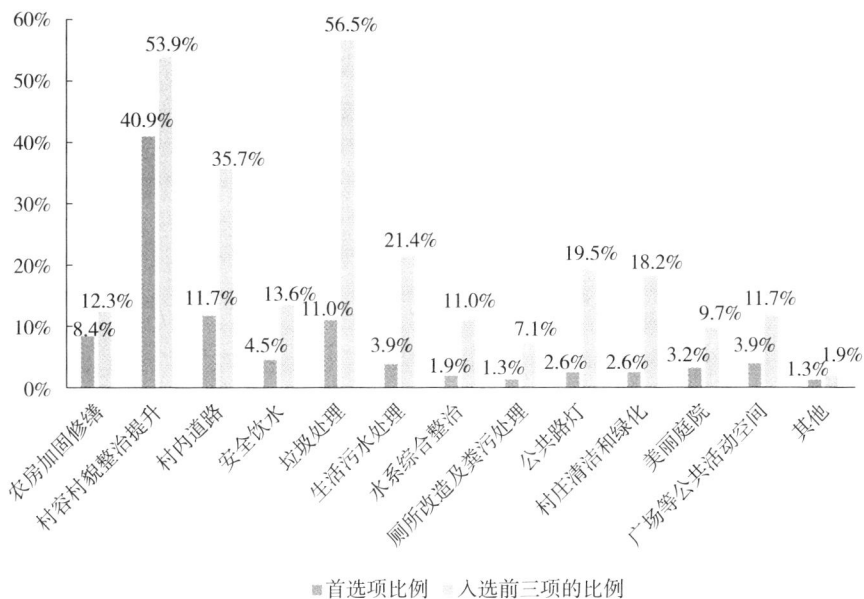

图8 本村人居环境最迫切需要加强建设的方面
资料来源：作者根据调查数据绘制。

### （一）农村垃圾分类减量机制尚不健全

44.2% 的村配有标注明晰的分类垃圾桶，13.6% 的村有分类垃圾桶，但未作清晰标注，38.3% 的村配有非分类垃圾桶，2.6% 的村没有垃圾桶。生活垃圾分类处理比例低，在 89 个有分类垃圾桶的村庄中，27% 的村并没有对垃圾进行分类转运和处理。农村普遍缺少可回收垃圾的回收服务，只有 24% 的村有可回收垃圾回收再利用服务。有机废弃物（生物垃圾）综合利用处置服务缺乏，只有 33.8% 的村有该项服务，其中 28.9% 在本村内处置，71.1% 送到镇上处置，大部分仍未实现就近就农资源化利用。农作物秸秆缺乏回收利用机制，只有 33.1% 的村会将部分秸秆用来加工饲料、编织物品、制成生物燃料或发电等，66.9% 的村秸秆仍由农户自行还田，其中只有 15.5% 的村在秸秆还田前会对其粉碎发酵。自行还田往往因为劳动力缺乏、农时紧张等难以有效落实，不粉碎发酵会带来病虫害增多、土壤养分失衡和碳排放增加等次生问题。

### （二）农村生活污水收集处理仍是突出短板

55.8% 的村农户生活污水完全不能实现收集处理，平原地区这一比例为 45.6%，而丘陵地区和山区这一比例则分别为 61.1% 和 72%；31.2% 的村农户生活污水能够部分收集处理，但这些村中仍有 71.4% 的农户生活污水得不到收集处理；仅有 13% 的村能实现生活污水收集处理的全覆盖。45.5% 的村没有任何生活污水处理设施，35.3% 的村有污水处理厂，39.7% 的村有小型污水处理设施，13% 的村有稳定塘、生态滤池、人工湿地等处理设施。在 97 个提供了生活污水处理设施运行维护费用信息的村中，28.9% 的村表示管护运行存在资金缺口。

### （三）农村厕所粪污的资源化利用推进滞后

66.2%的村2018年以来进行过厕所改造，在这些村中90.1%的农户户厕进行过改造。但厕所粪污的资源化利用依然不足，只有37%的村推行粪污资源化利用，其中50.9%仍是农户自行清淘还田，仅有47.4%由管道或抽粪设备收集处理后资源化利用。运维资金不足是制约厕所粪污资源化利用的重要因素。在采用管道和抽粪设备实现资源化利用的27个村中，37%的村日常运行和维护资金存在缺口。

### （四）村内道路仍有待改善

17.5%的村还有村小组未能实现硬化路通达，在这些村中未通硬化路的村民小组占比平均为35%。44.2%的村仍存在入户道路未实现硬化的问题，在这些村中未通硬化路的农户占比平均为25%。85.1%的村通客运公交，42.9%的村有网约车或电话约车服务，但仍有11.7%的村上述两类公共交通服务均不能获得。

## 四、相关建议

### （一）促进农业现代化和农村现代化协同发展

在新发展阶段高质量推进农业农村现代化，应坚持农业现代化和农村现代化一体设计、一并推进，瞄准两者的交汇点发力。当前，尤其应统筹布局机耕道和通村组道路、农田灌溉和生活供水设施建设，一体推进厕所粪污、生活污水和畜禽养殖粪污资源化利用，协同推进农田林网、造林绿化和农村人居环境整治。这些建设事项分属不同部门负责，资金来源各异，必须切实加强统筹协调。

### （二）加强农田水利等设施建设

实施农田集中连片整治，以连片耕地为基础开展高标准农田建设，推进耕地的宜机化改造，逐步提高高标准农田的机耕道配套率。强化高标准农田与水利设施建设的协同配套，将大中型灌区周边耕地优先建设为高标准农田，对尚不能灌溉的高标准农田应尽快完善蓄水和引水设施。加大对设施农业发展的支持，落实设施农业用地政策，农机补贴等农业支持政策应重点向先进农业设施应用倾斜。

### （三）提高农村养老和医疗服务能力

尊重农民对养老方式的选择，充分发挥农村邻里互助的文化传统，探索通过政府补助、集体共建、机构运营、志愿服务相结合的多元化模式，发展老年食堂、日间照料中心、养老驿站以及线上线下融合的智能养老平台等居家养老服务。围绕需求最强烈的上门医疗、健康检查、紧急救助、提供餐食、助浴保洁等服务事项，采取与村卫生室、专业服务机构联动发展的方式，健全医养结合的养老服务体系，提升服务能力和质量。统筹县域内医疗卫生服务布局，城镇周边村庄应以服务覆盖为主，不必刻意追求村村都建卫生室；对远离城镇的村庄，应以提升村卫生室服务能力为主，尽快将村卫生室全面纳入乡镇卫生院的一体化管理，加大力度通过县聘乡用、乡聘村用方式选派有执业医师资格的村医，增加村卫生室的基本药品供应，推动省、市、县医院与村卫生室的结对帮扶和远程医疗协作，完善村级医疗卫生转诊制度和定期巡诊、派驻服务。

### （四）以新机制提升农村教育质量

加强对农村幼儿园建设的支持，采取民办公助、公益援助、自愿合作以及多载体联合等多种发展模式，提高农村幼儿园普及率。推动建设城乡教育联合体，实行城市优质学校与农村薄弱学校结对帮扶，探索集团一体化管理、师资名校代培和多校区统配、支教评聘评优优先、城乡同步教研、名师网络课堂等多种创新模式，提高农村学校教育质量。

### （五）针对农业农村特点有效开展人居环境整治

健全农村有机生活垃圾、农业生产有机废弃物的资源化利用设施和服务。因地制宜推进联户、联村、村镇一体等多种方式的农村厕所粪污、生活污水的收集处理设施建设。有条件的地区实行厕所粪污和生活污水一体化处理，传统农区协同推进农村有机生活垃圾、农业生产有机废弃物、厕所粪污的联合共治，探索符合农民生活习惯、适应循环农业发展需要、简便易行的就近就农处理和资源化利用方式。支持村内发展环境养护服务队、生物肥料合作社等专业化服务组织，采取服务补助、适度收费、以工补费、资源换服务、服务换服务等方式，充分调动农民参与资源化利用的积极性，建立健全垃圾清运、有机垃圾转运处置、有机肥统一施肥等服务的长效运行机制。

执笔人：叶兴庆　程郁　张诩　阮荣平[①]

---

① 阮荣平的工作单位为中国人民大学。

# 以种养结合为着力点，推进农业产业体系现代化

我国进入新发展阶段后，"三农"工作重心逐渐转向全面推进乡村振兴、加快中国特色农业农村现代化，必须完整、准确、全面贯彻新发展理念，加快构建现代农业产业体系，推动农业农村高质量发展。我国的现代农业产业体系应当具有绿色生态、质量高、效益好、竞争力强等特征，为高水平保障我国粮食安全、促进农民增收、推动农业农村现代化奠定坚实的产业基础。首先，消费者对农产品和食品的需求不断升级、日趋多元化，要求农业产业结构随之优化，农林牧渔业之间的结合也必须更加紧密。其次，农业产业提升竞争力要求延长农业产业链、价值链，从农业生产的产中环节向生产资料供应、生产技术及信息服务等农业产前环节以及农产品加工、流通、销售、食品消费、市场信息服务等产后环节延伸。最后，实现碳达峰和碳中和的目标要求我国的现代农业产业体系建设必须走生态优先、绿色发展的路子。

以打通种养结合通道为突破口推动种养结合，是加快构建我国农业现代产业体系的一项关键举措，有利于延长农业产业链，提高农业资源利用效率；有利于保护农业生态环境，促进农业集约化绿色发展。要以种养结合为着力点，全面推广农业绿色生产方式，打造农业全产业链，加快农村第一、第二、第三产业融合，促进农业产业体系现代化。

# 一、我国种养分离格局的形成及其带来的问题

## （一）随着城镇化、工业化的推进，种养业在空间布局上和经营主体上日渐分离

从空间布局看，我国粮食产量排名靠前的省份主要在北方，但生猪产量排名靠前的省份主要在南方。2020 年，我国粮食产量排名前三的省份依次为黑龙江、河南及山东，粮食产量分别为 7541 万吨、6826 万吨、5447 万吨。但我国猪肉生产大省则在南方，国家统计局数据显示，2020 年底生猪存栏数排名前三的省份依次是河南、四川和湖南。2020 年，河南省猪肉产量为 324.8 万吨，年底生猪存栏 3886.98 万头；四川省猪肉产量为 394.8 万吨，年底生猪存栏 3875.4 万头；湖南省猪肉产量为 337.7 万吨，年底生猪存栏 3734.6 万头。按照原农业部 2018 年发布的《畜禽粪污土地承载力测算技术指南》中的参数设定，根据国家统计局公布的各省份猪、牛、羊数量计算出各省份的猪当量实际值，再根据各省份水稻、小麦、玉米三大主粮播种面积计算出在粪肥全部就地利用的情形下，各省份三大主粮播种面积所能够承载的猪当量理论值，用猪当量实际值与理论值之比来衡量各省份种养结合的耕地承载度。计算结果表明，2020 年，我国种养结合的耕地承载度为 0.192（见表 5）。分省份来看，各省份耕地承载度差异很大，南方地区的耕地承载度较高，未来继续发展畜牧业恐将面临畜禽粪污消纳能力的制约；而东北地区的耕地承载度还不高，其畜牧业未来发展还有一定的空间。

从经营主体上看，我国传统小农生产方式中的种植养殖是紧密结合的，每家每户种几亩地、养几头猪，利用秸秆资源发展畜牧业，将畜禽粪污利用还田以培肥地力，形成一个种养互促、循环利用的生态系统，既

保证了种植的可持续发展，又能够通过畜禽养殖明显增收。但最近几十年来，随着城镇化、工业化的推进，农村劳动力逐渐外出务工，家庭生活质量不断改善，传统上依靠投入密集劳动种地养猪的生产方式难以为继。一方面，农户家庭在种植过程中更多地依靠化肥，不愿意也不需要再依赖畜禽粪污转化而成的绿肥；另一方面，养殖方式也从家庭散养向规模养殖加速转变，养殖业规模化现代化水平迅速提升。农业农村部数据显示，"十三五"时期畜牧业加快升级，生猪养殖规模化率超过一半，达到了53%。种植业和养殖业各自向着专业化、集约化的方向发展，农牧分离现象日益突出。从经营主体看，基于针对2万多户中国农村家庭的调查数据我们发现，我国既种植作物又饲养牲畜的种养结合型农村家庭的比例从1986年的71%急剧下降到2017年的12%。

表5　　　　　　　　2020年我国各省份畜禽粪污土地承载力

| | 稻谷播种面积（千公顷） | 小麦播种面积（千公顷） | 玉米播种面积（千公顷） | 牛年底头数（万头） | 猪年底头数（万头） | 羊年底只数（万只） | 猪当量（万头） | 粪肥全部就地利用三大主粮可承载的猪当量（万头） | 承载度 |
|---|---|---|---|---|---|---|---|---|---|
| 西藏 | 0.9 | 29.9 | 4.4 | 624 | 50.1 | 951.4 | 2510.66 | 168.6 | 14.891 |
| 青海 | 0 | 94.8 | 21.4 | 652.3 | 72.1 | 1343.5 | 2783.833 | 557.76 | 4.991 |
| 贵州 | 665.1 | 138.1 | 501.5 | 517.7 | 1364.1 | 382.4 | 3242.727 | 5996.52 | 0.541 |
| 云南 | 818.9 | 320 | 1802.5 | 858.6 | 3120.4 | 1350.7 | 6522.68 | 13791.16 | 0.473 |
| 海南 | 227.5 | 0 | 0 | 49.2 | 248.6 | 65.9 | 438.96 | 1001 | 0.439 |
| 宁夏 | 60.8 | 92.9 | 322.7 | 178 | 90 | 596.1 | 921.7733 | 2262.4 | 0.407 |
| 甘肃 | 3.4 | 708.7 | 1000.8 | 482 | 622 | 2191.8 | 3105.387 | 8220.56 | 0.378 |
| 福建 | 601.7 | 0.1 | 33.1 | 31.6 | 910.9 | 105.9 | 1058.593 | 2806.84 | 0.377 |
| 四川 | 1866.3 | 596.8 | 1839.4 | 880.3 | 3875.4 | 1524.8 | 7419.653 | 19905.48 | 0.373 |
| 新疆 | 47.6 | 1069 | 1051.1 | 528.1 | 375.7 | 4171.3 | 3804.553 | 10385.92 | 0.366 |

续表

| | 稻谷播种面积（千公顷） | 小麦播种面积（千公顷） | 玉米播种面积（千公顷） | 牛年底头数（万头） | 猪年底头数（万头） | 羊年底只数（万只） | 猪当量（万头） | 粪肥全部就地利用三大主粮可承载的猪当量（万头） | 承载度 |
|---|---|---|---|---|---|---|---|---|---|
| 北京 | 0.2 | 8.4 | 35.6 | 8.2 | 32.2 | 16.4 | 66.09333 | 212.08 | 0.312 |
| 重庆 | 657.3 | 18.5 | 440.9 | 104.5 | 1082.9 | 323.1 | 1560.473 | 5097.24 | 0.306 |
| 广西 | 1760.1 | 3.9 | 597 | 349.1 | 1828.3 | 239.2 | 3087.647 | 10628.76 | 0.290 |
| 湖南 | 3993.9 | 23.3 | 384.4 | 438.1 | 3734.6 | 761.2 | 5499.413 | 19530.12 | 0.282 |
| 广东 | 1834.4 | 0.4 | 123.1 | 122.4 | 1767.3 | 94.3 | 2213.02 | 8664.16 | 0.255 |
| 内蒙古 | 160.9 | 479 | 3823.9 | 671.1 | 534.1 | 6074.2 | 5200.78 | 21361.88 | 0.243 |
| 上海 | 104.1 | 7.5 | 1.2 | 5.3 | 82.9 | 13 | 105.7667 | 499.8 | 0.212 |
| 浙江 | 636 | 93.4 | 63.3 | 16 | 627.6 | 140.1 | 736.9733 | 3550.56 | 0.208 |
| 全国 | 30076 | 23380 | 41264 | 9562.8 | 40650.4 | 30655.1 | 84788.4 | 442626 | 0.192 |
| 天津 | 53.4 | 104 | 178.9 | 28.2 | 162.3 | 45.2 | 274.38 | 1592.88 | 0.172 |
| 湖北 | 2280.7 | 1031.4 | 752 | 242.1 | 2161.5 | 533.3 | 3181.82 | 18595.4 | 0.171 |
| 辽宁 | 520.4 | 3.1 | 2699.3 | 279.7 | 1284.2 | 809.5 | 2540.333 | 15261.28 | 0.166 |
| 江西 | 3441.8 | 14.4 | 47.6 | 275.5 | 1569.9 | 123.5 | 2537.633 | 15441.52 | 0.164 |
| 陕西 | 105.1 | 964.2 | 1179.4 | 151.2 | 849.8 | 871.7 | 1702.48 | 10751.72 | 0.158 |
| 河北 | 78.7 | 2216.9 | 3417.1 | 358.6 | 1748.8 | 1270.3 | 3452.253 | 27389.48 | 0.126 |
| 河南 | 617.1 | 5673.7 | 3818 | 391.7 | 3887 | 1965.1 | 5978.707 | 48275.4 | 0.124 |
| 山西 | 2.4 | 535.9 | 1742.2 | 117.4 | 569.4 | 970.1 | 1348.773 | 10945.44 | 0.123 |
| 山东 | 112.5 | 3934.4 | 3871.1 | 278.7 | 2933.9 | 1501.7 | 4463.58 | 37961.4 | 0.118 |
| 吉林 | 837.1 | 4.8 | 4287.2 | 285.5 | 899.1 | 457.4 | 2033.727 | 24284.84 | 0.084 |
| 黑龙江 | 3872 | 48.7 | 5480.7 | 515.8 | 1371.2 | 811.2 | 3415.013 | 43577.92 | 0.078 |
| 江苏 | 2202.8 | 2338.9 | 509.8 | 27.1 | 1374.9 | 352.9 | 1606.393 | 23366.08 | 0.069 |
| 安徽 | 2512.1 | 2825.2 | 1234.8 | 94.8 | 1419.2 | 597.9 | 1974.36 | 30541.24 | 0.065 |

注：承载度=猪当量/粪肥全部就地利用三大主粮可承载的猪当量。

资料来源：国家统计局。参数依据《畜禽粪污土地承载力测算技术指南》设定。

### （二）种养分离带来的问题

在种养结合模式下，畜禽养殖产生的粪便能够作为种植业的肥源，种植业能够为养殖业提供饲料，并消纳养殖业废弃物，物质和能量在动植物之间充分转换。然而，当前农牧业各自集约化发展，没能建立农牧业之间的循环体系，农牧分离带来的过量和不合理使用化肥、农药以及畜禽粪污直接排放造成污染等问题越来越突出。

一是种植户大量使用化肥，造成耕地有机质和肥力下降。化肥工业大发展以来，种植业生产逐渐依靠化肥满足作物对各种养分的需要，养殖业与种植业之间通过动物粪便还田形成的传统养分循环链条被割裂。我国化肥总产量和总用量占据世界首位，化肥使用量占世界化肥使用量的1/3，但我国化肥的利用率不高，当季氮肥利用率仅为35%，磷肥的利用率仅为10%~25%，钾肥的利用率也只有50%左右。由于大量使用化肥，土壤有机质和腐殖质缺乏，土壤团粒结构遭到破坏，造成土壤板结、酸化。另外，长期使用化肥易使作物缺乏钙铁锌硒等许多微量元素，导致作物产量和品质下降。

二是养殖粪便综合利用率低，从肥料变成了污染。由于我国小农户种植与规模化养殖脱节，专业化服务组织数量少、规模小，专业化机械化水平低、服务能力差，有的地方不考虑植物养分需求，过量施用，不仅造成作物减产，同时还带来了土壤污染、水污染和空气污染问题。例如，过剩的粪肥养分通过农田径流、淋溶或氨挥发，不断污染水体和空气；大量畜禽粪污的氮、磷养分进入水体后造成水质富营养化，造成大量鱼类及贝壳类水生动物的死亡。也有的地方矫枉过正，要求粪便肥水经过处理后达到灌溉水标准或者排放标准再用于农田，不仅增加成本还失去养分价值。

三是种养分离隔绝了粪便还田的通道，导致种养业之间不再能够良性互补，种养结合的产业链断裂。人工合成氮肥的广泛应用割裂了养殖业与种植业之间通过畜禽粪便还田形成的传统养分循环链条，种植与养殖分离成两个主体，规模化的种植业和高度集约化的养殖业各自专业化发展。种植农户依靠化肥不断提高玉米、大豆的产量；养殖农户则通过购买价格低廉的大豆、玉米饲料来满足集约化养殖业生产需求。"养猪的不种地，种地的不养猪"，全国 70% 以上的农业园区为单一种植业或单一养殖业，客观上隔绝了粪便还田的通道，粪肥还田"最后一公里"问题比较突出。

综上所述，当前种养分离的现状不能够满足资源节约、环境友好的要求，促进种养结合是新形势下推进农业产业体系绿色化、现代化发展的重要抓手。

## 二、当前种养结合面临的障碍

为促进农业绿色发展，我国积极推进种养结合，《全国农业现代化规划（2016—2020 年）》明确要求实施种养结合循环农业工程。《全国农业可持续发展规划（2015—2030 年）》也要求，优化调整种养业结构，促进种养循环、农牧结合、农林结合。尽管出台了一系列的支持政策，当前种养结合还是面临着不少障碍。

### （一）饲料粮供应缺口巨大，种植业的粮经饲结构不能够满足畜牧业发展需要

近年来，我国粮食年年丰收，库存充足，谷物自给率超过 95%，尤其是稻谷和小麦两大口粮的自给率更是超过了 100%，牢牢把握住了"谷物基本自给、口粮绝对安全"目标。然而，目前我国的粮经饲作物数量结构与空间布局难以满足畜牧业快速发展的需要，饲料粮缺口巨大。为了不挤占国内主粮种植空间并满足饲用需求，我国需要大量进口大豆、玉

米，以及燕麦、高粱等作物用来生产饲料。2020年，我国农产品累计进口量为14262.1万吨，同比增长27.97%。进口量排名前三的分别为大豆、玉米、小麦，分别为1亿吨、1130万吨、838万吨，同比分别增长11.7%、135%、140.2%。大豆、玉米的进口量在我国进口粮食中占比达到80%左右。海关总署数据显示，2021年，我国累计进口粮食16453.9万吨，同比增长18.1%，比我国2021年粮食总产量68285万吨的1/5还多。其中，2021年累计进口大豆9651.8万吨，较2020年仅减少379.7万吨。近两年受新冠疫情、国际形势变化等影响，玉米、豆粕等大宗原料价格大幅波动，高位运行，饲料粮进口的价量齐增抬高了畜禽养殖成本。从空间布局上看，我国饲料粮源在东北，养殖在南方，养殖企业大多需要长距离调运饲料，增加了企业的生产成本。特别是在新冠疫情期间，由于运输受阻导致饲料运入和产品运出不畅，生产和销售都受到抑制。

为保障畜牧业平稳健康发展，除了继续利用好国际市场，牢牢掌握粮食进口的稳定性和主动权，还应立足国内市场，持续优化粮经饲作物生产结构，增加青贮玉米、大豆、燕麦、苜蓿等饲草料供应。2015年以来，国家根据养殖生产布局和规模，因地制宜发展青贮玉米等优质饲料，实施全株青贮玉米等优质饲草料收贮的粮改饲补贴，"粮改饲"政策试点逐步推开。2019年，全国完成粮改饲面积1500万亩，收贮优质饲草料4248万吨。2020年，中央财政投入粮改饲项目资金23亿元，继续在试点区域内实施粮改饲政策，重点支持东北地区和北方农牧交错带扩大实施规模。但目前青贮玉米的种植与推广仍面临着一些问题。一是由于种植技术不过关，青贮饲料的干物质含量、淀粉含量、生物产量、优质纤维含量、纤维消化率等指标达不到牧场的要求。二是机械化收储能力不足。青贮饲料收储季节性强，国产中小型机械效率比较低、效果比较差，影响收获进度和青贮玉米的品质。

我国饲料需求与种植结构不匹配还表现为国内豆粕供求失衡。豆粕蛋白质含量高，是饲料中的重要成分。近年来，随着工业饲料产量持续增加，豆粕饲用量逐年提高。农业农村部监测数据显示，我国猪饲料产品平均蛋白水平为15.7%，豆粕在饲料中的占比约为17.7%。2020年，全国养殖业消耗豆粕约7000万吨。但我国大豆进口依存度一直处于80%以上的水平，2015年达到88.8%的峰值，短期内我国大豆主要依靠进口的局面难以改观，国内大豆难以满足畜牧业饲料需求。根据海关数据，2020年我国大豆进口首次突破1亿吨，达10032.7万吨，比上年增加13.3%。

此外，饲草的供给也不能很好地满足畜牧业的需求。一是饲草资源空间分布不均衡。我国草地资源总体空间分布不均衡，主要分布在西藏、内蒙古、新疆、青海、甘肃、四川6个省份，占全国草地的94%。我国缺乏适合冷季耕作的草地，有超过75%的牧区牲畜冬季缺草。二是天然草场面临生态退化等问题。《第三次全国国土调查主要数据公报》显示，我国草地面积为26453.01万公顷。其中，天然牧草地21317.21万公顷，占80.59%。由于长期受干旱、风沙、盐碱、鼠虫害等自然灾害影响，以及经营粗放、超载过牧、滥挖乱建等人为因素的影响，天然草地普遍退化，不利于畜牧业的发展。三是人工牧草地建设和利用还存在一些不足。我国人工牧草地面积为58.06万公顷，占草地面积的0.22%。虽然人工草地的牧草品质较好，但种植技术单调、草种单一，中短寿命牧草占相当大的比例，收割方式不先进，收割后不能及时加工转化贮藏。四是优质牧草品种短缺。我国饲草产业质量体系不完善，从种子到成品都没有完善的质量控制体系，饲草种植规模小、分布分散、栽培技术落后、种子品质差。

随着生活水平的提高，人们对畜产品的需求越来越大。从长远趋势看，在保障口粮绝对安全的前提下，要满足不断增长的畜产品消费需求，未来饲料粮的缺口将进一步扩大，特别是高蛋白苜蓿、燕麦等优质饲料。

### （二）规模养殖企业难以获得与粪污消纳相匹配的耕地

畜禽养殖场是粪便利用与污染防治的责任主体，养殖企业多数自行对接种植业。大型养殖场由于粪污产生量大且集中，养殖企业一般难以获得与粪污消纳需求相匹配的耕地，自行组织上游农户建设种植基地又面临着土地流转成本高、组织小农户按企业需求进行配套种植难度大等问题。以内蒙古自治区和林县为例，2020年，和林县畜禽养殖业产生固肥130万吨、液肥140万吨，按一亩耕地可以消纳2吨固肥或者4吨液肥计算，需要100万亩耕地。和林县2020年农作物播种面积为105万亩，其中玉米62.5万亩、小麦0.15万亩、豆类11.3万亩、其他谷物13.9万亩、马铃薯6.2万亩、油料作物4.52万亩、蔬菜1万亩、其他农作物5.43万亩。从总体上看，和林县能够满足本县养殖业粪污消纳所需要的耕地，然而，实际操作中，养殖企业往往难以便利地获得配套的耕地和设施用地，其原因主要有以下三个。

一是空间布局分离。出于环保和防疫等方面的考虑，养殖业多选择远离人群、人口密度小的山区布局养殖场，但玉米等种植业多选择地块较为平整的地区，高标准农田建设项目也多往平川地区布局。

二是当前农户经营的耕地面积较小，且地块比较分散。和林县户均地块多为5~7块。这些地块有的是确权到户的承包地，有的是租种集体的机动地，性质不同。由于缺乏有活力的种植合作社引导协调，各家各户各自经营，协调组织难度较大。

三是土地流转成本高。十几年前，和林县未引入正大、蒙牛等大型养殖企业时，耕地的流转费用为200~300元/亩，荒地、林地的流转费用则更低。但近年来，养殖企业对荒地、林地的需求明显增加，耕地流转费用也随之水涨船高，目前已涨到 800 元 / 亩左右，且农户不愿意与企业签订长期合约，一般只签订 3~5 年。这也制约了养殖企业获得所需的配套耕地。

### （三）种植业规模化程度不高，绿色种植方式尚未推广，种植业对有机肥的消纳能力不足

随着养殖业快速发展，我国养殖业规模化程度较高，大部分规模化养殖场粪便量大且集中。与养殖业相比，我国种植业的规模化程度相对更低一些，以分散小规模经营为主。受季节限制、农村劳动力缺乏、运输不便、有机肥补贴缺失等因素制约，小规模农户对养殖业粪便的消纳能力不足，难以满足大型规模养殖企业的需要，许多粪便资源变成了重大污染源。和林县农牧局的数据显示，2020 年末，和林县奶牛存栏 7.7 万头，规模化养殖比例为 100%；生猪存栏 23 万头，规模化养殖比例为 70%；肉牛存栏 2 万头，规模化养殖比例为 40%；肉羊存栏 45.6 万只，规模化养殖比例为 45%。和林县畜禽养殖规模化程度较高，但种植业规模化程度较低。和林县种植户的户均耕地为 40~50 亩，经营规模在 500 亩以上的种植大户所经营的面积占全县种植面积的 20% 左右。

推广有机肥是农业绿色发展的必然趋势，是培肥土地地力、保护农业环境、稳定提高农产品产量和品质的重要途径。但当前大田作物中使用有机肥难以取得较好的经济收益，有机肥主要用在经济效益较好的果菜茶种植中，农户使用有机肥的积极性不高，使用有机肥的绿色种植技术还不普及。粪肥、沼肥等检测标准和生产技术规范不完善，畜禽养殖废弃物处理和还田利用技术需要进一步规范和推广普及。一些种植户把有机肥当追肥使用，还有一些种植户没有在足够的墒情和适宜的温度情况下施用有机肥，或者过量施用有机肥，有机肥的缓冲能力、疏松土壤、持水透气、保温保肥等功能得不到有效体现。有机肥的产业链和配套服务体系不完善，

农村普遍缺乏有机肥堆肥场。

此外，农户对有机肥和绿色生产技术的应用积极性不高。例如，和林县化肥施用多采用水肥一体化滴灌技术，但有机肥需要施肥车，一般小农户缺乏这些设备，施用有机肥的成本比化肥高，而且小农户经营的耕地面积有限，有机肥需求量不大。种植大户则受土地流转合同制约，也无意推广使用有机肥。和林县农户与种植大户签订的土地流转合同多为3~5年，流转费用随行就市每年调整。由于有机肥对土壤的改良作用通常需要一两年才能发挥出来，土地流转合同短期化的倾向导致种植大户使用有机肥改善流转土地地力的积极性不高。

### （四）秸秆过腹还田和畜禽粪污肥料化利用面临技术、成本方面的困难

"十三五"时期以来，各地推动投入品减量化、生产清洁化、废弃物资源化，全国畜禽粪污综合利用率达到75%，秸秆综合利用率达到86%。数据统计显示，截至2020年底，全国13.3万家大型畜禽规模养殖场已全部配套畜禽粪污处理设施装备，但秸秆和畜禽粪污综合利用产业发展仍受到一些制约。我国秸秆回收难度大、成本高，东北玉米秸秆由于温度低不易腐烂，南方双季稻秸秆由于茬口紧，还田利用始终是难题。秸秆直接用作饲料的适口性差、利用率低，需要通过膨化微贮处理等技术使秸秆转化成柔软细嫩、适口性好的饲料。这就提高了秸秆饲料化利用的成本，导致过腹转化能够消纳的秸秆数量有限。

以和林县为例，2020年和林县种植青贮玉米15万亩、籽粒玉米54万亩。一部分秸秆通过深翻直接还田进行肥料化利用，2020年和林县籽粒玉米深翻补贴面积为30万亩，每亩补贴30元。剩余24万亩每亩可获得打捆补贴20元。按每亩回收500斤秸秆计算，共回收秸秆6万吨。这部分

秸秆通过燃料化和饲料化的方式进行转化利用。肥料化利用面临着土壤温度、湿度不够，直接还田难度大的问题。燃料化利用则需要专门的除尘设备，防止秸秆直接焚烧造成环保问题。一套大型除尘设备需要 300 万 ~400 万元，燃料化利用面临着成本问题。秸秆饲料化利用可按 70%~80% 的比例制成粗纤维饲料，但奶牛、猪、鸡等更需要精饲料，粗饲料更多地在肉牛肉羊养殖场使用。这就制约了秸秆饲料化利用的范围。

我国在畜禽养殖粪污处理与资源化利用的产业链上还存在着一些困难。一是规模养殖场粪便处理设施装备水平和利用率还需提高，部分生产企业畜禽粪污肥料化利用的成本较高、工艺水平不够，有机肥质量不高。例如，在堆肥、发酵过程中，对菌种、辅料、有害物质减排技术选择以及发酵时间、翻堆时间、温度控制等技术的掌控方面，一些养殖场的技术水平还不高，影响了有机肥质量。据介绍，养殖场出于粪便杀菌的考虑，往往使用含有次氯酸的水来冲洗粪便，这导致粪便腐熟发酵较为困难，影响了有机肥品质。此外，牧场利润率较低，干湿分离设备、发酵设备等设备的使用需要不小的用电等成本，一些大规模养殖场从自身经济利益考虑，不愿在粪肥无害化处理方面增加人力物力投入，只在面临环保检查时才将设备启用，这就导致其生产的有机肥发酵不完全，肥效较差，种植用户不愿意使用。二是畜禽粪污资源化利用的社会化服务组织还不发达，收集、加工、销售的市场机制还不完善，粪肥就地就近还田成本高。种植户在农田施用有机肥时，存在着运输成本增加的问题；在利用固液分离后的液体肥时，存在着管道铺设成本高的问题。养殖场在粪污源头控制设施和粪污搜集设施方面的配套改造成本较高。有机肥生产企业面临加工成本高、库存压力大和流转资金多等困难，经济效益不高。

# 三、促进种养结合的思路与建议

产业兴旺是乡村振兴的重点，是解决农村问题的前提。在新发展阶段，以促进种养结合为着力点，推动农业产业体系现代化，是贯彻新发展理念、推动乡村产业振兴的有力举措。要通过优化种养结合的生产布局规划、提高饲料粮供应能力，积极培育种养联合体，完善配套的产业体系和服务体系、完善支持政策，加快构建现代农业产业体系，为农业农村现代化建设奠定坚实的产业基础。

## （一）优化种养结合的生产布局规划

种养业承担着保障国家粮食安全的重要任务，是现代化农业产业体系的基础和压舱石。要以种养结合为着力点发展现代种养业，优化种养业生产布局，促进种植业与养殖业在空间上从分离走向融合。应当根据农田土壤质地、作物养分需求，科学测算环境容量和养殖密度，据此制定种养结合导向的畜牧业发展规划。引导粮食主产区发展畜牧业，推进"过腹还田"。可以在农牧交错带地区率先试点，以县域为单元进行种养平衡分析，根据当地土地、水资源承载力和种养业废弃物消纳半径，适度确定种养规模。借鉴欧盟养殖业以本地饲料源为基础，以外地饲料为补充，合理安排种养布局的做法，以种养结合为目标，统筹考虑县域内养殖场、种植基地、粮库、饲料加工企业、畜禽粪污处理企业的规模与空间布局，既为养殖场提供本地饲料来源，又就近消纳粪污、改善地力。

养殖场规划建设应当综合考虑当地生物疫病防控隔离条件、地形地势与周边环境等因素合理选址，并明确粪污产生量、贮存方式和容积、购买、租用土地或与其他种植业主签订粪污购买或施用合同，保证粪污有足够的土地进行消纳及合法的去向。加强畜禽粪污处理设施配套建设，在种养密度较高的地区因地制宜，建设集中处理中心，就近就地消纳养殖废弃物。

## （二）完善种养结合链条连接的组织形式，培育种养联合体

建设有中国特色的现代化农业产业体系，必须高度重视农业产业的联农带农效果，让农民更多地分享产业链增值收益。要大力培育种养联合体，建立多种形式的利益联结机制，促进种养业在经营主体上从分离走向结合。除了鼓励农户、家庭农场、龙头企业等经营主体既种又养，还应大力推动专业化的养殖主体与种植主体开展合作，引导种植户和养殖户通过签订青贮饲料订单等方式建立合作与利益联系机制。鼓励支持规模养殖企业、饲草料专业加工厂、种植专业合作社和种养大户等新型经营主体探索种养结合方式，推广"种植—青贮—饲喂—有机肥料—饲草"种养生态循环模式，促进种养结合，推动种养加一体化发展。以和林县为例，该县通过正大生猪养殖、现代牧业奶牛养殖、盛健奶山羊养殖等龙头企业大力发展养殖业，同时带动周边农户、家庭农场、合作社种植青贮玉米、籽粒玉米、苜蓿、燕麦等饲料粮。在养殖业的上游，除农户种植以外，还吸引了正大饲料等一批上游饲料生产企业；在养殖业的下游，则带动了生猪屠宰、牛肉干食品加工、奶制品生产、山羊奶粉生产等诸多产业。蒙牛公司 2020年在呼和浩特地区共有近 50 个合作牧场，直接和间接带动呼和浩特市周边地区 8 万名农牧民就业增收，年带动 20 多万亩优质饲草种植。例如，现代牧业和林牧场约有奶牛存栏 1.15 万头，日产牛奶约 189.2 吨。粪便原肥经干湿分离机分离后，干渣做成有机肥，或经消毒后成为牛床垫料，液体经沉淀发酵处理后供饲草基地。该牧场日产固体有机肥约 197.2 吨、液体有机肥约 509.2 吨，形成了奶牛养殖、肥料还田和牧草种植的有效循环。

### （三）积极推进"粮改饲"，提高饲料粮供应能力

与种植业相比，畜牧业产业链链条长、农户增收效果明显，发达的畜牧业是农业现代化的一个重要标志。随着城乡居民饮食结构逐渐升级，畜牧业在农业产业体系中的地位变得越来越重要。应当按照以养定种的思路，进一步推进"粮改饲"，优化粮经饲结构，提升粮食、肉蛋奶等重要农产品供给保障水平，实现粮食安全和现代高效农业相统一。畜牧业主产区应当积极发展草牧业，支持苜蓿和青贮玉米等饲草料种植。

一是促进青贮玉米种植。据测算，与籽粒和秸秆分开收获、分开利用相比，每亩全株青贮玉米提供给牛羊的有效蛋白增加约40%，这是提高种养效率的有力措施。应引导养殖业从玉米籽粒饲喂向全株青贮玉米饲喂适度转变，收获加工后以青贮饲草料产品的形式由牛羊等草食家畜就地转化。健全以饲用为导向的青贮玉米产业体系，做好青贮饲料加工贮藏配套工作、帮助青贮玉米种植户与养殖场做好对接。

二是发展饲草产业，扩大苜蓿、燕麦、甜高粱和豆类等饲料作物种植。"千里不运粮，百里不运草"，要配套建设饲草基地，推进适度规模、符合当地生态条件的标准化饲草基地工程建设，弥补养殖饲料不足。积极探索林、粮、草间作的生产模式，充分利用冬闲地种植黑麦草等越冬优质饲用作物，增加饲草产量。加快健全完善饲草"种、管、收、贮、运"社会化服务体系。

三是加快推广低蛋白日粮。这既可以提高原料利用效率，降低豆粕用量，减小大豆进口依赖，又能降低养殖成本，减少氮排放。农业农村部对部分大型生猪养殖企业的调研显示，企业自营规模猪场育肥猪饲料蛋白水平已降至13.6%，比全行业平均水平低约2个百分点。但中小规模养殖场（户）普遍将蛋白含量高低作为衡量饲料产品优劣的主要指标，饲料企业对外销售的育肥猪饲料蛋白水平仍维持在15%以上。低蛋白日粮在一体化规模养殖企业中的应用积极性较高，在商品饲料的使用上仍有一定提升空间。

## （四）完善种养结合的配套产业体系和服务体系

促进种植业与养殖业从分离到结合，必须完善配套的产业体系和服务体系，补齐影响种养结合的技术短板，培育促进种养结合的市场化运作模式。在产业体系方面，以市场为导向，加快构建粮经饲统筹、种养加一体、农牧渔结合的现代农业产业结构。积极推广简便实用的种养结合循环农业技术，加快科技成果的转化应用，把秸秆和畜禽粪污资源化利用从第一产业的种养业逐步向第二产业、第三产业延伸融合，打造新的循环产业链，提升价值链，助农增收致富。在秸秆资源化利用方面，重点推进秸秆青贮、氨化、微贮、压块、揉丝等秸秆饲料化利用技术，大力推广普及保护性耕作、秸秆粉碎深翻、堆沤还田、牲畜过腹转化、催熟剂快速腐熟还田等技术，积极推广秸秆打捆直燃、秸秆固化成型燃料等燃料化利用，加快推进秸秆收储运体系建设。推广机械深施肥、水肥一体化等高效施肥技术，推广使用缓控释肥料、水溶性肥料、微生物肥料及肥料增效剂等新型肥料产品。支持农民和新型经营主体使用畜禽粪污资源化利用所产生的有机肥，集中推广堆肥还田、沼渣沼液还田、自然生草覆盖等技术模式，支持建设粪污收集、贮存、处理、利用设施。推动农业科技资源整合与协同创新，加大生物燃料科技研发力度，探索生物液体燃料商业化有效途径。推动信息技术与种养结合循环农业生产过程、生产管理、农产品流通的各环节相互融合，推进信息进村入户试点和物联网应用示范。

在服务体系建设方面，建立畜禽粪污等农牧业有机废弃物收集、转化、利用网络体系，鼓励在养殖密集区域建立粪污集中处理中心，推行规模化、专业化、社会化运营机制。支持规模养殖场和专业化企业建立粪污收集利用体系，生产沼气、生物天然气，促进畜禽粪污能源化，通过在田间地头配套建设管网和储粪（液）池等方式，促进沼液就近就地还田利用。调动社会资本积极性，培育和壮大粪肥还田专业化合作社或公司等多种类型的粪污处理社会化服务组织，发挥专业优势和技术优势，建立有效的市场运行机制，形成可持续的商业模式和盈利模式；建立受益者付费机制，保障第三方企业和社会化服务组织的合理收益。

### （五）健全鼓励种养结合的政策体系

与一些发达国家相比，我国以绿色发展为导向的农业补贴政策体系还不够健全，绿色补贴的力度还不够大，可以借鉴美国、日本、欧盟等发达国家和地区的经验，加大政策支持力度，鼓励种养结合。在种植业方面，加大耕地保护与质量提升项目实施力度，推广测土配方施肥技术和新型高效肥料，对农户购买和施用有机肥给予补贴。秸秆运输享受绿色通道，探索对秸秆、沼气发电企业的上网电价支持政策。在养殖业方面，建立畜禽规模养殖场废弃物减排核算制度，将无害化还田利用量作为统计污染物削减量的重要依据。鼓励养殖大户与种植农户联合进行粪肥还田，按照粪肥养分还田达标面积分别对种植户和养殖户给予奖励。对畜禽粪污还田利用的运输车辆、施肥机械、服务费用等进行引导性补贴，降低粪肥还田成本，提高种植户使用畜禽粪肥的积极性。

此外，还应整合各部门有关扶持政策，强化系统设计。对于体现种养结合导向的农牧业产业项目，应当发挥农业农村部门和乡村振兴部门的牵头作用，加强部门间统筹协调，尽力缩短项目审批时间，优先落实这类项目在建设和运营过程中有关用地、水电、道路交通、奖补资金等方面的政策扶持措施。

执笔人：周群力

专题报告四

# 以加强耕地质量建设为着力点，推进农业生产体系现代化

耕地是农业之本、粮食之源，是一个国家最为基础的农业生产力要素和农业生产资源，是夯实农业产能、保障国家粮食安全、促进农业发展和实现农业现代化的根基和命脉。新发展阶段加快农业现代化发展，要以加强耕地质量建设为着力点推进农业生产体系现代化，坚持对耕地"数量、质量、生态"三位一体地保护利用，实施"藏粮于地、藏粮于技"战略，以耕地基础地力的巩固提升提高粮食等重要农产品的综合生产能力。

## 一、新中国成立以来耕地质量建设探索历程

新中国成立以来，国家始终高度重视农村土地尤其是耕地工作，并对耕地质量建设进行了多年实践探索。

### （一）耕地质量建设初步探索阶段（1949—1978年）：改善了耕地等农田基础设施，为推进现代农业生产体系奠定了物质基础

新中国成立后，坚持以农业为基础，把农业放在发展国民经济的首位，把以耕地为主导的农业生产作为农村经济工作的重点。1956年底，基

本完成了"农业、手工业、资本主义工商业三大改造"，引导农民走互助合作道路，到 1958 年，开始由高级农业合作社向人民公社迈进。实施兴修农田水利基础设施、实行农业机械化、改进使用肥料、推广优良品种、改良土壤、扩大复种面积、种植高产作物、消灭虫害病害等措施；提倡选种、改进耕作方式，并形成了与耕地质量有关的农业"八字宪法"生产经验（即土、肥、水、种、密、保、管、工），对耕地质量建设进行初步探索。这一时期，在改善农业尤其是耕地等基础设施建设、提高农业物质装备水平等方面取得了较为明显的成效，对耕地质量建设进行了初步探索，为改善农业生产条件奠定了物质基础。

### （二）耕地数量保护与质量建设并重阶段（1979—2012 年）：正式开启耕地质量建设，为推进农业生产体系现代化打下坚实基础

党的十一届三中全会明确了改革走向，改革开放从农村土地实行家庭联产承包责任制率先突破。1986 年 2 月，国家土地管理局正式成立，主要职责之一是制订和实施耕地保护措施，随后提出"十分珍惜和合理利用每寸土地，切实保护耕地，是我国必须长期坚持的一项基本国策"。1987 年正式实施了新中国成立以来的第一部《中华人民共和国土地管理法》，将耕地保护正式纳入法律框架。以此为起点，开启了我国较为系统的耕地保护与质量建设历程，1999 年实施修订完善《中华人民共和国土地管理法》，1993 年、1999 年和 2008 年经国务院批准发布了《全国土地利用总体规划纲要（1985—2000 年）》《全国土地利用总体规划纲要（1997—2010 年）》和《全国土地利用总体规划纲要（2006—2020 年）》，将最初对"耕地数量保护"调整为"保持耕地总量动态平衡，耕地占补数量和质量相当""加强中、低产农用地改造，耕地总体质量有所提高""耕地保有量和基本农田保护面积的省长等第一责任人负责制"；再到细化完善为"土地利用由

长期规划调整为年度利用管理，基本农田保护调整为永久基本农田"等。此外，明确提出守住18亿亩耕地红线，就"提升耕地保护水平全面加强耕地质量建设与管理"提出较为全面的要求，如"耕地增量、提质、增效有机结合、耕地占补平衡中补充耕地质量和新补充耕地能够长期得到合理有效利用、耕作层剥离和再利用、耕地质量等级的评价、监测制度化"等。这一时期，我国耕地管理由数量保护向数量与质量并重转变，由经验指导向纲要规划引领转变，由行政管理向依法治理转变，建立了框架相对比较完整的耕地质量保护机制与政策体系，确保耕地制度的长期稳定，同时加快耕地质量建设，为推进农业生产体系现代化打下坚实基础。

## （三）耕地"数量、质量与生态"建设的"三位一体"阶段（2013年至今）：耕地综合保护利用，加快推进农业生产体系现代化迈出坚实步伐

党的十八大以来，我国坚持山水林田湖草沙的一体化保护和系统治理，实行了最严格的耕地保护利用制度。从耕地数量保护与利用角度出发，逐步施行并全面落实永久基本农田特殊保护制度，实施"藏粮于地"战略，防止耕地"非农化"和遏制耕地"非粮化"，明确了耕地和永久基本农田用途的优先序，强调耕地的首要功能仍是粮食和农产品生产；完善耕地占补平衡制度，使"提质改造和数量补充相结合的占补方式"转变为"以数量为基础、以产能为核心的占补新机制"，实行最严格的耕地保护制度和节约用地制度，明确严守耕地红线，确保耕地数量基本稳定、质量有所提升，提出"已经确定的耕地红线绝不能突破，已经划定的城市周边永久基本农田绝不能随便占用"；赋予省级人民政府更大用地自主权等。从耕地资源质量与生态可持续角度出发，制定了《耕地草原河湖休养生息规划（2016—2030年）》，提出了耕地休养生息的阶段目标和政策措施，以

"养、退、休、轮、控"为主要措施，对耕地进行养护，退耕还林还草，进行休耕、轮作和污染防控治理，探索耕地保护与利用协调发展，稳步实现从片面追求产出向"用养结合、永续利用"转变。此外，2017 年国务院发布了新一轮的《全国国土规划纲要（2016—2030 年）》，制定了 2030 年我国耕地数量保护与质量建设的目标和具体任务；2020 年修订实施了《中华人民共和国土地管理法》，2021 年颁布了《中华人民共和国土地管理法实施条例》。这一时期，耕地质量建设的要求指向性更明确、措施更具体、力度更大，形成比较完善的耕地质量建设政策体系和更加顺畅的耕地治理体制机制，实现了耕地保护向数量、质量、生态并重的"三位一体"综合保护利用转变，从"重用轻养，分头治理"向"用养结合、综合治理"转变，为加快推进农业生产体系现代化迈出坚实步伐。

## 二、当前耕地质量建设政策目标及进展和成效

当前我国针对耕地质量建设采取了多项政策措施，结合相关规划纲要制定了 2030 年目标与任务，耕地质量建设也取得了阶段性成效。

### （一）当前耕地质量建设政策与2030年目标任务

当前，在耕地质量建设方面采取的相关措施主要包括耕地质量保护与提升行动、耕地轮作休耕、农田改良修复、保护农田和生态系统，结合区域耕地特点进行治理，采取水土资源优化配置等。

### 1. 当前耕地质量建设实施的四类政策措施

按照财政支持方向和支持重点，当前耕地质量建设实施的政策措施大体可分为四类（见表 6）。第一类是通过提高农田质量标准促进耕地质量提升的政策措施，如高标准农田建设。第二类是通过保护利用耕地来提升耕

地基础地力的政策措施，例如，为了促进用养结合，在用地中给予耕地地力保护补贴、开展东北黑土地保护利用工程、农机深松整地等；为了更好养地，实施的耕地轮作休耕政策。第三类是通过对修复、治理问题耕地来促进耕地质量保护与提升的政策措施，如化肥减量增效示范措施、退化耕地治理措施和重金属引起的生产障碍耕地治理措施。第四类是通过维护、改善农田综合生态系统间接维护、改善耕地质量的政策措施，如农作物秸秆综合利用、废弃农膜回收利用、绿色种养循环农业以及畜禽粪污资源化利用等政策措施。

表6　　　　　　　2021年我国耕地质量建设相关支持政策措施

|  | 耕地质量建设相关政策措施 | 支持覆盖范围 |
| --- | --- | --- |
| 第一类 | 高标准农田建设 | 1亿亩 |
|  | 耕地地力保护补贴（一次性增补） | 约13亿亩承包地 |
| 第二类 | 东北黑土地保护利用 | 83个县，7000万亩 |
|  | 农机深松整地 | 25厘米以上 |
|  | 耕地轮作休耕 | 轮作面积：4450万亩 |
|  |  | 休耕面积：266万亩 |
| 第三类 | 耕地质量保护与提升 | 化肥减量增效示范<br>退化耕地治理<br>重金属引起的生产障碍耕地治理 |
|  | 农业面源污染综合治理 | 重要流域、重大工程、重要水源地的畜禽污染、农业面源污染、水产养殖污染防治基础设施项目 |
| 第四类 | 农作物秸秆综合利用 | 整县集中推进 |
|  | 废弃农膜回收利用 | 内蒙古、甘肃和新疆支持整县废旧地膜回收利用 |
|  | 绿色种养循环农业 | 畜牧大省、粮食和蔬菜主产区、生态保护区重点区域：270个县奖补试点 |
|  | 畜禽粪污资源化利用 | 585个畜牧大县 |

资料来源：财政部、农业农村部，笔者梳理。

### 2. 面向 2030 年的耕地质量政策目标

按照《全国国土规划纲要（2016—2030 年）》《耕地草原河湖休养生息规划（2016—2030 年）》《全国高标准农田建设规划（2021—2030 年）》《东北黑土地保护规划纲要（2017—2030 年）》等的要求，耕地保护与质量建设目标与任务主要包括以下内容：到 2030 年，耕地面积要保持在 18.25 亿亩，永久基本农田保护面积不低于 15.46 亿亩，建成高标准农田 12 亿亩，实施黑土地保护面积 2.5 亿亩，平均耕地质量等级相较于 2015 年提升 1 个耕地等级，耕地土壤有机质含量达到 2.4%，耕地质量状况得到明显改善，不宜耕作的土地全部完成退耕任务，建立合理的轮作体系和休耕制度，耕地利用高效、质量稳定、环境安全的总体格局基本形成，对粮食生产和农业可持续发展的支撑能力明显提高。

### （二）当前耕地质量建设进展与成效

### 1. 我国耕地质量建设进程加快，取得一定成效

我国现有耕地总量为 19.18 亿亩[①]，完成了《全国国土规划纲要（2016—2030 年）》提出的 2020 年耕地保有量 18.65 亿亩的目标任务；从耕地质量等级看，2019 年我国耕地平均等级为 4.76 等，较过去 5 年提高了 0.35 个等级；2019 年，耕作层厚度为 21.1 厘米，尚未达到 25 厘米的要求；土壤有机质含量提到 2.49%，近几年保持相对稳定，已超过 2020 年目标值 2.2% 的水平。从高标准农田建设和黑土地保护利用进展看，到 2021 年底我国已建成 9 亿亩高产稳产的高标准农田[②]，典型黑土区建设 0.87 亿亩（见表 7），东北地区耕地质量 5 年提升 0.29 个等级；在耕地修复和治理过程中，自 2015 年起，化肥使用总量连续 5 年实现了负增长，农业化肥利

---

① 数据来自《第三次全国国土调查主要数据公报》（2021年8月25日）。
② 数据来自农业农村部。

用率显著提高，水稻、小麦、玉米三大粮食作物农药、化肥利用率分别从36.6%和35.2%提高到40.6%和40.2%；在对退化耕地和重金属污染耕地治理上取得一定成效。此外，落实安全利用和严格管控耕地土壤环境质量措施的面积5700多万亩①，耕地土壤环境质量保持总体稳定。

表7　　　　　　　　2021年我国耕地质量建设进展与2030年目标

| 分类 | 耕地数量保护 | | 耕地质量建设 | | | | |
|---|---|---|---|---|---|---|---|
| | 耕地（亿亩） | 永久基本农田（亿亩） | 高标准农田（亿亩） | 典型黑土区（亿亩） | 质量等级（等） | 耕作层厚度（厘米） | 土壤有机质含量（%） |
| 2021年进展 | 19.18 | 15.46 | 9 | 0.87 | 4.76[1] | 21.1[1] | 2.49[1] |
| 2030年目标 | 18.25 | 15.46 | 12 | 2.5 | 提1等[2] | 25 | 2.4 |

注：[1]为2019年数据；[2]相较2015年提高1个等级。

资料来源：国家发展和改革委员会、自然资源部、农业农村部及相关公报、规划，笔者梳理。

## 2. 耕地质量建设对于稳固粮食安全格局、加快农业生产体系现代化发挥了重要作用

以高标准农田为例，通过改善地块生产条件、完善农田基础设施和提高耕地质量，促进粮食产能稳定提高。高标准农田在耕地条件和耕地质量方面，要求提高耕作层、土层厚度和深度，增加土壤养分含量，从而带动耕地质量等级提高和耕地地力条件改善。在高标准农田项目建设区的粮食单产提升效果则更加明显，与建设前相比，粮食亩产平均提高10%~20%，农民亩均增收500元左右。在耕地总量减少的情况下，通过耕地质量建设提升耕地生产能力等综合性措施，到2021年，我国粮食总产量连续7年

---

① 数据来自农业农村部。

超过 6.5 亿吨，达到 6.83 亿吨；粮食单产达到 5805 千克 / 公顷[①]，对于稳定我国粮食安全格局发挥了重要作用。高标准农田、黑土地保护利用等耕地保护和质量建设行动，普遍采取集中连片建设，打破了原有零散、碎片化的土地经营方式，有利于推进农业生产经营的规模化、机械化、社会服务化和生态化，在提升农业质量效益的同时也促进了农业生态安全，加快了农业转型升级和农业生产体系现代化。

## 三、耕地质量建设面临的形势与存在的问题

虽然我国耕地保护、耕地质量建设取得较为明显的成效，但作为地少水缺的人口大国，守耕地红线、保优质耕地数量仍有压力，耕地质量建设形势严峻，耕地质量治理难度较大。

### （一）保优质耕地和优质永久基本农田数量有压力

从稳耕地数量、提耕地质量的基本原则和底线目标看，坚守 18 亿亩耕地红线，达到《全国国土规划纲要（2016—2030 年）》中 2030 年的耕地总量约束性指标仍有一定压力。一是耕地新增拓展空间有限。从农村土地利用集约程度看，乡村布局不尽合理，不仅造成乡村用地的低效利用，而且限制了耕地面积的拓展和统筹利用。2019 年，全国建设用地总量为 6.13 亿亩，城镇建设用地为 1.55 亿亩，而全国村庄用地为 3.29 亿亩，总量较大（见表 8），乡村常住人口占全国总人口的 36.11%，占据了 67.8% 的建设用地，高度分散的乡村布局使农村土地仍有集约节约利用空间，耕地拓

---

① 数据来自《国家统计局关于2021年粮食产量数据的公告》。

展空间有待提升①。二是耕地"非农化""非粮化"导致优质耕地被挤占。从耕地总量看，据《第三次全国国土调查主要数据公报》（简称"三调"），从 2009 年到 2019 年的 10 年间，耕地总面积减少了 1.13 亿亩（见表 9），人均耕地面积由 1.52 亩降低到 1.36 亩。从稳耕地数量隐患看，在耕地地类转换中，耕地净流向林地 1.12 亿亩，净流向园地 6325.88 万亩，转为城乡建设用地 2140.47 万亩②，且普遍占用了城镇周边的优质耕地。此外，相较于过去城镇化占用耕地较多，这一时期耕地"非农化"和"非粮化"现象更为明显。由于一些耕地在地类转换中破坏了耕作层，无法恢复为耕地；一些耕地则需要工程建设才能恢复为耕地；加之耕地后备资源较少，导致在耕地地类转换中占优补优的难度加大，不仅给坚守耕地数量红线造成隐患，而且对耕地质量等级提升也带来压力。三是保护优质永久基本农田数量有难度。从耕地质量等级看，2019 年我国耕地平均等级为 4.76 等，较 2014 年提升了 0.35 个等级；其中，评价为一等至三等的优质耕地面积为 6.32 亿亩，仅占耕地总面积的 32.95%③，如按三调数据，耕地总量 19.18 亿亩和低等耕地（七等至十等耕地）4.44 亿亩差值计算，中高等耕地仅为 14.74 亿亩，低于划定的保持永久基本农田 15.46 亿亩目标任务④，这就意味着有相当部分低等级质量的耕地划入了永久基本农田。此外，在非农建设占用耕地仍有占优等耕地补劣质耕地的现象，也为保优质耕地、保优质永久基本农田数量带来压力和隐患。

---

① 根据原国土资源部数据，2016年全国耕地后备资源总面积为8029万亩，结合水资源条件，可供开发利用的耕地后备资源仅为3017.18万亩。

② 《国土资源公报》，2009—2019年数据。

③ 按照《第三次全国国土调查主要数据公报》数据重新计算。

④ 《2019年全国耕地质量等级情况公报》中耕地规模按照20.23亿亩计算，按此数据计算，一等至六等的中高质量耕地有15.79亿亩，仅比保持永久基本农田划定目标任务15.46亿亩略高，仍无法确保所有永久基本农田都划定在中高等级耕地上。

| 表8 | | | | 城乡建设用地利用情况 | | | 单位：亿亩 |
|---|---|---|---|---|---|---|---|
| | 城镇村及工矿用地 | | | 交通用地 | | | |
| 年份 | 总计 | 城市 | 建制镇 | 村庄 | 总计 | 公路用地 | 农村道路 |
| 2019 | 5.3 | 0.78 | 0.77 | 3.29 | 1.43 | 0.6 | 0.71 |
| 结构 | — | 14.72% | 14.53% | 62.08% | — | 41.96% | 49.65% |

资料来源：《关于第二次全国土地调查主要数据成果的公报》和《第三次全国国土调查主要数据公报》。

| 表9 | 2009—2019年农用地结构变化 | | | 单位：亿亩 |
|---|---|---|---|---|
| 农用地 | 耕地 | 园地 | 林地 | 草地 |
| 2009年 | 20.31 | 2.22 | 38.09 | 43.10 |
| 2019年 | 19.18 | 3.03 | 42.62 | 39.68 |
| 增减 | −1.13 | +0.81 | +4.53 | −3.42 |

资料来源：《关于第二次全国土地调查主要数据成果的公报》和《第三次全国国土调查主要数据公报》。

### （二）耕地质量保护与利用问题仍然突出

从耕地质量变化趋势看，土壤有机质含量、耕作层厚度不高，耕地质量保护不够；而在耕地利用中，化肥农药使用量虽保持零增长，但整体利用水平不高，耕地基础地力仍然较低，耕地质量保护形势依然严峻。根据农业农村部耕地质量监测保护中心对耕地中长期监测数据（见表10），虽然土壤有机质含量有所回升，于2019年达24.9g/kg，但仍低于20世纪80年代后期的水平；耕层土壤厚度普遍偏小。不同区域耕地叠加多重风险，耕地质量属性错综复杂，增加了质量提升难度。从全国九大农区的耕地土壤质量指标看（见表11），东北黑土区耕地的主要问题在于黑土耕作层变薄，土壤有机质含量相对全国平均水平处于高位，但和自身历史高位比、和国际其他两大黑土区比还有明显差距；黄土高原、内蒙古及长城沿线、甘新区及黄淮海区耕地耕作层变浅、有机质含量低、土壤固氮差，加上部分地区水资源匮乏，土壤盐渍化严重、基础地力低；长江中下游平原耕地存在土壤酸化、潜育化的风险，部分地区耕地还存在重金属污染；华南丘陵耕地存在土壤酸化、潜育化的问题；西北旱作农区耕地也存在沙化问题，同时还有地膜残留污染等风险隐患。此外，我国耕地基础地力整体水平不高，对粮食产能的贡献水平也不高。我国稻谷、小麦、玉米的耕地基础地力贡献率分别为 54.4%、48.8%、48.7%（见表12），整体上与发达国家 70% ~ 80% 的基础地力水平还有较大差距，耕地基础地力不高将直接影响农业产能。

**表10　　　　　　　　耕地土壤质量关键指标的变化趋势**

| 耕层土壤指标 | 1988—1997年 | 1998—2003年 | 2004—2015年 | 2016—2018年 | 2019年 |
|---|---|---|---|---|---|
| 耕层土壤厚度（cm） | — | | | | 21.1 |
| 土壤容重（g/cm³） | — | | | | 1.29 |
| 土壤有机质含量（g/kg） | 25.7 | 21.6 | 23.7 | 24.6 | 24.9 |
| 土壤pH | 6.8 | 7.0 | 6.7 | 6.9 | 6.9 |
| 土壤全氮含量（g/kg） | 1.6 | 1.37 | 1.44 | 1.45 | 1.47 |
| 土壤有效磷（mg/kg） | 14.9 | 20.8 | 25 | 29.2 | 30.2 |
| 土壤速效钾（mg/kg） | 92 | 108 | 123 | 139 | 143 |
| 土壤缓效钾（mg/kg） | — | — | 560 | 612 | 616 |

资料来源：农业农村部耕地质量监测保护中心，《国家耕地质量长期定位监测评价报告》（2016—2019年），笔者梳理。

**表11　　　　　　　　全国九大农区耕地土壤质量指标情况**

| 耕地质量指标　　九大农区 | 有机质含量（g/kg） | 土壤（pH） | 全氮含量（g/kg） | 有效磷（mg/kg） | 速效钾（mg/kg） | 缓效钾（mg/kg） |
|---|---|---|---|---|---|---|
| 东北区 | 35.8 | 6.2 | 1.86 | 39.6 | 205 | 776 |
| 内蒙古及长城沿线 | 18.3 | 8.2 | 1.07 | 22 | 148 | 680 |
| 黄淮海区 | 18.6 | 7.6 | 1.2 | 35.7 | 166 | 895 |
| 黄土高原区 | 17.3 | 8.4 | 1.05 | 18 | 177 | 938 |
| 长江中下游区 | 30 | 6.1 | 1.81 | 26.4 | 108 | 420 |
| 西南区 | 27.3 | 6.5 | 1.64 | 21.4 | 132 | 390 |
| 华南区 | 27.3 | 5.9 | 1.49 | 45.8 | 106 | 284 |
| 甘新区 | 16.1 | 8.4 | 0.9 | 28 | 172 | 903 |
| 青藏区 | 26.6 | 8.3 | 1.9 | 41 | 169 | 1033 |

资料来源：农业农村部耕地质量监测保护中心，2019年监测数据，笔者梳理。

表12 全国三大主粮作物耕地地力情况

| 品种 | 平均 | 东北 | 西北 | 华北 | 华东 | 华南 | 西南 |
|------|------|------|------|------|------|------|------|
| 稻谷 | 54.4% | 55.1% | 54.1% | 56.9% | 56.6% | 54.5% | 46.7% |
| 小麦 | 48.8% | — | 52% | 45.2% | 46.1% | 57.9% | 29.5% |
| 玉米 | 48.7% | 55.8% | 47.1% | 52.2% | 48.7% | 39.8% | 29.4% |

资料来源：农业农村部耕地质量监测保护中心，2016年数据，笔者梳理。

## （三）耕地生态修复与治理难度增大

耕地生态系统和外部环境错综复杂，耕地治理、耕地质量提升的难度加大。一是耕地生态环境错综复杂，耕地提等升级难度大。耕地与水资源时空分布不均，优质耕地与水资源分布区域不一致（见表13），而低产田较多分布在自然生态条件较差、生态脆弱、水资源匮乏的区域。2019年，我国耕地七等至十等的低等耕地面积为4.44亿亩，占耕地总面积的23.15%。这些低等级耕地区域的共性特征是地理条件差、土层薄；一些地区既面临气候干旱水资源匮乏，又面临灌溉设施匮乏；还有的地区面临水土流失威胁以及不同程度的土壤酸化、盐渍化、沙漠化等，导致基础地力低、土壤贫瘠（见表14）。二是耕地利用中化肥施肥结构不合理，导致一定程度的土壤酸化、盐碱化。农作物施肥结构并不合理，土壤氮、磷素相对有盈余，钾素虽快速增长但亏缺。土壤肥力下降，并且影响土壤酸碱度。以水稻耕地为例，1988—2016年，水稻酸碱度由6.42下降到6。从全国平均土壤pH值看，近几年保持在6.9左右，但局部地区仍有土壤退化、盐碱化趋势，pH值小于5.5的土壤酸化面积占比仍然较高。三是重金属污染仍然存在，耕地治理难度大。从土壤污染情况看，据《2020中国生态环境状况公报》，影响农用地土壤环境的主要污染物是重金属，镉为首要污染物[1]，且中微量元素含量降低，重金属铬、镉、铅、砷虽然符合国家标准，

---

[1] 数据来自《2020中国生态环境状况公报》。

但含量仍然较高。

表13 **2021年我国水资源与优质耕地分布区**

| | | | |
|---|---|---|---|
| 水资源 | 水资源与优质耕地维护区 | 海河平原、淮北平原、山东半岛等 | 合理配置水资源，加强地下水超采治理，提高水资源利用效率，改善区域水环境质量；加强基本农田建设与保护 |
| | 水资源短缺修复区 | 内蒙古西部、嫩江江桥以下流域、沿渤海西部诸河流域、新疆哈密等 | 严格控制水资源开发强度，加强地下水超采治理，加强水资源节约集约利用，降低水资源损耗 |
| 耕地资源 | 优质耕地保护区 | 松嫩平原、辽河平原、黄泛平原、长江中下游平原、四川盆地、关中平原、河西走廊、吐鲁番盆地、西双版纳山间河谷盆地等 | 大力发展节水农业，控制非农建设占用耕地，加强耕地和基本农田质量建设 |

资料来源：《全国国土规划纲要（2016—2030年）》。

表14 **全国九大农区低等耕地自然生态条件与风险隐患**[①]

| 分布区域 | 耕地面积及占比 | 自然条件 | 风险隐患 |
|---|---|---|---|
| 东北区<br>松嫩平原西部、三江平原地势较低处，小兴安岭至黑龙江延伸地带，长白山、辽西低山丘陵和辽东山地的坡中坡上 | 0.35亿亩<br>7.89% | 立地条件较差 | 盐碱、瘠薄、潜育化、酸化等；基础地力较低，土壤结构松散，灌溉条件不足 |
| 内蒙古及长城沿线<br>阴山南麓与北麓区域等 | 0.68亿亩<br>15.32% | 水土流失<br>干旱威胁 | 耕地中土壤养分含量整体偏低，灌溉水资源缺乏 |
| 黄淮海区<br>丘陵上部、平原区局部高地和滨海低地 | 0.34亿亩<br>7.66% | 坡度大 | 土层浅薄，灌溉设施缺乏；土壤盐渍化和酸化不同程度地存在 |
| 黄土高原区<br>黄土高原西北部的丘陵沟壑区和长城沿线风蚀滩地区 | 0.93亿亩<br>20.95% | 地表坡度大、破碎、侵蚀非常严重与气候干旱、立地条件很差 | 土层浅薄，质地较粗，结构松散，土壤养分极度贫乏 |

① 本书中部分数据由于四舍五入的原因，存在总计与分项合计不等的情况，其他类似情况不再一一说明。

续表

| 分布区域 | 耕地面积及占比 | 自然条件 | 风险隐患 |
|---|---|---|---|
| 长江中下游区<br>丘陵、山地中上部及沿海区域 | 0.69亿亩<br>15.54% | 立地条件较差，地形起伏较大 | 土壤养分贫乏，基础地力较低，水利设施条件落后，灌溉条件不足 |
| 西南区<br>滇东北黔西北的乌蒙山区、湘鄂渝黔的武陵山区以及陇南山地区 | 0.68亿亩<br>15.32% | 立地条件较差，砾石含量高 | 酸化、瘠薄、潜育化、土层浅薄 |
| 华南区<br>普洱市和保山市山区、右江流域石灰岩地区、雷州半岛和海南岛西北部沿海区域 | 0.43亿亩<br>9.68% | 基础地力条件相对较差 | 酸化、盐渍化、瘠薄 |
| 甘新区<br>准噶尔盆地北部及西南、东南部，塔里木盆地西北部、河西走廊东部及宁夏平原引黄灌区下游地区 | 0.27亿亩<br>6.08% | 耕地水资源缺乏、盐分含量高 | 沙化、荒漠化严重、土壤养分贫乏，有效灌溉程度低 |
| 青藏区<br>横断山区、青藏高寒地区山地中上部，甘南高原西部及祁连山山地中上部，环青海湖区、青南高寒地区山地中上部 | 0.105亿亩<br>2.36% | 耕地海拔高、积温低 | 土层较薄、土壤养分贫乏，灌溉能力差 |

注：低等耕地是指该地区被评为七等到十等的耕地，占比是按照该区域低等耕地占全国低等耕地比重计算的。

资料来源：《2019年全国耕地质量等级情况公报》，笔者梳理。

## （四）耕地质量建设与综合治理效能有待提高

从耕地质量建设政策措施看，各类政策合力发挥不够，综合治理效能有待提高。一是政策范围广、支持措施多，但部分单项支持标准低，不能满足实际建设需求。比如，以高标准农田建设项目为例，支持总量相对高，但建设标准只有1095.82元/亩，而在平原地区要建成满足"旱涝保收"的高质量耕地、高标准农田投资标准至少需要3000元/亩，丘陵地区至少需要5000元/亩。当前中央财政补贴标准较低，而多数粮食主产区高标准农田建设任务多，地方配套财政压力大，而多数粮食主产区为经济薄弱区，缺乏财力支持，实际建成区与达到旱涝保收、高产稳产、现代化农业生产条件还有差距；再如耕地质量保护提升项目，分类财政支持总量低，具体分摊到各项治理的经费不能满足治理实际资金需求，财政支持力度不够。二是重点粮食主产区、重点农区的耕地质量项目试点多、覆盖面小，缺乏连续性，难以发挥治理成效。如"黑土地保护利用工程"，2021年，亩均补贴标准仅为40元，一方面对耕地质量保护激励不足导致采取实际的保护性措施不够、积极性不高；另一方面，耕地质量保护实施方式有待完善，有些地方采取"整县推进，轮流试点"的方式，导致有限资金不能集中精准对同一区域进行持续保护，很难发挥质量提升效果。三是分类各自施策，很难形成合力，需进一步提高综合治理效能。比如高标准农田建设项目、耕地质量保护与提升、农机深松整地、农作物秸秆综合利用，许多政策措施覆盖区域相同，政策叠加，但覆盖地块不同，导致资金无法集中投入，难以形成合力。

# 四、主要思路与政策建议

立足新发展阶段，贯彻新发展理念，构建耕地数量、质量与生态"三位一体"耕地质量建设格局，在耕地总量有限的形势下，加快实施藏粮于地战略，以耕地质量为着力点推进农业生产体系现代化，就要统筹好农业农村的生产、生活与生态关系，优化国土、水空间开发保护格局，既要把握好耕地保护、质量建设与生态退耕、地类转换的节奏和规模，守住优质耕地红线，确保良地良田粮用，也要统筹完善用好各项耕地质量建设相关政策和措施，做到保护有力、建设有效、管理有序，发挥政策合力促进耕地质量提等升级。

### （一）守住优质耕地红线，确保良地良田粮用

按照永久基本农田、生态保护红线、城镇开发边界三条控制线划定，以"三调"为底数，在对耕地资源环境承载能力和国土空间开发适宜性评价基础上，确立新时期严格耕地保护、质量建设的基本原则，将耕地质量等级与耕地数量保护、永久基本农田的管控规则挂钩，明确优质耕地使用优先序。一是适度优化农业农村生活、生产、生态布局，统筹利用乡村建设用地、农用地，要兼顾耕地的数量、质量和生态，在中高等级耕地集中区，严控农业产业发展及相关设施用地占用中高等级耕地；将建设用地、农用地地类转换中的耕地耕作层剥离用于中低等级耕地质量提等升级。二是科学分析评判全国耕地后备资源潜力、耕地质量等级的精确分布、永久基本农田的划定范围，确保永久基本农田为优质耕地。以第三次全国耕地普查数据为基础，充分运用卫星遥感影像等信息技术手段，严守耕地及永久基本农田用途管制规则，对25度以上坡耕地，酸化、沙化耕地，石漠化耕地，土壤污染耕地等严格管控类且无法恢复治理的低等级耕地，调整出永久基本农田范畴，确保永久基本农田为长期稳定利用耕地，确保永久基本农田与中高等级质量的耕地分布范围大体保持一致，确保良地良田粮用。三是改进并构建更加科学合理的耕地占补平衡和耕地地类转换新机制。对于耕地占补平衡，要确保同等级耕地之间占补调整，确保补充耕地数量、质量同等或高于被占耕地；对于生态退耕，要处理好耕地保护与生态退耕的关系，把握生态退耕政策边界、规模，应调减生态功能重要区域和脆弱区域退耕面积，增加生态重要区退耕面积，对因实施退耕还林减少的基本农田面积，在辖区范围内做到耕地占补平衡；对于耕地地类转换，要把握好地类转换的规模和节奏，确需将耕地转为林地、草地、园地等其他农用地的，应当优先使用难以长期稳定利用的耕地。

## （二）促进耕地在用养结合中提等升级

推动耕地保护立法，利用大数据摸清耕地质量基础情况，整合不同部门之间的耕地质量数据系统，科学准确评估耕地基础地力情况及形成的原因，促进耕地在用养结合中提升耕地基础地力。一是推动耕地保护和质量提升相关立法工作。新时期严格耕地保护的基本原则，使耕地保护、永久基本农田的管控规则与耕地用途管制、质量提升挂钩。优质耕地应主要用于粮食和棉、油、糖、蔬菜等农产品生产，永久基本农田按粮田管理，在严格用途管制和用养结合中提升耕地质量；落实党政同责的耕地保护责任，明确公民和法人保护耕地的义务；建立健全耕地保护补偿、考核等制度，进一步推进耕地保护制度化、规范化、法制化。二是整合耕地质量相关数据，构建耕地大数据监测与应用系统。运用卫星遥感影像等信息技术手段，推动耕地质量大数据共享、公开、透明，建立全面、系统的耕地基础地力监测系统。构建全国耕地质量信息"一张图"，用于科学指导耕地地力提升行动、后备耕地补充、查询耕地占补平衡地块信息等，实现耕地质量可查询、可追溯、可监督。三是强化耕地利用，提升耕地土壤的基础地力。在农业生产中，突出"改、培、保、控、提、优"。改善土壤的性状，改良酸化、盐渍化等障碍性土壤；培肥地力，提高有机质含量，增加贫瘠土壤的肥力；保水保肥，通过测土配方施肥，推广水肥一体化，深耕深松，保持耕地的肥力和水力；控制化肥和农药的施用量并科学调整化肥的使用结构，还要控制农药的残留、重金属和有机物对土壤的污染；提高农业生产资源利用效率，促进农牧循环可持续发展，降低农牧业种植养殖过程中的面源污染，一体化提高农业资源利用效率等；优化调整耕作层土壤保护利用，将所占用耕地耕作层的土壤用于新开垦耕地、劣质地或者其他耕地的土壤改良。

### （三）提高耕地质量修复、治理的精准性

建立耕地质量安全风险识别机制，加强耕地质量监测与评价基础性工作，及时掌握耕地质量状况，精准识别耕地质量系统风险隐患及原因，为山水林田湖草沙一体化系统治理和因地制宜精准施策提供科学评判基础。一是建立耕地质量安全风险识别机制，研判各类耕地风险隐患给生态安全、农业可持续发展、农业产能、粮食安全带来的影响，以此优化调整完善各类耕地政策。二是充分考虑国土资源和水资源空间分布、承载力等现实情况以及社会经济发展状况，因地制宜分区、分类施策。对于耕地质量自然资源禀赋属性和政策优化目标分类，按耕地质量和特点，对质量提升、质量治理、防范化解风险隐患等全盘统筹；把握农作物轮作区域范畴、退耕地的规模和节奏，加大退化、污染、损毁农田改良修复力度，保护和改善农田生态系统。对于东北农业主产区尤其是粮食主产区耕地，着力加快推进耕地质量提升，加强水利灌溉设施等薄弱环节建设，加大对高标准农田、黑土地保护利用力度等；对于西北干旱农区，加快水利设施建设、节水技术应用、盐碱地整治和退化土地退耕等；对于长江中下游地区和南方经济发达周边农区，加快污染防治，尤其是重金属治理和土壤酸化治理，优先保障农田土壤质量安全和环境稳定等。对于具体粮食主产区域，加强优质耕地质量提升保护，强化辽河平原、三江平原、松嫩平原等区域黑土地农田保育，强化黄淮海平原、关中平原、河套平原等区域水土资源优化配置，加强江汉平原、洞庭湖平原、鄱阳湖平原、四川盆地等区域平原及坝区耕地保护，促进稳产高产商品粮棉油基地建设。

### （四）统筹发挥耕地质量建设各类政策合力

完善兼顾耕地数量、质量、生态多部门的多层次、跨区域协同推进的工作机制，优化耕地质量建设相关政策措施和政策支持结构。一是在政策

支持力度上，稳定基本量，加大支持力度。提高高标准农田、东北黑土地保护利用等直接提升耕地质量的政策支持力度，提高亩均支持标准，确保政策发挥实效；鼓励地方政府根据自身财力，研究制定相应政策，统筹整合有关资金，加大对新一轮耕地地力提升等相关补助力度。二是优化支持调结构，提升耕地质量、耕地修复与治理等促进耕地地力提升的政策支持力度，建立耕地质量常态化评估机制。加大耕地修复、治理力度，尤其是重要粮食和重要农产品主产区耕地的修复和治理，将耕地质量作为政策实施效果的重要指标。三是制定耕地质量建设的补偿和激励政策。加大对永久基本农田多、对保障国家粮食安全贡献大的粮食主产区支持力度；加大对优质耕地区耕地质量提升的激励奖补力度。加大耕地保护补偿力度，充分调动国家粮食主产区和耕地资源保护区农民耕地保护的积极性、主动性。四是发挥政策合力、提高综合治理效能。将多项政策精准集中在同一区域同一地块上，对中央财政资金按照"渠道各异、用途不变、集中投入、形成合力"的原则，统筹用于同一区域、同一地块的耕地保护利用和质量建设上，确保政策支持的灵活性和连续性，确保耕地集中受益，发挥政策合力。

执笔人：韩杨

# 以种业创新为着力点，推进农业科技现代化

科技作为第一生产力，贯穿于农业生产全过程。农业现代化的关键是农业科技的现代化。种业对农业的增产提质贡献度最大，是农业科技含量最高的基础环节，被誉为农业的"芯片"。农业科技现代化的核心是种业创新。新发展阶段推进农业现代化应牢牢抓住种业这个核心要害，充分发挥种业创新在农业现代化中的牵引作用，以种业创新为着力点推进农业科技现代化，引领带动农业产业体系、生产体系和经营体系的创新发展。

## 一、种业在新发展阶段农业科技现代化中的引领作用

种子是农业高产稳产高效的核心，也是农业科技最尖端、最前沿的竞争领域。2020 年底召开的中央经济工作会议提出，要解决好种子和耕地问题，强调要开展种源"卡脖子"技术攻关，立志打一场种业翻身仗。2021年中央一号文件也指出，农业现代化，种子是基础，并对打好种业翻身仗作出了明确部署。

### （一）我国种业在农业现代化进程中发挥着关键作用

邓小平曾指出，农业问题的出路，最终要由生物工程来解决，要靠尖

端技术[①]，其内在含义是农业现代化的关键在于以生物技术为基础的种子创新。他多次强调种子的重要性，将种子作为推进农业现代化的重要抓手，提出要成立"种子公司"，建立"种子基地"，实行"种子立法"。1973年10月22日，邓小平结束了在江西三年多的下放生活返回北京，途经河北邯郸作短暂停留时，他特别提出，要抓好种子改良，国家要成立种子公司，对优良种子精心培育和统一管理[②]。1980年7月23日，在与河南省委负责人谈话时，邓小平再次申明，农村要发展，要注意两点，一是政策正确。政策威力大，有了正确的农村政策，可以调动农民的生产积极性。二是科学种田。要抓种子，搞优良品种，要搞好种子公司，繁育良种[③]。

新发展阶段，种业被提升到国家战略高度。2013年12月23日，习近平总书记在中央农村工作会议上的讲话中指出，一粒种子可以改变一个世界，一项技术能够创造一个奇迹。要舍得下力气、增投入，注重创新机制、激发活力，着重解决好科研和生产"两张皮"问题，真正让农业插上科技的翅膀[④]。2018年4月，习近平总书记在海南考察时强调，良种在促进粮食增产方面具有十分关键的作用。要下决心把我国种业搞上去，抓紧培育具有自主知识产权的优良品种，从源头上保障国家粮食安全[⑤]。2021年7月9日，中央全面深化改革委员会第二十次会议审议通过了《种业振兴行动方案》。习近平总书记在主持会议时指出，农业现代化，种子是基础，必须把民族种业搞上去，把种源安全提升到关系国家安全的战略高度，集中力量破难题、补

---

① 《邓小平文选》第三卷，人民出版社1993年版，第275页。

② 中共中央文献研究室：《邓小平年谱 一九〇四——一九七四（下）》，中央文献出版社2009年版，第1987页。

③ 中共中央文献研究室：《邓小平年谱 一九七五——一九九七（上）》，中央文献出版社2004年版，第659页。

④ 中共中央党史和文献研究院：《习近平关于"三农"工作论述摘编》，中央文献出版社2019年版，第75-76页。

⑤ 《习近平在海南考察时强调 以更高站位更宽视野推进改革开放 真抓实干加快建设美好新海南》，《光明日报》2018年4月14日第1版。

短板、强优势、控风险，实现种业科技自立自强、种源自主可控①。

### （二）我国种业为农业现代化发展奠定重要基础

我国已初步建立起现代种业体系。种质资源基础不断夯实，国家农作物种质资源库保存总量超过 52 万份，国家海洋渔业生物种质资源库保存资源 10 万份，国家家畜基因库抢救性收集保存六大畜种遗传材料 5 万份，资源保存总量达到 120 万份。农作物种业方面，形成了以海南、甘肃、四川三大国家育制种基地为核心，以 52 个杂交水稻和玉米制种大县以及 100 个区域性良种繁育基地为骨干的国家级良种生产繁育格局；畜禽种业方面，基本建成了以 203 家国家核心育种场、33 家良种扩繁推广基地为支撑，以质量检测中心、品种测定站、遗传评估中心为保障的畜禽良种繁育体系。种业企业逐步发展壮大。2019 年，全国纳入种业基础信息统计的持有效种子生产经营许可证的企业数量为 6393 家，包装销售本企业种子的企业为 5230 家，占比为 81.81%；育繁推一体化、经营有效区域为全国的企业增至 97 家，其中经营蔬菜等作物种子的企业增至 40 家。

育种创新取得一定突破，自主良种有力支撑农业增产增效。近十年，全国审定、登记农作物品种 3.9 万个，植物新品种保护年申请量连续 4 年居世界第一，水稻、小麦、玉米、大豆高产典型不断涌现，优质化水平不断提升，培育了一批节水抗病小麦、适宜籽粒机收玉米新品种；审定畜禽新品种配套系 93 个，占全部审定品种的 56%，良种生产性能明显改善。目前，我国农作物良种覆盖率达 96% 以上，自主选育品种面积占比超过 95%，畜禽核心种源自给率超过 75%。良种对粮食增产、畜牧业发展的贡献率分别达到 45%、40%。

---

① 《习近平主持召开中央全面深化改革委员会第二十次会议强调 统筹指导构建新发展格局 推进种业振兴 推动青藏高原生态环境保护和可持续发展》，《光明日报》2021年7月10日第1版。

# 二、我国种业现代化水平仍有较大差距

## （一）我国在种质资源占有和性状鉴定上存在明显不足

种业创新是对已有作物资源的改良，种质资源是基础性条件。种质资源多样性、优质性以及形状鉴定信息的丰富性，直接决定着以此为基础改良创制新品种的效率和品质。而目前我国面临种质资源库保存的特优质品质不多、来源多元化不足、精准鉴定比例不高，种质资源交流共享机制缺乏等问题。

种质资源的优质性和多样性不足。我国农作物种质资源库保存总量居世界第二位。但种质资源来源结构较为单一，优异特质资源较少。我国农作物种质资源来自国外的仅占 24%，而欧美等国家和地区长期在全世界搜集种质资源，美国约有 80% 的种质资源来自国外，种质资源遗传多样性更为丰富。一些起源于国外的蔬菜品种种质资源在我国种质资源库的保存率仅为 6.4%，世界上还有许多抗病、抗逆、优质育种材料我们还未收集到。尤其是像玉米这样原产地不是中国的品种，优质种质资源更为缺乏。据业内人士估计，美国国家公共库存玉米种质资源约 2.9 万份，原陶氏杜邦、原孟山都公司拥有 7 万份左右，共计有近 10 万份玉米种质资源，其中独特性种质资源约 2.5 万份。而截至 2020 年我国国家种质库玉米种质资源库存数量约为 3.6 万份，加上高校、研究所和企业保存的也仅有约 5 万份。

种质资源性状精准鉴定不足。在目前我国保存的 52 万份农作物种质资源中，完成精准鉴定的不到 1.5 万份。以玉米为例，玉米种质资源经过重要农艺性状鉴定评价的仅占 10%，真正得到商业化利用的只有 1% 左右，而美国近 10 万份玉米种质资源中约有 20% 经过精准性状测定，企业保存的种质资源经过性状测定后可直接进行商业化利用。由于大量种质资源未能进行精准鉴定，给作物资源的利用带来难度，我国作物种质资源利用率仅为 3%~5%，有效利用率仅为 2.5%~3%。比如，大豆作为我国原产品种，现有种质资源 3.3 万份，但利用率仅为 1% 左右。

种质资源交流共享机制不健全。由于我国种质资源库单品种保存量少、性状信息不充分以及合作开发的机制不健全，向相关研究人员提供种质资源的能力与动力均不足，研究人员申请用种方面也面临较多约束，企业申请使用程序烦琐。企业、科研院所和高校自有的种质资源没有公开信息，大部分还分散在科研人员手中，难以建立起种质资源交换流动、共享开发的广泛协作机制。

### （二）我国在育种技术创新上与国际水平存在明显差距

育种技术与国际水平存在明显差距。育种技术发展大致可以分为四个阶段："1.0 时代"是农家育种，"2.0 时代"是杂交育种，"3.0 时代"是分子育种，"4.0 时代"是生命科学、信息科学与育种科学深度融合的智慧育种。智慧育种以农作物基因型、表型、环境及遗传资源等大数据为核心基础，通过人工智能技术，培育出适合特定地理区域和环境的品系品种。育种 4.0 技术能以较小群体为基础实现性状的精准定向改良，可将育种周期从 5~10 年缩短为 2~3 年，而且育种的精准性、环境的适应性得到大幅提升。国际种业已积极布局智慧育种技术，2013 年孟山都收购气象大数据公司 Climate、2014 年收购数字农业公司 Precision Planting，2017 年杜邦和巴斯夫分别收购了智慧农业公司 Granular 和 Zedx，既强化了其后端集成技术服务的能力，又建立起了植物表型、作物生长与环境适应的数据采集与模拟分析平台，初步实现了基于基因 – 环境 – 表型互作的智慧育种选育。而我国种业企业育种还处在以杂交选育和分子技术辅助选育为主的 2.0 时代和 3.0 时代之间，育种质量、效率以及地域适应能力等与国际先进水平还存在较大差距。

生物育种原始创新和前沿核心技术与国际先进水平存在明显差距。以生物育种技术为例，在全球 1713 篇高引论文中，我国只有 403 篇，而美国为 921 篇，约是我国的 2.3 倍；在全球 8379 件高价值核心专利[①]中，我国只有 461 件，而美国有 6035 件，约是我国的 13.1 倍。当前育种较为成熟应用的基因编辑技术，虽然我国科学家拥有最多的 CRISPR 专利，但 CRISPR 原始核心专利主要为美国、德国和韩国所拥有，在 CRISPR 基因编辑技术的优先权上我国大大落后于美国。

重要的实用功能基因发现方面与国际先进水平也还有较大差距。在与基因性状功能相关的专利中，我国有 3409 件，美国高达 12930 件。在与等位基因相关的专利中，我国有 1018 件，美国为 1899 件。在全球 55725 篇有关基因表达的论文中，我国占 16%，美国占 45%；在全球 31868 篇有关基因性状的论文中，我国占 22%，美国占 38%。在实用性技术方面，我国与美国的差距也非常明显，这会使我国在实用性技术的综合集成应用上也受到制约。以玉米为例，美国在产量、品质、抗虫领域等重要性状方面的专利数量分别是我国的 2.5、8.0 和 16.2 倍，其抗除草剂性状专利数量是我国的 33.9 倍。

育种科研工具与仪器设备高度依赖进口。由多源传感器、立体交叉平台和数据分析三部分组成植物高通量表型平台是未来育种技术竞争的关键环节。而我国尚缺乏此方面的自主知识产权技术，大部分表型组设备和技术依赖进口。基因芯片是设计育种的关键技术手段，但我国基因芯片尚处于空白。目前基因芯片技术为美国昂飞公司（Affymetrix Inc.）所垄断，并

---

① 核心专利根据专利类型、有效状态、权利要求数量、是否发生许可、是否发生转让等 21 项指标评价筛选，将各指标对价值度的影响力作为调整因子，因此核心专利也被认为是高价值专利。

作为技术秘密不对外提供和转让。种子自动微创取样技术与高通量分子检测技术相结合，可帮助从数万粒种子中选出含有目标基因的种子用于育种，成倍提高育种效率和规模。但高通量种子微创取样技术及种子切片机一直被国际公司垄断，并且不对外提供任何技术服务和技术转让。

### （三）我国种业在规模和创新实力方面与国际先进水平存在明显差距

我国种业企业总体规模小，市场占有率低。2019 年我国种子企业 CR5[①] 市场占有率仅为 9.6%，而全球 CR5 市场占有率已经高达 53.1%。其中，隆平高科最高，市场占有率也仅为 3.7%；垦丰种业和荃银高科分别只有 1.8% 和 1.5%；登海种业和农发种业分别位列第四、第五，为 1.3% 和 1.2%。从历史数据来看，近年来国内种业企业同质化竞争激烈，行业集中度还在下降。我国玉米种业市场更为分散，国内现有经营玉米种子的企业有 1587 家，其中前三强企业的全国市场占有率仅为 4.36%。而美国玉米种业经过激烈的市场竞争与淘汰兼并，目前已形成以杜邦、孟山都、科迪华等少数跨国生物科技公司为主导的寡头垄断格局，前三强企业全球市场占有率超过 50%，仅孟山都一家就占据全球玉米种子市场份额的 23%。

我国种业企业研发创新实力较弱。2019 年，我国 6393 家种业企业自主研发投入共计 41.75 亿元，其中商品种子销售额前五名企业科研投入 4.47 亿元，占本企业商品种子销售额（63.09 亿元）的 7.09%。而 2019 年拜耳作物科学事业部年度研发投入超过 23 亿欧元，其中种子与性状研发方面的投入超过 12 亿欧元；科迪华农业科技公司的研发投入为 11.47 亿美

---

① CRn，行业集中率，是指该行业的相关市场内前 n 家最大的企业所占市场份额的总和。

元。国际上一个生物育种品种的平均研发投入为 1.42 亿美元，基因发现和性状功能鉴定的投入占比达 23%，测试验证投入占比达 51%。我国种业企业普遍难以独立支撑生物育种品种的产业化开发。

### （四）我国种业在牵引农业科技现代化的能力上与国际先进水平还有差距

当前，全球种业的兼并重组加快，国际种业已经进入种子、植保、作物营养、数字农业整合的新阶段。这既是市场激烈竞争下，企业通过业务捆绑销售增强客户黏性、提高市场竞争力的重要途径，更是品种技术生产效力充分发挥需要其他农技协同配套的要求。由此，种业越来越发挥着集成整合相关农机农艺技术的作用。但与国际种业企业相比，我国种业企业业务比较单一，其他农业技术单元未能充分发挥作用，种业带动其他各项农业技术进步的能力还比较弱。品种与农机农艺的不协同、不配套进而制约了最佳生产性能的实现。

大型跨国企业已经具备很强的育繁推一体化综合服务能力，但我国缺少具备育繁推一体化综合服务能力的龙头企业。拜耳收购孟山都后，形成了种子、植保、农化、数字农业高度融合的经营模式 ①，已实现从科研育种、扩繁制种到销售推广的纵向一体化，根据市场需求进行定向育种，使品种性状适应农户田间环境与农机农艺。并且，作为横跨多领域的综合农业科技公司，其推广销售的不仅是种子，更是与种子相配套的一系列农化产品与服务，根据用户需求量身定制农场生产综合解决方案。而我国除新组建的先正达集团已建立这一模式外，其他种业企业的业务仍较单一，难

---

① 2019年，拜耳农业业务销售额达到224亿美元，其中种子和植保业务的占比分别为41.5%和45.5%；科迪华销售额为143亿美元，其中种子和植保业务的占比分别为44.1%和55.9%；先正达销售额为230亿美元，其中种子、植保业务和作物营养的占比分别为14.3%、60.9%和14.3%。

以提供良种与良法相结合的综合服务。由于在品种先进性和一体化服务方面与国际先进水平存在差距，我国玉米单产增长中良种的贡献率只有45%，而美国则达到65%。

## （五）我国在种业知识产权保护和成果产业化应用方面与国际先进水平存在较大差距

新品种认定标准低，对创新的保护不足。我国是国际植物新品种保护联盟成员中长期执行《国际植物新品种保护公约》（UPOV）1978 年文本的少数成员之一，美国、欧盟、日本等成员均早已过渡到 UPOV1991 文本。UPOV1991 文本制定了实质性派生品种保护规则，强化了对原始品种育种者的保护。农业农村部科技中心利用国家标准《植物品种鉴定 MNP 标记法》检测的 3208 个申请保护的玉米品种，若将遗传相似度大于 90% 作为阈值，存在实质性派生关系的占 34%。由于我国长期保护标准低、保护范围窄，导致模仿创新对原始创新产生挤出效应，雷同品种多、优质原创品种少。而且由于品种权保护取证难、鉴定难、执行难，侵权成本低，维权成本高，造成国内市场窃取、仿冒泛滥。

生物育种产业化政策不明朗，创新价值难以实现抑制了投入发展的积极性。2020 年中央经济工作会议和 2021 年的中央一号文件提出，尊重科学、严格监管，有序推进生物育种产业化应用。但支持生物育种产业化的配套政策迟迟未能出台，科研人员专注生物育种前沿和关键技术创新仍有所顾虑，种业企业投资生物育种产业化开发的积极性仍然不高，能够形成有良好综合性能和经过成熟试验验证的生物育种品种还非常有限。有专家认为，生物育种技术迟迟没有进行大规模产业化应用，是我国种业被"卡脖子"的原因之一。

# 三、以种业创新带动农业科技现代化的建议

## （一）加强种质资源收集、精准鉴定和开发利用

加大种质资源收集保存力度，不断扩大优质品种的资源库存。开展国内动植物种质资源普查，加大对国内地方、特色、珍贵种质资源的保护和繁育以及研究力度。创造条件引进国外优质种质资源，充分利用政府间协议交换、企业和个人合作交流等多种渠道，支持国内种业龙头企业在全球布局种质资源收集、保存与研究力量。对种质资源的引进实行便利化的检验检疫和入关流程，充分发挥海南自贸港全球动植物种质资源引进中转基地的功能，支持先正达、隆平高科等种业企业尽快将其海外优质种质资源引入国内。

加强对种质资源的性状精准鉴定，建立完善优质品种扩繁利用机制，建立完善的种质资源性状数据库。加强种质资源收集、保存、鉴定、分发、利用评价等基础性工作。联合地方种质资源库和相关科研力量组建全国性协作组，分地区、分品类围绕各地区和产业需求，有针对性地开展相关性状的精准鉴定和深入评价，并建立起全国统筹的种质资源交流协作平台。根据鉴定评价结果，筛选构建核心种质群，与种业龙头企业合作推进优质核心种质资源的扩繁和特殊性状优异材料、不同遗传材料的创制，扩大开放共享、增强种质分发供应服务能力。强化种质资源库的公益服务职能，对种质资源库的评价不应以论文和其他科研产出等作为标准，而应以创制和分发种质资源、对创新体系的支撑服务作用为导向。

加大对基因性状功能挖掘的支持。增加对基因重要功能性状研发的资助，根据性状功能挖掘时间周期长的特征，适当延长此类项目的资助周期。建立健全对基因性状功能相关专利申请的后补助机制，重点对国际竞争激烈的重要功能性状专利的维护费用给予补助支持。转变科研评价导

向，将重要基因功能性状的发现和应用作为相关科研项目的目标要求，在绩效评价上给予更高的权重，激励科研人员将更多精力投入到有应用价值的基因功能性状挖掘上。

## （二）构建种业全产业链创新体系

现代育种技术已从单点创新转变为复杂功能、跨学科、多流程的综合集成创新，必须从课题组的"作坊式"创新向高效分工集成"流水式"全产业链创新转变。

加强基础研究，努力创立自主的技术方法体系。原创性基础研究不足是制约我国种业自立自强的最主要因素。应尽快落实党的十九届五中全会通过的《中共中央关于制定国民经济和社会发展第十四个五年规划和二〇三五年远景目标的建议》关于在生物育种等八大前沿领域实施一批具有前瞻性、战略性的国家重大科技项目的部署，以创建种业领域国家实验室为抓手，以促进原始创新为目标的创新支持和管理模式，形成先进的自主技术方法体系。聚力攻关基因编辑工具、全基因选择模型、合成生物元件及重大装备和育种大数据分析系统等重点领域，解决生物育种关键核心技术受制于人的问题。

重塑以企业为主体的全产业链创新体系。聚焦种业创新的国家实验室应根据不同的产业应用方向与企业联合成立技术研发中心，以此为基础支持龙头企业分领域创建国家种业技术创新中心，以企业实用性需求为导向进行共性技术开发以及产业化的试验评价、环境模拟等。鉴于我国种业企业实力还不够强，难以独立支撑生物育种新品种开发，可由财政投入、种业企业、投资机构等联合出资设立种业创新基金，以企业提出的应用需求为导向设立专项，向国家实验室和种业技术创新中心发起研究任务招标，推动建立包括资源收集、基因发现、功能鉴定评价、基因标记、材料创制、选系组配、测试比较等在内的专业化分工的全链条创新流水线。强化国家实验室与各专项品种技术创新中心体系有机衔接，形成国家实验室前沿引导和难题突破、技术创新中心产业化开发的分工协作，建立健全技术创新中心产业化成果收益的分享与反哺机制，强化对各环节相关科研人员的创新激励，以利益共享机制提升基础研究、应用开发、试验评价、数据模拟等创新链的组织效率。种业企业、投资机构根据其对项目的投入比例占有相应的成果产权比例，研发人员以技术入股激励计划分享成果产业化收益。

## （三）支持种业领军企业做大做强，提升其服务农业现代化的水平与能力

支持种业企业做大做强。改变种业市场过度分散的局面，渐进式将育繁推一体化作为种业经营的行业准入标准，强化种子企业对其推广品种指导种植的责任，逐步淘汰创新不足、技术不强、服务不力的企业。支持企业间的并购整合，适度提高行业市场和品种集中度。支持企业做强做大、做专做精，打造一批具有较强创新能力、产业带动力的领军企业，提升企业品牌影响力和市场竞争力，提高市场和品种集中度。

提升企业的产业链整合能力。引导种业企业通过延伸服务、合作服务、横向一体化整合等方式，完善与种子相配套的农机、农艺、田间管理等综合服务体系，促进良种良法配套，建立起以种子为核心的成套技术解决方案。支持种业企业通过延伸发展、与各类农业技术服务组织深度合作等多种形式，强化对农户和各类新型农业经营主体的嵌入式服务支持，提供从种子销售、播种、田间管理、收获到销售等的指导、技术支持或托管的全方位全过程的个性化服务。

### （四）优化种业发展的商业制度环境

完善种业知识产权保护制度。《中华人民共和国种子法》和《中华人民共和国植物新品种保护条例》的修订，已经将《国际植物新品种保护公约》1991 年文本的实质性派生品种保护规则引入。配合法律的修订，应具体明确各类实质性派生品种的标准，特别是在对实质性派生品种的保护方面，必须做到相关条款语义明确、可执行性强。加强对相关部门完善技术检测方法的支持，充分发挥基因检测和大数据技术在新品种审定和查处知识产权侵权等方面的作用，加大打假执法和惩处的力度。

优化品种审定和管理制度。修订现行主要农作物品种审定标准，提高育种独创性要求，加强企业自主研发品种保护，在新品种审定中尽可能排除低水平模仿的品种，更多向体现自主、高水平、高价值创新的品种倾斜。逐步清理已审定品种中的高仿品种，引导缺乏实质性创新的品种有序退出市场。加强种业企业的主体责任，国家品种审定只是市场准入的前置条件，逐步让种业企业承担起其推广品种的质量、环境适应性责任。

有序推进生物育种产业化应用。良好的商业应用场景，是美国种业创新以企业为主体、更加注重创新成果应用价值的最主要原因。在中央提出要尊重科学、严格监管，有序推进生物育种产业化应用的背景下，2021 年，农业农村部对转基因大豆、玉米开展了产业化试点。建议根据科学的风险隔离要求，在全国典型区域布局建设一批生物育种产业化试验示范基地，扩大试点范围，加快推进生物育种技术的产业化应用。逐步建立起生物育种功能基因、育种方法等专利技术、育种材料、种质资源的产权交易和交换交流机制。建立完善科学试验、安全评价、规范种植的监管体系。

### （五）以种业创新为连接轴，强化农业科技创新体系的协同功能

推进以种业创新为核心的农业全产业链创新体系建设。建立健全农

业科技协同创新机制，通过科研项目协同配套、科研部门联合攻关以及农业科技协同创新平台的建设，围绕重要农产品品种创新，协同推进配套农机、农艺应用开发和实验示范，通过配套技术的综合集成，形成方便推广的成套技术方案，使新品种在生产实践中实现最佳生产性能。以推广与品种相配套的综合集成技术方案为主要方向，重构农业技术推广体系，将原有良种站、植保站、土肥站、农机站等整合为农业综合技术服务中心，与种业企业紧密合作，推广良种良法、农机农艺相结合的综合集成技术。

围绕我国农业现代化需要解决的实际问题，以种业创新为牵引带动农业科技的全面现代化。机械化是农业现代化的典型标志和必然趋势，机械化水平的提升不仅需要适宜农机的创新、耕地"宜机化"整治，而且需要既具有良好生产性能又适宜机械化耕种收的品种，应加大宜机专用品种的选育，以品种创新带动农业机械化水平提升。挖掘盐碱地潜力是我国开发后备耕地的重要途径，盐碱地开发利用不仅需要工程、农艺措施推进盐碱地治理，更需要选育耐盐碱品种适应盐碱地生产，应加快培育适合盐碱地栽培的品种，以品种创新带动盐碱地综合开发利用。针对农业温室气体减排的新要求，应加强低排放品种的选育及相关配套技术协同攻关，并通过品种改良减少农药化肥施用量，以品种创新带动农业低碳绿色发展。

执笔人：程郁　伍振军

专题报告六

# 将小农户纳入农业经营体系现代化的政策框架

从国家战略角度重视我国小农户问题，是近几年党中央明确提出的。中央高度重视我国小农户在农村农业发展中的重要地位，提出了一系列重要指导方针与战略政策，开创了将我国小农户引导纳入农业现代化体系的战略政策框架，具有全局性、前瞻性，是深入研究当前及今后我国小农户问题及完善引导扶持政策的关键政策依据。相应地，相关部门也就此发布政策性指导文件，提出有关操作性政策措施。由于我国小农户问题及所处时代环境复杂，需要不断探索，逐步准确分析把握其特点，制定相应的有效政策。

## 一、政策背景

2019 年以来，中央及国家主管部门的主要政策性文件有以下三个。

**1.《关于促进小农户和现代农业发展有机衔接的意见》**

这是第一个关于引导我国小农户纳入农业现代化体系的里程碑式文件。该文件概括了现阶段我国小农户的主要特点、重要性和对其指导方针。文件指出："我国人多地少，各地农业资源禀赋条件差异很大，很多丘陵山区地块零散，不是短时间内能全面实行规模化经营，也不是所有地方都能实现集中连片规模经营。当前和今后很长一个时期，小农户家庭经营将是我国农业的主要经营方式。因此，必须正确处理好发展适度规模经营和扶持小农户的关系。既要把准发展适度规模经营是农业现代化必由之路的前进方向，发挥其在现代农业建设中的引领作用，也要认清小农户家庭经营很长一段时间内是我国农业基本经营形态的国情农情，在鼓励发展多种形式适度规模经营的同时，完善针对小农户的扶持政策，加强面向小农户的社会化服务，把小农户引入现代农业发展轨道。"

该文件指出促进小农户和现代农业发展有机衔接的重大意义：促进小农户和现代农业发展有机衔接是巩固完善农村基本经营制度的重大举措；促进小农户和现代农业发展有机衔接是推进中国特色农业现代化的必然选择；促进小农户和现代农业发展有机衔接是实施乡村振兴战略的客观要求；促进小农户和现代农业发展有机衔接是巩固党的执政基础的现实需要。该文件提出促进小农户和现代农业发展有机衔接的总体指导思想：以习近平新时代中国特色社会主义思想为指导，全面贯彻党的十九大和十九届二中、三中全会精神，坚持小农户家庭经营为基础与多种形式适度规模经营为引领相协调，坚持农业生产经营规模宜大则大、宜小则小，充分发挥小农户在乡村振兴中的作用，按照服务小农户、提高小农户、富裕小农户的要求，加快构建扶持小农户发展的政策体系，加强农业社会化服务，提高小农户生产经营能力，提升小农户组织化程度，改善小农户生产设施条件，拓宽小农户增收空间，维护小农户合法权益，促进传统小农户向现代小农户转变，让小农户共享改革发展成果，实现小农户与现代农业发展有机衔接，加快推进农业农村现代化。

该文件提出了促进小农户和现代农业发展有机衔接的基本原则。（1）政府扶持、市场引导。充分发挥市场配置资源的决定性作用，更好发挥政府作用。引导小农户土地经营权有序流转，提高小农户经营效率。注重惠农政策的公平性和普惠性，防止人为垒大户、排挤小农户。（2）统筹推进、协调发展。统筹兼顾培育新型农业经营主体和扶持小农户，发挥新型农业经营主体对小农户的带动作用，健全新型农业经营主体与小农户的利益联结机制，实现小农户家庭经营与合作经营、集体经营、企业经营等经营形式共同发展。（3）因地制宜、分类施策。充分考虑各地资源禀赋、经济社会发展和农林牧渔产业差异，顺应小农户分化趋势，鼓励积极探索不同类型小农户发展的路径。不搞一刀切，不搞强迫命令，保持足够历史耐心，确保我国农业现代化进程走得稳、走得顺、走得好。（4）尊重意愿、保护权益。保护小农户生产经营自主权，落实小农户土地承包权、宅基地使用权、集体收益分配权，激发小农户生产经营的积极性、主动性、创造性，使小农户成为发展现代农业的积极参与者和直接受益者。

该文件提出了促进小农户和现代农业发展有机衔接的主要操作方面。一是提升小农户发展能力。启动家庭农场培育计划，鼓励有长期稳定务农意愿的小农户稳步扩大规模，培育一批规模适度、生产集约、管理先进、效益明显的农户家庭农场；实施小农户能力提升工程，帮助小农户发展成为新型职业农民；加强小农户科技装备应用；改善小农户生产基础设施。二是提高小农户组织化程度。引导小农户开展合作与联合；创新合作社组织小农户机制；发挥龙头企业对小农户带动作用。三是拓展小农户增收空间。支持小农户发展特色优质农产品；带动小农户发展新产业新业态；鼓励小农户创业就业。四是健全面向小农户的社会化服务体系。发展农业生产性服务业；加快推进农业生产托管服务；推进面向小农户产销服务；实施"互联网＋小农户"计划；提升小城镇服务小农户功能。五是完善小农户扶持政策。稳定完善小农户土地政策，保持土地承包关系稳定并长久不变，衔接落实好第二轮土地承包到期后再延长三十年的政策；强化小农户支持政策，对新型农业经营主体的评优创先、政策扶持、项目倾斜等，要与带动小农生产挂钩，把带动小农户数量和成效作为重要依据；健全针对小农户补贴机制，稳定现有对小农生产的普惠性补贴政策，创新补贴形式，提高补贴效率；提升金融服务小农户水平，探索完善无抵押、无担保的小农户小额信用贷款政策；拓宽小农户农业保险覆盖面，加大针对小农户农业保险保费补贴力度。

**2.《关于全面推进乡村振兴加快农业农村现代化的意见》**

该文件为 2021 年中央一号文件。该文件在"推进现代农业经营体系建设"一节中指出："突出抓好家庭农场和农民合作社两类经营主体，鼓励发展多种形式适度规模经营。实施家庭农场培育计划，把农业规模经营户培育成有活力的家庭农场。推进农民合作社质量提升，加大对运行规范的农民合作社扶持力度。发展壮大农业专业化社会化服务组织，将先进适用的品种、投入品、技术、装备导入小农户。"

**3.《新型农业经营主体和服务主体高质量发展规划（2020—2022 年）》**

该规划由农业农村部制定。该规划指出："坚持增强新型农业经营主体和服务主体对小农户的引领、带动和服务能力。立足大国小农和小农户长期存在的基本国情农情，正确处理扶持小农户发展和促进各类新型农业经营主体和服务主体发展的关系，实现新型农业经营主体和服务主体高质量发展与小农户能力持续提升相协调。坚持因地制宜，不搞一刀切。围绕解决全局性、普遍性的短板和问题，统筹设计和推进相关扶持政策，又要因地施策，充分认识各地经济社会发展水平、资源禀赋和生产经营传统方面的差异，务求实效，不搞一刀切，不搞强迫命令。"

上述重要文件，就我国小农户的主要特点、重要性、发展问题等方面提出了比较全面的认识框架，提出了多方面的引导扶持政策，对引导我国小农户纳入农业现代化体系具有十分重要的战略引导作用。但也要看到，我国小农户面临的问题十分复杂，特别是在工业化、市场化、城镇化、信息化快速推进，农业在国民经济中的份额下降到 10% 以内的背景下，特别是小农户收入从农业经营中获得的比重越来越小，小农户农业经营发展空间逐渐收窄，非农就业已成为众多小农户收入的主要来源，农村青壮年劳动力大量外出就业，农村人口老龄化问题日趋严重等，问题十分紧迫，需要采取更富有针对性的引导扶持政策。

# 二、目前我国小农户的主要特点

我国小农户是指因我国人多地少等资源禀赋条件而产生的以家庭为经营单位、集生产与消费于一体的农业微观主体，即农村集体土地承包经营农户。我国小农户情况十分复杂，目前其主要具有如下特点。

## （一）超小规模经营

根据第三次全国农业普查数据，我国现有农户 2.3 亿户，户均经营规模为 7.8 亩，经营耕地 10 亩以下的农户有 2.1 亿户，总体上呈现超小规模经营格局。在我国相当一部分地区，"人均不过一亩三分地，户均不过十亩田"为常态。

根据全国第三次农业普查数据，按农业经营户播种面积比重分类，小麦类 2 亩以下占 25.29%，2~5 亩占 40.96%，6~10 亩占 25.02%，11~50 亩占 8.4%，50 亩以上占 0.32%，也就是说，5 亩及以下占 66.25%，10 亩及以下占 91.27%；玉米类 2 亩以下占 32.52%，2~5 亩占 36.02%，6~10 亩占 19.51%，11~50 亩占 10.76%，50 亩以上占 1.19%，也就是说，5 亩及以下占 68.54%，10 亩及以下占 88.05%（见表 15、表 16）。

表15　　　　　　　　　　小麦播种面积农业经营户分类构成　　　　　　　　　　单位：%

| 区域＼亩数 | 2亩以下 | 2~5亩 | 6~10亩 | 11~50亩 | 51~100亩 | 100亩以上 |
|---|---|---|---|---|---|---|
| 全国 | 25.29 | 40.96 | 25.02 | 8.40 | 0.19 | 0.13 |
| 东部地区 | 24.16 | 44.10 | 24.91 | 6.55 | 0.14 | 0.14 |
| 中部地区 | 18.14 | 39.81 | 30.45 | 11.35 | 0.16 | 0.10 |
| 西部地区 | 39.66 | 37.39 | 15.89 | 6.56 | 0.32 | 0.17 |
| 东北地区 | 10.78 | 15.31 | 10.52 | 32.13 | 14.17 | 17.09 |

资料来源：第三次全国农业普查数据。

表16　　　　　　　　　　玉米播种面积农业经营户分类构成　　　　　　　　　　单位：%

| 区域＼亩数 | 2亩以下 | 2~5亩 | 6~10亩 | 11~50亩 | 51~100亩 | 100亩以上 |
|---|---|---|---|---|---|---|
| 全国 | 32.52 | 36.02 | 19.51 | 10.76 | 0.87 | 0.32 |
| 东部地区 | 32.39 | 39.74 | 21.79 | 5.95 | 0.08 | 0.06 |
| 中部地区 | 32.42 | 37.93 | 22.25 | 7.27 | 0.10 | 0.04 |
| 西部地区 | 38.30 | 36.14 | 15.40 | 9.22 | 0.71 | 0.23 |
| 东北地区 | 7.82 | 16.33 | 20.59 | 45.87 | 6.80 | 2.59 |

资料来源：第三次全国农业普查数据。

## （二）小而重要

根据第三次全国农业普查数据，我国有 2.3 亿农户，其中规模经营农户只有 398 万户，种植 100 亩以上的有 100 多万户，规模经营农户所占比例很小；小农户数量占全部农户的 98.3%，小农户从业人员占农业从业人员的 90%，小农户经营耕地面积占总耕地面积的 70% 以上。

## （三）区域差距明显

我国幅员辽阔、地形复杂，人口规模区域差距很大，人地配置比例悬殊。在户均农地经营面积方面，黑龙江、吉林、内蒙古、宁夏、新疆户均经营规模较大，其他省份户均经营面积则在 10 亩以下。在户均耕地面积方面，江苏为 3.8 亩，广东为 2.6 亩，浙江为 1.3 亩。在西南地区丘陵地带，户均经营规模更小，地块细小零散。四川省许多农户地块数量在十块以上，平均每块地只有 0.4~0.5 亩，俗称的"巴掌田""鸡窝田"颇为普遍。

根据第三次全国农业普查数据，农户户均主要粮食播种面积比重区域差距较为明显。户均小麦播种面积 2 亩以下的比重，东部、中部、西部地区分别约为 24%、18%、40%，东北地区接近 11%；户均小麦播种面积 2~5 亩的比重，东部、中部、西部地区为 40% 左右，东北地区约为 15%；户均小麦播种面积 6~10 亩的比重，东部、中部地区分别约为 25%、30%，西部地区约为 16%，东北地区约为 11%；户均小麦播种面积 11~50 亩的比重，东部、西部地区均约为 7%，中部地区约为 11%，东北地区约为 32%；户均小麦播种面积 50 亩以上的比重，东部、中部、西部地区均在 0.5% 以下，东北地区约为 31%。

户均玉米播种面积 2 亩以下的比重，东部地区约为 32%，中部、西部地区分别约为 32%、38%，东北地区接近 8%；户均玉米播种面积 2~5 亩的比重，东部、中部、西部地区为 36%~40%，东北地区约为 16%；户均玉米播种面积 6~10 亩的比重，东部、中部、东北地区均为 20% 左右，西部地区约为 15%；户均玉米播种面积 11~50 亩的比重，东部、中部、西部地区为 6%~10%，东北地区约为 46%；户均玉米播种面积 50 亩以上的比重，东部、中部、西部地区均在 1% 以下，东北地区不足 10%（见表 1、表 2）。

## （四）农业机械化水平较高

全国普通农业经营户主要农作物机耕面积比例，稻谷为 77.3%，小麦为 93.8%，玉米为 69.3%；主要农作物机播面积比例，稻谷为 13%，小麦为 81.1%，玉米为 64.5%；主要农作物机收面积比例，稻谷为 73.1%，小麦为 90.9%，玉米为 54.8%。从品种比较看，小麦的农业机械化水平排名第一，其机耕、机收面积在90%以上，机播面积在80%以上；玉米机耕、机收、机播面积为55%~69%；稻谷机耕、机收面积在70%以上，机播面积为13%。从区域看，东北地区农业机械化水平排名第一，机播面积均在70%以上，机耕、机收面积多在80%以上，其中小麦机械化程度最高，机耕、机播、机收面积为94%~97%；东部、中部地区机耕、机播、机收面积比例大体相当，但稻谷机播面积比例相对较小，分别约为22%、7%；西部地区农业机械化水平排名第三，机耕面积占比为55%~77%，机播稻谷面积约为4%，机播小麦和玉米面积为37%~70%，机收面积为25%~61%。总体上看，目前我国普通农业经营户主要粮食作物农业机械化水平已经取得根本性进展，这说明带动小农户进入农业现代化轨道是可行的（见表17、表18、表19）。

**表17　　　　　普通农业经营户主要农作物机耕面积比例　　　　单位：%**

| 区域 \ 类别 | 稻谷 | 小麦 | 玉米 |
|---|---|---|---|
| 全国 | 77.3 | 93.8 | 69.3 |
| 东部地区 | 80.0 | 97.5 | 59.1 |
| 中部地区 | 85.5 | 97.6 | 78.8 |
| 西部地区 | 64.2 | 76.9 | 55.2 |
| 东北地区 | 94.2 | 97.3 | 87.1 |

资料来源：第三次全国农业普查数据。

**表18　　　　　普通农业经营户主要农作物机播面积比例　　　　单位：%**

| 区域 \ 类别 | 稻谷 | 小麦 | 玉米 |
|---|---|---|---|
| 全国 | 13.0 | 81.1 | 64.5 |
| 东部地区 | 22.2 | 90.2 | 84.7 |
| 中部地区 | 6.8 | 82.1 | 77.9 |
| 西部地区 | 3.6 | 69.9 | 36.5 |
| 东北地区 | 74.4 | 97.0 | 70.9 |

资料来源：第三次全国农业普查数据。

表19 普通农业经营户主要农作物机收面积比例 单位：%

| 区域＼类别 | 稻谷 | 小麦 | 玉米 |
|---|---|---|---|
| 全国 | 73.1 | 90.9 | 54.8 |
| 东部地区 | 77.6 | 98.1 | 76.6 |
| 中部地区 | 64.6 | 97.1 | 67.4 |
| 西部地区 | 43.7 | 60.6 | 25.3 |
| 东北地区 | 84.7 | 94.2 | 62.5 |

资料来源：第三次全国农业普查数据。

### （五）土地规模经营比较缓慢

第一，从不同经营规模农户占比变化趋势看，2009—2017 年，小于 10 亩的由 84.02% 上升到 85.43%，其间略有波动；10~30 亩的由 12.2% 下降到 10.41%；30~50 亩的由 2.57% 上升到 2.67%，基本保持稳中有升；50~100 亩的由 0.84% 上升到 0.99%，基本保持稳中有升；100~200 亩的由 0.27% 上升到 0.35%；200 亩以上的由 0.1% 上升到 0.15%。这表明，土地小规模流转经营在土地流转与规模经营中占主导地位，如果按此速度，我国实现土地经营规模化将是十分漫长的过程（见表 20）。

表20 不同经营规模农户占比变化趋势（2009—2017年） 单位：%

| 类别＼年份 | 小于10亩 | 10~30亩（含10亩） | 30~50亩（含30亩） | 50~100亩（含50亩） | 100~200亩（含100亩） | 200亩以上（含200亩） |
|---|---|---|---|---|---|---|
| 2009 | 84.02 | 12.20 | 2.57 | 0.84 | 0.27 | 0.10 |
| 2010 | 85.79 | 10.83 | 2.33 | 0.77 | 0.19 | 0.09 |
| 2011 | 85.94 | 10.69 | 2.32 | 0.75 | 0.20 | 0.10 |
| 2012 | 86.11 | 10.48 | 2.31 | 0.78 | 0.22 | 0.10 |
| 2013 | 85.96 | 10.28 | 2.55 | 0.86 | 0.24 | 0.11 |
| 2014 | 85.93 | 10.18 | 2.60 | 0.89 | 0.28 | 0.12 |
| 2015 | 85.74 | 10.32 | 2.60 | 0.90 | 0.31 | 0.13 |
| 2016 | 85.51 | 10.48 | 2.61 | 0.94 | 0.33 | 0.13 |
| 2017 | 85.43 | 10.41 | 2.67 | 0.99 | 0.35 | 0.15 |

资料来源：农业农村部《农村经营管理情况统计总报告》（2009—2017年），转引自杜志雄《农业规模化经营的现状、问题和政策选择》。

第二，从承包地流入不同主体面积占比变化趋势看，2009—2017年，流入农户类占主导，但在逐步下降，由71.71%下降到57.62%；流入农民专业合作社类居第二位，由9.21%逐步增加到22.66%，呈现增加趋势；流入企业类由9.21%增加到9.76%，其间略有波动，处于缓慢增加状态；流入其他主体类基本稳定在10%左右。此种状况表明，承包地流入多种经营主体是必然常态，其中占承包户的主要选择是流入农户和流入农民专业合作社，二者合计比例一直占80%以上，表明其很有可能是未来发展趋势（见表21）。

**表21　承包地流入不同主体面积占比变化趋势（2009—2017年）** 单位：%

| 年份 \ 类别 | 流入农户 | 流入农民专业合作社 | 流入企业 | 流入其他主体 |
|---|---|---|---|---|
| 2009 | 71.71 | 9.21 | 9.21 | 9.87 |
| 2010 | 68.98 | 11.76 | 8.02 | 11.23 |
| 2011 | 67.98 | 13.60 | 8.33 | 10.09 |
| 2012 | 64.75 | 15.83 | 9.35 | 10.07 |
| 2013 | 59.41 | 20.00 | 10.59 | 10.00 |
| 2014 | 58.31 | 21.84 | 9.68 | 10.17 |
| 2015 | 58.46 | 21.70 | 9.40 | 10.07 |
| 2016 | 58.46 | 21.71 | 9.60 | 10.23 |
| 2017 | 57.62 | 22.66 | 9.76 | 9.96 |

资料来源：农业农村部《农村经营管理情况统计总报告》（2009—2017年），转引自杜志雄《农业规模化经营的现状、问题和政策选择》。

第三，从不同土地流转方式面积占比变化趋势看，2002—2017年，出租（转包）由66.66%增加到80.86%，呈现明显上升趋势；转让由12.41%下降到2.73%，呈现明显减少趋势；互换由5.74%增加到5.86%，其间小有波动，呈现基本平稳趋势；股份合作由5.19%增加到5.86%，呈现缓慢增加趋势；其他形式由10%下降到4.69%，呈现逐步下降趋势（见表22）。

表22　　不同土地流转方式面积占比变化趋势（2002—2017年）　　单位：%

| 类别<br>年份 | 出租<br>（转包） | 转让 | 互换 | 股份合作 | 其他形式 |
|---|---|---|---|---|---|
| 2002 | 66.66 | 12.41 | 5.74 | 5.19 | 10.00 |
| 2003 | 70.15 | 12.50 | 6.61 | 3.57 | 7.14 |
| 2004 | 72.42 | 10.34 | 5.17 | 5.17 | 6.90 |
| 2005 | 70.91 | 10.91 | 5.45 | 5.45 | 7.27 |
| 2006 | 75.00 | 8.93 | 5.36 | 5.36 | 5.36 |
| 2007 | 79.69 | 7.81 | 4.69 | 3.13 | 4.69 |
| 2008 | 80.74 | 6.42 | 4.59 | 4.59 | 3.67 |
| 2009 | 78.29 | 4.61 | 4.61 | 5.26 | 7.24 |
| 2010 | 78.07 | 4.81 | 5.35 | 5.88 | 5.88 |
| 2011 | 78.07 | 4.39 | 6.58 | 5.70 | 5.26 |
| 2012 | 78.42 | 3.96 | 6.47 | 5.76 | 5.40 |
| 2013 | 77.65 | 3.82 | 6.47 | 7.35 | 4.71 |
| 2014 | 79.90 | 2.98 | 5.71 | 6.70 | 4.71 |
| 2015 | 81.43 | 2.68 | 5.37 | 6.04 | 4.47 |
| 2016 | 82.25 | 2.71 | 5.43 | 5.22 | 4.38 |
| 2017 | 80.86 | 2.73 | 5.86 | 5.86 | 4.69 |

资料来源：农业农村部《农村经营管理情况统计总报告》（2009—2017年），转引自杜志雄《农业规模化经营的现状、问题和政策选择》。

## （六）受教育与培训明显不足

根据第三次全国农业普查数据，我国农业经营户的受教育程度不高，初中及以下的占90%以上。分类来看，全国普通农业经营户小学及以下文化程度的占43.4%，初中的占48.4%，高中的占7.1%，大专及以上的占1.2%，各区域比重情况基本相同。规模农业经营户受教育程度也不容乐观，初中及以下的占89.6%，高中（或中专）及以上占10.4%，各区域情况基本相同（见表23、表24）。

表23    各地区普通农业经营户受教育程度比重构成    单位：%

| 区域＼类别 | 未上学 | 小学 | 初中 | 高中或中专 | 大专及以上 |
|---|---|---|---|---|---|
| 全国 | 6.4 | 37.0 | 48.4 | 7.1 | 1.2 |
| 东部地区 | 5.3 | 32.5 | 52.5 | 8.5 | 1.2 |
| 中部地区 | 5.7 | 32.7 | 52.6 | 7.9 | 1.1 |
| 西部地区 | 8.7 | 44.7 | 39.9 | 5.4 | 1.2 |
| 东北地区 | 1.9 | 36.1 | 55.0 | 5.6 | 1.4 |

资料来源：第三次全国农业普查数据。

表24    各地区规模农业经营户受教育程度比重构成    单位：%

| 区域＼类别 | 未上学 | 小学 | 初中 | 高中或中专 | 大专及以上 |
|---|---|---|---|---|---|
| 全国 | 3.6 | 30.6 | 55.4 | 8.9 | 1.5 |
| 东部地区 | 3.4 | 28.8 | 56.5 | 9.9 | 1.3 |
| 中部地区 | 3.7 | 26.9 | 56.8 | 11.2 | 1.4 |
| 西部地区 | 5.2 | 35.7 | 48.6 | 8.4 | 2.1 |
| 东北地区 | 10.0 | 28.6 | 64.3 | 5.2 | 0.9 |

资料来源：第三次全国农业普查数据。

农业经营户受到的农业专业技术培训明显不足，受过培训的占11%，未受过培训的占89%，各区域的情况大体相似。可见，需要加大农户教育与培训工作的力度（见表25）。

表25    各地区是否受过农业专业技术培训农业经营户构成    单位：%

| 区域＼类别 | 受过培训 | 未受过培训 |
|---|---|---|
| 全国 | 11.0 | 89.0 |
| 东部地区 | 7.9 | 92.1 |
| 中部地区 | 7.8 | 92.2 |
| 西部地区 | 16.7 | 83.3 |
| 东北地区 | 10.0 | 90.0 |

资料来源：第三次全国农业普查数据。

### （七）组织化程度不高

根据第三次全国农业普查结果，2016 年全国有农民合作社 90.5 万个，其中，经农业、林业等部门认定的示范社有 10.5 万个。可以判断，今后还需要大力加强农民合作社建设，为大多数农户提供有效服务。

农户参加的农业新型经营组织或形式，主要有农民合作社、"公司 + 农户"、专业协会、土地托管及其他，其中以农民合作社比重最高（见表 26）。

表26　　　　　　　　农户参加农业新型经营组织或形式比重　　　　　　　单位：%

| 区域　　　类别 | 公司+农户 | 农民合作社 | 专业协会 | 土地托管 | 其他 |
|---|---|---|---|---|---|
| 全国 | 1.0 | 4.5 | 0.3 | 0.8 | 2.2 |
| 东部地区 | 0.6 | 5.6 | 0.1 | 0.8 | 2.0 |
| 中部地区 | 0.6 | 3.3 | 0.5 | 1.1 | 2.4 |
| 西部地区 | 2.0 | 4.7 | 0.3 | 0.5 | 2.5 |
| 东北地区 | 0.2 | 2.5 | 0.1 | 0.3 | 1.4 |

资料来源：第三次全国农业普查数据。

# 三、我国小农户还将长期存在的主要原因

## （一）农村人口老龄化严重弱化农业产业支柱

2015 年，我国 60 岁及以上农村老年人占农村人口的 17.6%；2020 年，农村人口老龄化率达到 23.81%。据中国发展研究基金会研究报告，60 岁及以上乡村老龄人口占比，2035 年将达 47.13%，2050 年将达 51.83%。按照 2035 年我国总人口为 14.5 亿、城镇化率为 70%、农村老龄人口占农村总人口 47% 计算，2035 年农村常住人口为 4.35 亿人，乡村 60 岁及以上老龄人口为 2 亿人左右。届时，许多农村地区将会出现老龄人口占主体的景象，成为"银发乡村"。

农业从业人员青壮年人口比重下降，必然弱化农业产业支柱。全国农

业普查数据显示，2006 年末，全国农业从业人员约有 3.5 亿人，51 岁以上的占 32.5%；2016 年末，全国农业从业人员有 3.1 亿人，36~54 岁的占 47.3%，55 岁及以上的占 33.6%。十年间，全国农业从业人员总数减少了 11.4%，55 岁以上的占 1/3。另据《2020 年农民工监测调查报告》的数据，2020 年中国农民工总量为 28560 万人，其中，外出农民工为 16959 万人，本地农民工为 11601 万人；年末在城镇居住的进城农民工为 13101 万人。

### （二）农村农业与非农收入差距过大

2019 年，农村居民可支配收入 16020.7 元，其中，工资性收入 6583.5 元，占 41.1%；包括第一、第二和第三产业的经营净收入为 5762.2 元，占 36.0%；转移净收入为 3297.8 元，占 20.6%；财产净收入为 377.3 元，占 2.4%。在经营净收入中，第一产业（包括农业、林业、牧业、渔业）净收入为 3730.3 元，占总可支配收入的 23.3%，其中农业净收入为 2740 元，占总可支配收入的 17.1%。也就是说，第一产业净收入只占工资性收入的 56.6%，农业净收入则只占工资性收入的 41.6%、转移净收入的 83%。

与农民外出就业收入比较，农业收入差距更大。2020 年，农民工月均收入为 4072 元，年收入为 48864 元。与之相较，2019 年农村第一产业、农业净收入分别只及农民工年收入的 7.63%、5.61%。

### （三）农村人口社会保障程度不高

目前，已经实现了覆盖城乡居民的基本养老保险制度，但全国农村养老金水平普遍偏低。除少数省市外，多数地区农村居民基础养老金标准为 100~200 元。在目前全国城镇人口比重高于乡村人口比重的背景下，根据《2020 年度国家老龄事业发展公报》的数据，2020 年全国农村最低生活保障人数为 3621.5 万人，是全国城市最低生活保障人数 147.6 万人的 24.5

倍，可见农村人口社会保障水平还需要大幅度提高。

### （四）农村集体经济成员退出制度缺失

我国目前还没有建立农村集体经济成员退出制度，这是农民放弃土地承包经营权的重要原因。农村集体经济成员退出制度十分复杂，至少包括农村集体土地、宅基地、集体资产及收益的所有、使用、转让的权益。农民作为村集体经济成员享受的社会保障，类似城镇居民享受的社会保障，没有替代的社会保障，农民不会轻易放弃"集体经济社会保障"。农民一般不会选择单一放弃承包土地权益，而是会将其他全部集体经济成员权益捆绑在一起置换更有利的社会保障，目前农民可以各种方式流转出其承包土地，但绝少放弃，就是证明。从长期看，制定农村集体经济成员退出制度是必然之事，但短期内尚难做到。这将对农村土地规模经营的速度产生重大影响。

### （五）农业政策供给状况

农业政策供给包含内容较多，以目前农业政策金融支持状况为代表，可以从一个侧面反映出农户规模经营的发展难度。据农业农村部全国家庭农场监测数据，2016年，在2998个有效样本中，83%的家庭农场有融资需求，但其中仅有13%的家庭农场的融资需求能较为容易地得到满足；在获得贷款的家庭农场中，66%的融资需求是从农村信用合作社或者亲朋好友处得到满足的，从中国农业银行、中国工商银行、中国银行、中国建设银行、交通银行等大型商业银行获得贷款的比例仅为7%。在1145个粮食类家庭农场有效样本中，82%的粮食类家庭农场表示经常处于资金紧张、困难状态，93%的农场表示土地经营规模难以扩大的重要原因就是资金缺乏、融资难。

根据第三次全国农业普查结果，2016 年，参加农业政策性、商业性保险的普通农户分别为 53%、1.8%，参加农业政策性、商业性保险的规模经营农户分别为 54.8%、5.8%（见表 27、表 28）。这表明，我国农业政策性保险已取得历史性进展，但还需要进一步扩大范围；农业商业性保险得到一定程度的发展，需要采取鼓励政策予以大力推动。

**表27** 　　　　各地区普通农户参加农业保险比重（2016年）　　　　单位：%

| 区域　类别 | 政策性保险 | 商业性保险 |
|---|---|---|
| 全国 | 53 | 1.8 |
| 东部地区 | 55.8 | 1.6 |
| 中部地区 | 56.8 | 1.9 |
| 西部地区 | 47.1 | 1.8 |
| 东北地区 | 49.7 | 1.9 |

资料来源：第三次全国农业普查数据。

**表28** 　　　　各地区规模经营农户参加农业保险比重　　　　单位：%

| 区域　类别 | 政策性保险 | 商业性保险 |
|---|---|---|
| 全国 | 54.8 | 5.8 |
| 东部地区 | 56.7 | 5.8 |
| 中部地区 | 61.5 | 9.0 |
| 西部地区 | 55.8 | 6.3 |
| 东北地区 | 43.5 | 1.8 |

资料来源：第三次全国农业普查数据。

# 四、日本小农户发展状况 [①]

从小农发展到"大农"，是世界农业发展的基本规律。进行集约化经

---

[①] 资料来源：（1）日本农业经营情况主要参考晖峻众三编著的《日本农业150年（1850—2000年）》，胡浩等译，中国农业大学出版社2011年版；（2）农业农村部网站。

营，扩大土地经营规模是其基本条件，而减少农户数量、集中土地经营则是其两大基本途径，是推进农业现代化的基础条件。在农业先进的发达国家，由于其先行推进工业化与市场全球化，城镇化也得以快速推进，农村人口得以快速转入城镇，其农业现代化实现起来比较顺利。

日本作为后起的发达国家，"二战"后在人口较多、农业资源较少的基本条件下，较快实现了农业现代化，即小农现代化。中国农村农业与日本农村农业同属东亚小农社会，在文化背景、资源禀赋、生产条件等方面具有较高的相似性。现代日本小农户的演变情况，对促进中国农业现代化及小农户发展具有重要借鉴作用。

### （一）"二战"后日本农业经营演变的基本脉络

"二战"之后，日本彻底废除了封建领主土地所有制，将自耕农土地所有制以法律形式予以确立，并以国家强制令形式，从 176 万户地主手中赎买了 174 万公顷（2610 万亩）土地，将其廉价出卖给佃农，使佃农转变为自耕农。1952 年，日本政府颁布《农地法》，对自耕农进行保护。1961年，日本政府颁布《农业基本法》，推行农地信托制度，直接促进了部分兼业自耕农脱离农业生产，进入第二、第三产业，便于原农户土地向规模经营的自耕农群体流转。1962 年，为防止土地无序流转，预防细碎化经营，日本政府修改《农业基本法》，对土地赠予税纳税期限进行了限制。《农业基本法》的颁布和修改，在很大程度上推动了日本社会农地流转和农业生产发展。

20 世纪 60 年代末期到 90 年代初期，日本进入了"综合农政"阶段，其主要特征是推动土地经营权流转。主要有以下四项措施。第一，为抑制农地的非农化，1969 年日本政府颁行《农振法》，基本内容就是保护优良农田。第二，为防止土地撂荒，对《农地法》进行了全面修改，推进农地流转。第三，建立农民退休制度，实现城乡一元化基础养老机制。第四，取消农业用地规模和雇工人数的限制，推动农业的集约化生产经营。

从 20 世纪 90 年代初后期开始，日本农业用地进入规模化经营阶段。为推动农用地保护和高效农业，日本 1993 年颁布《农业经营基本强化促进法》；1999 年宣布废除《农业基本法》，颁布《食品、农业、农村基本法》；2000 年修改《农地法》，放宽公司参股农业生产的限制；2003 年颁布《构造改革特别区域法》，通过设立农业特区，基本扫清公司法人参与农业土地流转的障碍。2005 年至今，日本农地制度进入修改完善阶段。日本政府颁布一系列新法令或对原有法令进行修改，如 2005 年颁布《食品、农业与农村基本计划》、2009 年修订《农地法》等，主要内容是进一步放宽企业法人参与农村土地流转的限制。

### （二）"二战"后日本农业经营者变化过程

"二战"之后，在工业化推动下，日本快速完成了农村劳动力转移。第一产业就业比重从 1950 年的 48.7% 下降到 1985 年的 8%，平均每年非农转移 36.5 万名农村劳动力。农村劳动力大量转移，导致农户结构发生转变，传统自耕农逐渐演变为专业农户和兼业农户。按日本的分类标准，专业农户是以农业经营为主的农户；兼业农户又分为两种类型，以农业收入为主要来源的农户为第一类兼业农户，以非农收入为主要来源、兼营农业的农户为第二类兼业农户。

1950 年，日本专业农户、第一类兼业农户和第二类兼业农户数量分别为 308.6 万户、175.3 万户、133.7 万户，占全部农户的比例分别为 50%、28.4%、21.6%；到 2010 年农户总数下降到 163.1 万户，其中三类农户的比重分别为 27.7%、13.7%、58.6%，兼业农户数量是专业农户的 2.6 倍。兼业农户的数量先增后减，1950—1970 年每年增加 7.3 万户，1970 年达到最高的 455.7 万户，此后逐年递减。专业农户总体数量也呈减少之势，变化速度先快后慢，1950—1970 年专业农户年均减少 11.2 万户，1970—2010年年均减少 1.97 万户。

2015 年，日本农户总数约为 125 万户，较 2010 年下降 38 万户，下降幅度约为 23.3%。按照农户经营农场面积不低于 0.3 公顷或农产品年销售额不低于 50 万日元的标准，日本将该部分农户划分为商业性农户，约占农户总数的 60% 以上，这说明日本农业生产演进为以商业性生产为主，以生计性小规模生产为辅。

日本商业性农户也存在多种类型。一是按照家庭成员从事工作类型划分，商业性农户又分为全职农户和兼职农户两类。2010—2015 年，二者数量均呈现下降趋势。2010—2014 年，全职农户数量由 45.1 万户跌至40.6 万户，减少 4.5 万户，减幅约为 10%；2015 年全职农户数量较上年有所上升，但仍低于 2010 年的水平。2010—2015 年兼业农户数量逐年递减，总量由 118 万户降至 88.7 万户，减少约 29.3 万户，减幅为 25%。二是按照家庭收入来源及年务农天数划分，商业性农户又分为经营性农户、半经营性农户和副业农户三类。2010—2015 年，三者数量均有所下降，其中半经营性农户数量降幅最大。2015 年，日本经营性农户数量为 29.4 万户，较 2010 年减少 6.6 万户，降幅约为 18%；半经营性农户数量为 25.7 万户，较 2010 年减少 13.2 万户，降幅约为 34%；副业农户数量为 77.9 万户，较2011 年总体减少约 10.4 万户，降幅约为 12%。

2010 年之后，日本农户户均耕地面积呈现小幅上涨趋势，2015 年商业性农户户均耕地面积约为 2.2 公顷，比 2010 年增加 0.24 公顷，生产规模扩大幅度约为 12%，其中，2015 年经营性农户户均耕地面积约为 5.57公顷（83.55 亩），比 2010 年增加 0.69 公顷，生产规模扩大幅度约为 14%。

### （三）主要经验与启示

#### 1. 注重法律法令在土地制度建设与维护中的作用

日本政府建立了比较完善的系统化土地制度保护法律体系，包括保护耕地特别是优良耕地的法律法令、发展高效农业和土地集约经营的法律法令、促进农村土地多样化利用的法律法令。日本政府注重法律法规的现实适应性，64 年间共颁布或修订 32 项法律法令，平均两年就有一部新法令或修正法颁布，修改间隔较短，使之与经济社会发展相适应。

#### 2. 建立比较完善的农民退休制度

"二战"以后，日本政府颁行《国民年金法》《农民年金制度基金法案》《农民养老金基金法》，建立农民养老退休制度，不仅为农民的晚年生活提供保障，更有利于稳定农业从业人员职业忠诚度，有利于农地流转，便于开展土地集约利用，有利于农业长期稳定与发展。

#### 3. 积极推进土地规模经营

1952 年，日本制定《农地法》，规定了农户拥有土地面积的上限，并对土地的出租和买卖进行严格限制，造成了日本小农经营特点，农村居民收入难以提高。为改变小规模经营及其弊端，1961 年，日本制定《农业基本法》，以扩大农业规模、提高农业劳动者收入和生活水平，使其达到与其他产业劳动者基本均衡的水平为首要政策目标。1962 年、1970 年日本先后两次修改《农地法》，废除土地保有面积上限，撤销地租限制。1975 年日本制定《关于农业振兴区域条件整备问题的法律》，允许农民经过集体协商，根据双方达成协议条件，自由签订或解除 10 年以内短期土地租借合同。1993 年，日本修订《农地法》和《农业经营基本强化促进法》，提出农业从业者认定制度，将符合要求的申请者确定为认定农业从业者，并在土地集中、贷款和固定资产投资方面给予支持，引发一轮农地转让和规模经营高潮。制度改革促进了以土地买卖和土地租借为主要形式的土地流动，为土地规模经营提供了有利条件。

通过一系列鼓励土地集中的政策措施，日本农户户均耕地面积从 1960 年的 1 公顷增加到 1995 年的 1.46 公顷。到 2003 年，日本农户经营耕作面积少于 0.5 公顷的农户占 23.4%，耕作面积为 0.5~2 公顷的农户占 61.6%，耕作面积在 2 公顷以上的农户比重达到 15%。

### 4. 建立农业从业者认定制度

日本为缓解农业劳动力兼业化、老龄化趋势，鼓励农地向"骨干农户"集中，建立农业从业者认定制度。这一制度的建立，一方面使获得认定的农业从业者在土地流转、农业生产机械化中获得政策支持和经济扶持，经济扶持的主要形式是低利融资机制，即由中央、县、市三级财政对在农业生产过程中的融资贷款进行贴息，主要资金形式有农业现代化资金、农业基础强化资金、土地改良资金等；另一方面认定农业从业者在社会保障体系中可以获得财政补贴，农业从业者可以在加入农业退休基金之时，申请财政资金给予 20%~50% 的补贴。推行农业从业者认定制度，提高了农业生产专业化，有利于稳定农业生产者队伍；与之相配套的农民退休制度以及一系列的社会保障机制，为农民解决了后顾之忧，有利于吸引更多的年轻人投身农业生产，有利于农业生产者队伍的年轻化；土地保有合理化制度，有利于土地流转的有序开展，有利于土地的集约利用。

### 5. 发展农业生产联合组织

日本农业的最大特色在于"官民结合"的农业社会化服务体系。政府主导的普及指导体系与农协主导的营农指导体系，为日本农业从生产到销售的各个环节以及农村生活中的各个方面提供农业科技服务，有效地促进了日本农业农村发展。同时，日本政府通过修订法律、改革制度，实施一系列促进农地流转与规模经营等政策措施，推进家庭经营、法人经营和集落营农经营共同发展，构建了一个结构明确、功能互补、动态调整的农业经营体系。

### 6. 推进城镇化与建立农户养老金制度

"二战"之后，日本高速发展的工业化为农业富余劳动力提供了稳定就业机会，大批农村劳动力逐步离开农村进入城市和工商业就业，为日本农业土地规模化经营和实现农业现代化提供了基础性条件。1960—2000 年，日本全国总家庭中农户比例由 29% 下降到 6.6%，劳动人口中的农业人口比重由 30% 下降到 4.5%。2019 年，日本农村人口占全国总人口的 8.3%，其农业人口占全国人口的比重进一步下降。

与中国过去长期的状态相似，"二战"前日本农村处于传统家庭养老阶段，赡养老人以家庭为主，由长子照顾。1959 年，日本首次颁布《国民年金法》，将农民依法强制纳入社会养老保险体系。1971 年，日本实施《农民养老基金法》，作为农民参加国民养老保险的重要补充，与《国民年金法》相辅相成，合力保障农民晚年生活，提高福利水平。其后，日本又多次修改政策，逐步减轻农民缴费负担，增加参加养老保险优惠。农民退休养老金制度的建立，对日本农地机制流转和规模化经营，产生了积极的推动作用。

## 五、将我国小农户纳入农业现代化体系的政策框架

从我国实际与国际经验来看，未来小农户在我国将长期存在。假如到 21 世纪中叶，我国农户减少到 1 亿户，即减少 60% 的农户，按照目前全国农户家庭经营总面积 18 亿亩计算，届时平均每户经营面积为 18 亩，比目前户均经营面积（7.8 亩）增加一倍多，与国际农业发达国家农地经营规模相比，仍然是小规模经营的小农户格局，但大中型规模经营体将大幅

增加，尽管其所占比重仍然较小。可以预见，由于政策、科技、市场等方面的作用进一步增强，我国小农户的生产经营能力、市场开拓能力将大幅提升，小农的经济地位将明显提升。

### （一）发展农业经营主体的政策要具有兼容性

针对我国农业经营主体类型众多、小农户占绝对比重的基本格局，制定相关政策要特别注意兼顾其基本利益。比如，据美国农业部数据，美国家庭农场的类型、经营规模呈多元化状态，大、中、小型并存，大、中型居少数；专业、副业、兼业并存，各占其位。按美国农业部的农场定义，在一年内生产和销售至少 1000 美元的农地经营即为农场，大体相当于我国目前经营 3~5 亩农地。同时，美国家庭农场中有退休型、农业副业型农场，这两类农场占家庭农场总数的 51.4%。其退休型、农业副业型农场实际是休闲、兼业型，其主要特征是不以农业经营为主。日本农业经营中也有类似情况，日本的家庭农场标准是，农户经营农场面积不低于 0.3 公顷（4.5亩）或农产品年销售额不低于 50 万日元，规模也很小。据此，我国小农户经营中的多数也属于小型家庭农场，应在农业政策中占有足够地位。

面对众多小农户，制定我国农业农村政策时要特别注重规范与弹性并重。短期内难以对全部 2 亿多户农户采取精细化政策管理扶持，但可以从一部分农户开始实施，特别是在农产品主产区重点实施，逐步扩大直至全覆盖。比如，从法律上看，目前我国农户家庭承包经营还是自然人经营而不是企业法人经营，许多农户还不懂取得工商经营执照的重要作用及怎样取得，政策上一般是鼓励经营规模较大农户进行工商登记。这种状况，既不利于政府对大量农户进行规范管理，又不利于提高农业经营水平，更不利于农户家庭承包经营发育为家庭农场经营。规范管理与政策弹性并重是一个十分复杂的政策管理要求，需要做到宏观与微观结合、短期与长期结合、局部与整体结合。

### （二）着力提高纯农业经营主体收入水平

我国农业经营的情况复杂，短期内要大幅提高所有涉农经营者收入水平显然不现实，但农业经营收入远低于其他产业经营收入的状况也不能持续，否则对保持农业稳定与实现现代化十分不利。目前，迫切需要有效提高纯农业经营主体收入水平，尤其是在农产品主产区，要使农业成为有吸引力、有奔头的产业。可以考虑以城镇居民收入水平和社会保障福利政策为标准，以提高纯农业经营主体收入为目标，提高农业经营的吸引力，培养长期稳定的农业经营中坚群体。比如，鼓励农业经营达到一定规模标准，并对达到规模经营标准的家庭农场制定"优惠政策包"，涵盖从租地到销售系列化的产业优惠政策，并优惠享受城镇居民的社会保障福利待遇，从产业政策和社会政策两方面提高农业经营者的经济社会地位。要鼓励重要农产品主产区先行试验，积累经验，逐步推开，逐步形成配套完整的制度。

### （三）建立农村集体经济成员权益置换城市居民基本社会保障权益的置换机制

目前，我国综合国力比较雄厚，整体经济基础扎实，财政收入大幅增加，已经有条件逐步实现全国城乡居民基本社会保障水平大体一致，这也是实现建设社会主义现代强国的奋斗目标、实现城乡一体化发展和共同富裕的根本要求。在此背景下，可以考虑建立农村集体经济成员权益置换城市居民基本社会保障权益的置换机制。一方面，在国家层面制定规划设计，提出基本目标、要求、措施，各地根据实际情况分别推进；另一方面，允许有条件的地方先行试验。规划设计要做到规范性与弹性有机结合，要设计一揽子及分步骤置换模式，充分照顾我国复杂的小农户情况。解决好小农户最关心、最重要的社会保障问题，农村土地细碎经营及相关诸多问题必将得到有效解决。

### （四）建立土地承包经营权退出机制

目前农村存在"双重身份双重利益"的情况，即农户的户籍、就业、社会保障等已经全部城镇化，已经成为城市居民，但其仍然是农村集体经济成员，仍然享有农村土地、宅基地、集体财产的全部权益，长期不能自营农地而是转包或委托经营。估计今后这种情况将会越来越多。应当考虑在尊重其农村集体经济成员权益的前提下，鼓励其选择放弃土地承包权。其要点如下：凡属于上述情况者，应按照相关法律法规，对撂荒和未能良好经营、监管的，给予提醒、批评、警告；对多次给予提醒、警告无效的，按照相关法律法规，由村集体代管；对选择放弃土地承包权的，给予适当经济补偿，但可以保留其集体经济成员的其他权益。

### （五）鼓励新型经营主体积极带动小农户进入现代农业轨道

农业龙头企业、家庭农场、专业合作社等具有集约能力的新型农业经营主体，是我国农业现代化的中坚力量、主导力量，要鼓励它们采取多种形式带动小农户进入现代农业轨道，但目前具体鼓励政策不多，还没有形成完整的政策体系。要从三方面采取措施：对新型农业经营主体带动小农户给予经济鼓励；对小农户参加新型农业经营主体经营活动给予经济鼓励；对未带动小农户的新型农业经营主体，要适当减少政策优惠。

### （六）优化政策与服务供给

政策与服务供给内容繁多，目前最主要的包括以下四个方面。一是需要继续强化金融服务，进一步提高农村金融普惠程度、提高农业贷款优惠幅度、提高农业贷款便利程度。二是需要继续加强科技服务，进一步加大农民科技培训力度，鼓励农民积极使用高新科技，鼓励农民积极参加农业文化学历学习。三是需要大力提高农业服务管理水平，对小农户经营要采取针对性政策措施，保持其平稳发展，防止大起大落，防止损害其权益，也确保农产品供给整体稳定。四是鼓励服务组织积极为小农户提供服务，鼓励从农业科研到市场销售各个环节为小农户提供服务。

### （七）塑造村社区农业农村型综合服务组织

长期以来，村集体组织的存在是我国农业农村稳定发展的主要因素，但目前状况并不理想，功能相当弱化。借鉴日本经验，积极塑造村社区农业农村型综合服务组织将是一个重要选择。目前及今后相当长的时期，我国小农户及农村人口仍有4亿多人；因经济发展、行政管理与服务需要，目前村庄正在逐步合并，自然村、行政村都在减少，"大村"逐步增加，合并后村集体的成员及集中居住人口明显增加。这表明，塑造村社区农业农村型综合服务组织既具有基础条件，也存在可以维持经营的需求。村社区农业农村型综合服务组织的主要功能，主要是为村集体成员、村社区居民提供生活服务、农业经营服务等大类服务，适当时还可以代理政府的部分社会服务工作。

目前供销社、信用社、农业服务等经营组织，以及政府相关管理服务部门，大多数只下沉到乡镇，多数村社区处于"自然"状态。建立村社区农业农村型综合服务组织，能够为上述经营组织和政府相关管理服务部门提供连接平台和接口，为小农户提供直接便利服务；同时，也为小农户提供与市场和政府连接的平台和接口，便利其利用大市场和获得政府帮助。塑造村社区农业农村型综合服务组织，对小农户、村集体、经营组织、政府相关管理服务部门都十分有利。

村社区农业农村型综合服务组织，可以现有村集体经济组织、村级农民合作社或协会、农业龙头企业及其他农业服务组织为基础进行组建，但需要村集体作为组织核心，否则很容易成为纯企业。村社区农业农村型综合服务组织开展公益性服务，自身不以营利为目的，而是以服务村集体成员需求为目的，在组织架构、管理模式、经营方式上要借鉴我国传统村集体、合作社及国际合作社的经验，不能成为企业。村社区农业农村型综合服务组织进行公益性服务，政策上如财政补贴、税赋、贷款等要给予最大优惠。

执笔人：肖俊彦

# 以生产生活生态功能统筹推进乡村建设行动

　　乡村是农业生产、农村生活和生态环境交织的空间，生产、生活、生态（"三生"）空间的优化布局是农业现代化与农村现代化一体设计、一并推进的重要载体。实施乡村建设行动是党的十九届五中全会作出的重大部署，是推进农业农村现代化的重要抓手。在实现农业现代化与农村现代化一体设计、一并推进的过程中，要统筹好生产、生活和生态环境，并以此推进乡村建设行动。本专题整理分析了《中国县域统计年鉴》2014—2019年3万多个乡镇的相关数据，并对固定调研联系点山西省吕梁市临县、孝义市进行了跟踪调研，分析了乡村生产生活生态功能及空间发生的转变以及面临的挑战，提出统筹推进乡村建设与优化"三生"空间布局的思路。

## 一、乡村"三生"功能及空间发生的转变

### （一）乡村生活功能总体上相对弱化，生活空间缩小

　　近年来乡村常住人口大幅减少，《中国县域统计年鉴》2014—2019年3万多个乡镇的数据显示，24个省（自治区、直辖市）的乡镇人口均为净流出，共计1亿人左右（见表29）。河南、四川、湖南排在前三位，分别净流出1491.8万人、1308.8万人、774.8万人。但部分发达地区乡村常住

**表29　各省（自治区、直辖市）乡镇数量、村委会数量、乡镇人口、工业企业、企业从业人员变化**

| 省份 | 乡镇数量变化（个） | 省份 | 村委会数量变化（个） | 省份 | 乡镇人口变化（万人） | 省份 | 工业企业变化（个） | 省份 | 企业从业人员变化（万人） |
|---|---|---|---|---|---|---|---|---|---|
| 湖南省 | -699 | 湖南省 | -18458 | 河南省 | -1491.8 | 河南省 | -123874 | 河南省 | -1759.2 |
| 贵州省 | -312 | 山东省 | -17257 | 四川省 | -1308.8 | 浙江省 | -111814 | 四川省 | -1312.1 |
| 山东省 | -296 | 陕西省 | -10134 | 湖南省 | -774.8 | 湖南省 | -53032 | 安徽省 | -1198.3 |
| 浙江省 | -284 | 浙江省 | -7802 | 贵州省 | -772.7 | 湖北省 | -50556 | 湖北省 | -931.1 |
| 贵州省 | -224 | 贵州省 | -4530 | 海南省 | -597.9 | 江西省 | -49799 | 广东省 | -892.0 |
| 湖北省 | -218 | 湖北省 | -3071 | 湖北省 | -563.0 | 上海市 | -29888 | 山东省 | -889.2 |
| 河南省 | -186 | 河南省 | -2737 | 广西 | -555.6 | 广西 | -26911 | 河北省 | -812.6 |
| 四川省 | -159 | 四川省 | -1596 | 安徽省 | -541.5 | 河北省 | -26270 | 湖南省 | -757.4 |
| 辽宁省 | -148 | 山西省 | -1382 | 河北省 | -532.5 | 陕西省 | -23301 | 江西省 | -737.7 |
| 吉林省 | -95 | 江苏省 | -1314 | 重庆市 | -516.4 | 辽宁省 | -16899 | 广西 | -609.4 |
| 重庆市 | -73 | 辽宁省 | -866 | 山东省 | -410.1 | 江苏省 | -16066 | 江苏省 | -572.3 |
| 广东省 | -72 | 安徽省 | -780 | 黑龙江省 | -364.2 | 四川省 | -14918 | 贵州省 | -506.4 |
| 福建省 | -66 | 重庆市 | -680 | 江西省 | -359.8 | 天津市 | -13383 | 浙江省 | -468.0 |
| 安徽省 | -65 | 广东省 | -665 | 福建省 | -278.8 | 黑龙江省 | -10309 | 重庆市 | -446.4 |
| 河北省 | -65 | 河北省 | -639 | 内蒙古 | -275.4 | 吉林省 | -8975 | 福建省 | -404.9 |
| 湖北省 | -59 | 云南省 | -638 | 陕西省 | -255.3 | 山西省 | -8180 | 云南省 | -351.4 |
| 云南省 | -56 | 吉林省 | -584 | 山西省 | -205.6 | 甘肃省 | -7526 | 陕西省 | -330.5 |
| 江西省 | -53 | 福建省 | -510 | 甘肃省 | -162.2 | 安徽省 | -6695 | 黑龙江省 | -317.8 |

续表

| 省份 | 乡镇数量变化（个） | 省份 | 村委会数量变化（个） | 省份 | 乡镇人口变化（万人） | 省份 | 工业企业变化（个） | 省份 | 企业从业人员变化（万人） |
|---|---|---|---|---|---|---|---|---|---|
| 黑龙江省 | -50 | 广西 | -313 | 云南省 | -134.7 | 北京市 | -4373 | 山西省 | -285.4 |
| 内蒙古 | -50 | 天津市 | -230 | 新疆 | -132.2 | 云南省 | -4002 | 辽宁省 | -269.5 |
| 山西省 | -42 | 江西省 | -149 | 吉林省 | -115.7 | 内蒙古 | -2776 | 上海市 | -221.7 |
| 新疆 | -39 | 内蒙古 | -141 | 辽宁省 | -71.8 | 海南省 | -798 | 甘肃省 | -217.2 |
| 广西 | -17 | 北京市 | -89 | 宁夏 | -35.3 | 宁夏 | -744 | 吉林省 | -175.2 |
| 西藏 | -13 | 海南省 | -69 | 青海省 | -23.8 | 西藏 | 160 | 内蒙古 | -149.7 |
| 甘肃省 | -12 | 上海市 | -49 | 西藏 | 8.9 | 青海省 | 259 | 北京市 | -84.1 |
| 天津市 | -8 | 黑龙江省 | -14 | 江苏省 | 29.2 | 新疆 | 1780 | 新疆 | -81.2 |
| 北京市 | -7 | 青海省 | -8 | 天津市 | 52.8 | 贵州省 | 2129 | 海南省 | -48.0 |
| 海南省 | -7 | 宁夏 | 12 | 浙江省 | 141.0 | 重庆市 | 2927 | 青海省 | -42.2 |
| 宁夏 | -6 | 甘肃省 | 52 | 广东省 | 156.2 | 福建省 | 5216 | 宁夏 | -39.0 |
| 青海省 | -2 | 西藏 | 117 | 北京市 | 324.2 | 山东省 | 12569 | 天津市 | -25.8 |
| 上海市 | 0 | 新疆 | 2416 | 上海市 | 654.0 | 广东省 | 61546 | 西藏 | -3.1 |
| 总计净变化 | -3383 | | -72108 | | -9113.6 | | -524503 | | -14938.8 |

注：本表为2014—2019年的指标变化，其中企业从业人员的变化为2014—2018年。因此本文用2018年乡镇乡镇统计年鉴》2018年无户籍人口数，2019年无乡镇辖区常住人口数。因此本文用2018年乡镇辖区常住人口减2019年户籍人口来估算乡村人口流出情况。

资料来源：历年县域统计年鉴、笔者整理。

人口超过户籍人口，上海、北京、广东等 7 个省（自治区、直辖市）的乡镇存在人口净流入情况，共计 1366.3 万人。

由于人口持续外流，很多村庄成为"空心村"，乡村生活功能总体上相对弱化，空间不断缩小，并且向城市及其周边乡镇、村庄聚集。以行政村为例，2014—2019 年，全国行政村数量大幅减少，村委会（行政村）从 56.8 万个减少到 49.6 万个，净减少 7.2 万个，减幅为 12.7%。其中，湖南省近年来开展乡镇区划调整改革，行政村大量合并，减少 18458 个；山东省近年来大规模合村并居，村庄大量合并或消失，减少 17257 个。

上述特征在吕梁山区表现得较为明显。吕梁市临县户籍人口为 68 万，第七次人口普查（简称"七普"）公布其常住人口为 39 万，但实际常住人口小于这一数字，乡村人口大量流向县城、吕梁市区、省城太原。临县白文镇庙坪村有 830 户 2259 人，尽管是当地发展最好的村，其大部分青壮年劳动力仍在外务工、经商，共有 530 户，占 64%，主要在外经营小超市或小旅馆、当建筑工、开出租车等。留在村里的 300 多户农户除经营农业外，就近在本村 4 家从事蘑菇种植、红枣加工、枣芽茶加工的企业务工。而在周边其他缺少企业和产业的村，劳动力外流现象更为普遍，村庄人口的空心化更为严重，比如，白文镇桐村的常住人口仅剩 10% 左右。临县城庄镇距离县城约 10 公里，20 世纪 80 年代有 57 个自然村，20 世纪 90 年代末有 41 个自然村，近年来经过移民搬迁（19 个）、村庄合并后还有 18 个自然村。该镇五和居社区是 5 个偏远山区的自然村移民搬迁安置点，其中李家村搬迁前户籍登记有 38 户，实际只有 13 人。五和居社区在镇政府所在地占地 130 亩，5 个自然村原 230 亩宅基地复垦。

吕梁孝义市经济基础较好，"七普"人口为 47.7 万人，比"六普"增长 1.8%。该市乡村人口生活空间明显向城镇转移，城镇化率达 71%。孝义市阳泉曲镇户籍人口为 1.8 万，常住的只有 4000 多人，约占 22%。有能力有条件的农民基本上在县城买房或租房，各村普遍只剩下一二百人。人口最多的一个村常住人口尚有 400 多人，最少的村只有几十人。该镇魏南庄村有 300 多户籍人口，常住的只有 20 多人；春塔村户籍登记有 126 户 340 多人，常住村里的只有 50 多人，到冬天则更少，只有二三十人。梧桐镇距孝义市区约 5 公里，辖 20 个行政村，总人口 3 万人，原先煤化工企业和村庄互相交错，人居环境差，产业也难以发展壮大。2007 年开始，梧桐镇下大力气推动生活新区和工业园区相分离，企业向园区集中，人口向新区集中，生活空间总体缩小但功能显著提升。梧桐镇生活新区建筑面积约为 150 万平方米，有 7000 户 2.6 万人入住。作为城市建成区新的一部分，梧桐新区道路交通、环境卫生、安全保卫、物业管理等生活功能完善，新区的学校不仅吸纳本镇学生上学，还吸引了周边乡镇的学生，这与其他乡镇生源大量流失的情况形成了鲜明对比。

乡村生活功能弱化、空间缩小的一个显著表现是乡村和乡镇学生流失加剧，许多学校空置。由于父母在外打工经商、乡村学校撤并整合、城乡教育资源不均衡等原因，许多乡村适龄孩子没有在本村就读，而是进城上学。庙坪村小学学生近几年流失严重，几年前尚有 200 多人就读，到 2020 年只剩下 34 名学生，占村里 6~12 周岁适龄儿童总数不到 20%。村小学仅有一二年级，6 名民办教师的待遇不高，平均每人每年工资 3 万多元。据村干部和教师预计，今后学生还会进一步流失。

乡村小学日渐凋敝，乡镇小学也是如此，学生数量连年下降。阳泉曲镇上的阳泉曲小学是一所农村寄宿制小学，2014 年学生最多时有 550 人，2020 年在校学生只有 240 人，减少 56%；2014 年时寄宿学生有 120 人，现在寄宿学生只有 12 人，降幅达 90%；2020 年毕业学生数量为 70 人，招生数量仅为 12 人。这几年，该校学生数量每年减少约 60 人。照此速度推算，4 年后学校将面临无学生可教的困境。阳泉曲小学现有教师 32 名，年龄基本在 50 岁以上，最年轻的一名教师 43 岁，兼职从事后勤工作。教师队伍年龄偏大，家长担心教学质量不高，以致生源流失，并且形成恶性循环。

村庄甚至乡镇的初中、小学、幼儿园生源流失严重，许多过去依靠财政投入、集资、社会捐助建成的学校空置，教室、操场等教学设施大量废弃不用。与之形成鲜明对比的是，县城的教育资源严重供不应求。临县白文庙镇的干部反映，县城里规模为一二百人的幼儿园，往往有 800 多人报名。阳泉曲镇的干部也反映，孝义市城区质量好一些的小学、幼儿园入学入园名额有限，竞争极为激烈。

### （二）乡村工业生产总体减弱，农业生产集中发展

总体上全国乡镇范围内工业企业明显减少、从业人员大幅度下降，少数地区增加。2014—2019 年，在有相应数据的 25421 个乡镇中，工业企业数量从 262.4 万个减少到 210 万个，共减少了 52.4 万个，减幅约 20%。总体来看，全国大多数省份乡镇范围内工业企业数量在减少，其中河南省减少量高达 12.4 万个，其后依次为浙江、湖南等。乡村工业企业数量增加的省份为广东省（6.2 万个）、山东省（1.3 万个）、福建省（5216 个）等。

2014—2018 年，在有相应数据的 25421 个乡镇中，工业企业从业人员从 2.6 亿人减少到 1.1 亿人，净减少 1.5 亿人，减幅高达 57.7%。全国各省份乡镇范围内企业从业人员都在减少，河南省减少量高达 1759.2 万人，其后依次是四川、安徽等。乡镇范围内工业企业从业人员这一惊人减幅，表明我国乡村工业经济整体呈现衰落趋势。

吕梁的山区、半山区占其总面积的 91.8%，耕地面积仅 788 万亩，其中水浇地约 100 万亩，农业生产条件薄弱，装备水平低，靠天吃饭的局面仍未改变。吕梁市依托农业资源禀赋，整体规划农业产业布局，支持农业

产业集中发展，促进乡村生产空间集中。吕梁市建成吕梁山东西两麓300万亩核桃、沿黄河4县160万亩红枣、200万亩优质杂粮、80万亩脱毒马铃薯、1.25亿棒食用菌、33.9万亩基地种植中药材、1亿头（只）畜禽养殖的特色农业产业基地和一批区域特色明显的产业小镇，产业集群式集中发展初见成效。

吕梁市农业结构仍以小农经济为主，土地经营分散，粗放型经营和随大流种植、养殖还占相当大的比重。吕梁市积极支持农业生产托管、家庭农场、合作示范社发展，培育壮大经营主体，推动农业生产集中发展，农业在经营方式与经营空间上正在逐步集中。临县城庄镇刘家村经过移民搬迁后，原本零散细碎的山区耕地被整治成200多亩平坝地，配套灌溉设施，流转给种田能手耕种。

吕梁市畜牧业呈现向山区沟域集中、向养殖大户（企业）集中的趋势。北野园农牧生态发展有限公司投资1500万元，利用荒山沟域土地建设能繁母猪养殖场，具有远离居住区和饮用水源的山区环保优势、气候冷凉和远离其他畜禽的生物安全防疫优势，以及少占平坝优质耕地和用地成本较低优势。城庄镇传统的养鸡、养羊行业也向规模养殖户集中。

吕梁市重点在基地示范、项目建设、贷款贴息、品牌创建、人才引进等15个方面给予农业企业大力支持，扶持农业龙头企业发展，农产品加工业逐步向现代农业园区集中。我们调研的吕梁（孝义）国家农业科技园区已有入园企业38户，打造了具有当地特色与优势的畜禽、核桃、玉米、白酒、小杂粮、药茶六大特色产业链，带动了当地农业产业发展与农民就业。

### （三）乡村生态空间扩张

近年来，随着乡村生活空间的缩小以及国家退耕还林还草、植树造林等政策的支持，乡村生态面积增加，生态空间得到扩张。山西省是拱卫京津冀地区和保障黄河生态安全的重要屏障，生态区位十分重要，生态环境脆弱。根据 2014 年实施的《新一轮退耕还林还草总体方案》以及两次扩大退耕还林还草规模的要求，山西省退耕还林还草规模为 627.6 万亩。"十三五"时期山西省累计造林 2307.35 万亩。根据 2019 年省级森林资源年度清查的数据，山西省森林面积为 5450.93 万亩，森林覆盖率为 23.18%，超过全国平均水平。2020 年底山西省草原综合植被覆盖率达到 73%。调研中所到之处皆绿意盎然，与以往荒芜景象大为不同。

2016 年起，临县抓住山西实施太行山、吕梁山重大生态修复工程的政策机遇，积极拓展当地生态空间，改善生态环境。我们调研的李家湾村原是临县生态扶贫试点示范村，李家湾流域生态修复综合治理工程于 2017 年启动。目前生态修复示范工程完成退耕还林 1400 亩、荒山绿化 2600 亩。

## 二、乡村"三生"功能及空间转变带来的挑战

乡村"三生"功能及空间转变过程中仍面临一些挑战，特别是"三生"不平衡和不协调给农业现代化与农村现代化一体设计、一并推进带来挑战，影响着农业农村现代化进程。

### （一）普通乡村生活空间"空心化"问题同城市周边乡村"实心化"需求并存

多数普通村庄常住人口大幅减少，乡村的生活功能趋于弱化，成为"空心化"村庄。许多在外务工的年轻人习惯了城市生活，难以适应农村住房用水、如厕、取暖等方面的诸多不便，即使过年回乡也选择在县城居住，而村里的住房则被长期空置，如孝义市高阳镇善吉村房屋常年闲置率

达 60%，村庄生活空间"空心化"问题普遍。村庄"空心化"还造成乡村治理成本增加和公共服务设施闲置浪费。为此，吕梁市从 2017 年起因地制宜，推动行政村合并工作，到 2020 年共减少 963 个行政村，500 人以下的行政村数量减少到 80 个，200 人以下的行政村全部取消，1000 人以上的行政村占行政村总数的 60% 以上。合并后的村庄既节约了人员费用成本，又增强了村级治理能力和公共服务能力。

同时，一些城市近郊、产业发达的村庄，吸纳外来人口较多，成为"实心村"，生活空间面临较大压力。孝义市原城郊村留义村已成为城区留义社区，本地户籍人口仅为 278 户 830 人，常住人口 4458 户 15635 人，外来人口数量约是本地村民的 18 倍。孝义市梧桐新区已属于城市建成区，但其小学是根据本镇户籍人口数量配套设计的，当时设计容纳学生 2000 人，但实际接纳学生 3300 人，超出设计容量 65%。这些城市新社区是在原先乡村生活空间的基础上转变而来的，其治理体系、基础设施与公共服务不仅要适应传统的乡村生活方式和本村村民需求，更要对接融入城市、吸纳外来人口流入的需要，其生活空间容量、治理能力和公共服务能力尚难以满足新增常住人口需求。大多数城乡融合型乡村都会面临这样的压力。

### （二）乡村生产空间"空心化"与细碎化并存

当前，在我国不少乡村，乡村产业"空心化"、乡村生产空间"空心化"问题与人口"空心化"、村庄"空心化"问题相伴而生，产业振兴的内生动力不足。临县安业乡前青塘村的粽子产业、城庄镇阳宇会村的香菇产业是当地初具规模、发展较好的特色产业。但多数乡村还是以传统粗放的种植业、林果业为主，鲜有农产品加工等第二、第三产业。根据《中国县域统计年鉴（乡镇卷）》数据，2014—2019 年，全国乡镇工业企业数量减少 20%；2014—2018 年，乡镇工业企业从业人员减少 56.8%。可见乡村产业"空心化"问题比较普遍。

此外，乡村生产空间细碎化制约着生产力的发展。细碎化既有土地物理形态的细碎化，也有经营形态的细碎化。我国类似吕梁山区这样的山区丘陵地区约占陆地面积的2/3，这些山区丘陵高低起伏，地块细碎化问题严重，农业发展受限。农户家庭承包经营土地的细碎化是农业经营的普遍形态，户均不足十亩土地且分散几处经营的情况很常见，有些山区丘陵地区农户承包地甚至有十几块，小农户弃耕导致的撂荒现象也时有发生。根据农业农村部的数据，2020年全国土地经营权流转面积为5.3亿亩，约占家庭承包经营耕地总面积的1/3，流转给家庭农场、合作社、企业等新型农业经营主体的耕地面积仅为家庭承包耕地总面积的15.46%，且流转规模偏小、流转费用偏高、交易成本较高、流转关系不稳定。这样细碎化的农业生产空间使人维持温饱可以，但专业化、规模化水平较低，难以迈向现代农业。

### （三）乡村生态空间的经济价值有待实现

近年来，乡村生态环境明显改善，乡村生态空间拓展，但乡村生态空间的经济价值"空心化"，经济价值尚待体现。20多年来全国累计实施退耕还林还草5亿多亩，相当于新增5亿多亩生态空间面积。第三次全国国土调查数据显示，我国仍有6337.83万亩坡度在25度以上的应退耕还林耕地。需要探索这些生态空间的价值实现途径，兼顾生态效益与经济效益。临县李家湾村退耕还林的生态效果明显，但其经济林、中药材的经济效益还没有体现。临县第二轮退耕还林通过营造枣树、核桃树等经济林，让退耕还林农户可以通过林果产业和林下经济实现收益，并探索通过碳汇交易扩大退耕还林成果的经济价值。

未来的乡村，生态功能地位将更加重要。无论是对农业高品质、多功能的需求，还是对农村生态宜居的需要，都以生态为基础。临县红枣、核桃等优质特色农产品产业，前青塘村等乡村旅游产业，都是依托当地乡村生态功能的优势而发展起来的。今后还应进一步探索如何实现乡村"三生"空间相互融合、和谐共生，提升其综合价值。

## 三、统筹推进乡村建设，优化布局乡村"三生"空间，谋篇布局乡村建设三级体系

立足于农业现代化和农村现代化，需适应乡村"三生"功能及空间转变，应对其带来的挑战，统筹推进乡村建设，优化乡村"三生"布局，谋篇布局乡村建设"县城—乡镇—村庄"三级体系。

### （一）以舒适宜居为目标推进乡村生活功能建设，以城市周边乡村为重点推进城乡融合

改善提升农村人居环境。近年来，随着农民生活方式的改变，农村生活垃圾、生活污水产生量逐年递增，而农村相关处理设施建设严重滞后，导致污染范围在扩大，污染程度在加深，污染危害在加重。应以农村生活垃圾、生活污水处理和村容村貌提升为主要方向，加快提高生活垃圾、生活污水处理率，建设屋外鸟语花香、屋内干净整洁的人居环境美丽化农村。截至 2020 年底，全国农村生活污水治理率只有 25.5%，化肥农药利用率分别为 40.2% 和 40.6%。必须努力解决制约农村生活质量提高的突出问题，因地制宜推进人居环境整治，全面改善提升农村环境。

集约建设和利用公共服务。实施乡村建设行动中应对乡村人口大量外流情况予以充分预判、重点考量。应以人口与产业的演变分化趋势为主要标准，前瞻性分类推进乡村基础设施与公共服务建设。乡村建设不

应"撒胡椒面"，不能过分追求小而全。在人口外流趋势明显的乡村，应科学布局教育、医疗、文化、金融等服务网点，避免其建成之日即是闲置之时，造成土地、资金和人力资源的浪费。在满足群众必需、尊重群众意愿的前提下，适当对利用不充分的行政办公场所、校舍、医疗服务点、文化活动站等公共服务设施进行优化整合，共建共享基础设施，集约利用公共服务。应以健全乡村道路和物流网络、提升乡村信息化数字化水平等为重点，提升乡村公共服务的可得性与便利度。针对今后日益凸显的乡村人口老龄化问题，应积极探索集中养老、互助合作养老、社会捐助养老等方式，加强对生活困难、独居、高龄老人的救助和重点照料，推动新型农村合作医疗下沉、提供贴近老人的服务。

以城市周边乡村为重点推进城乡融合。未来，乡村生活空间受城市的虹吸效应与辐射效应影响会越发明显。距离城市较远的乡村，受城市的虹吸效应影响，其生活功能将继续弱化。离城市较近的乡村，受城市的辐射效应的影响，其综合生活功能将得到增强。城市的水电等基础设施与教育、医疗等公共服务较为发达，并能够以较低成本较为便捷地延伸辐射到周边乡村，增强其生活功能。特别是城市的教育资源对于乡村孩子及其父母具有强烈吸引力，成为决定生活空间的重要因素。城市周边乡村既有田园风光，又能使居住者享受城市的现代生活，其生活空间的舒适性、便利性增加。

因此，应根据乡村生活空间变化趋势超前规划乡村建设，城市周边乡村宜强则强，较远乡村宜弱则弱。应充分考虑乡村人口变化趋势、乡村生活功能变化趋势、距离城市远近、乡村基本生活条件等，因地制宜、长远谋划乡村国土空间规划和实用性村庄规划。乡村长远规划与建设不必整齐划一，对于前景看不准的乡村，不急于求成、不急于规划建设、不搞齐步走，而要放眼2035年基本实现农村现代化、2050年全面建成农村现代化来规划建设乡村的生活空间，增强乡村规划的前瞻性与实用性。

生活空间是城乡融合的着力点。未来乡村生活空间规划与布局应与城市紧密联动，乡村建设应与城乡融合紧密结合。城市周边乡村是当地村民生活居住之地，还可以为市民、较远乡村农民提供生活空间，是城乡生活空间深度融合的主战场。应以城市基础设施与公共服务向周边乡村延伸为主要抓手，以城带乡，着力于城乡融合型乡村的建设，进一步拓展与增强其乡村生活空间。离城较远乡村的生活空间整体上将逐步缩小，应整合利用乡村生活用地资源、房屋资产、公共基础设施等，因势利导、循序渐进对此类乡镇与村庄的生活空间进行合并、集中。当前应保障这些乡村基本的生活功能，但从长远及资金使用效率上看，不宜进行"一刀切"式的生活设施建设与投入，避免今后形成大规模的资产闲置与资源浪费。

### （二）以集约高效为目标推进乡村生产功能建设，增强乡村生产能力，优化乡村生产空间

在我国乡村产业演变分化中，乡村工业企业和从业人员数量大幅减少，居民外流，部分乡村会逐渐发展演变为纯农业区，类似于美国、英国、法国等发达国家的乡村。而一些乡村农业地位大大下降，第二和第三产业聚集发展，人口也在集聚增加，逐步演变为工业服务业发展区。乡村生产空间中，应重点优化种植业、养殖业等农业以及农产品加工业等第二和第三产业的生产空间布局。乡村生产空间的专业化与规模化并非自然而然就能实现的，乡村生产空间的优化需要规划布局、政策引导、资金支持，否则乡村就会出现产业"空心化"问题。

未来，随着乡村人口和农业劳动力的日益减少以及农业生产方式的转变，乡村的农业生产功能将得到增强并呈现专业化、规模化趋势，应进一步强化乡村生产能力。乡村生产空间的发展演变将关系到乡村产业的振

兴。对于那些生活居住功能退化的乡村，应当顺势增强其生产功能，将传统的生活、生产融为一体的乡村转变为以生产为主的乡村，即纯农业类乡村。未来，大部分人口"空心化"的乡村将演变成纯农业乡村。这是乡村生产空间的远景。纯农业乡村的生活居住功能是服务于生产功能的，农民在此居住的目的是生产，其家庭特别是子女的主要生活空间并不在此。

在纯农业区的乡村，应积极应对乡村人口"空心化"、产业"空心化"问题，尽快转变农业生产方式，解决"无人种地""老人农业"甚至土地撂荒问题，发展专业化、规模化农业，增强乡村的农业产业功能，促进农业产业、生产和经营体系现代化。人口"空心化"、村庄"空心化"为农业产业的规模化经营提供了有利条件，应推动农地流转、集中连片、规模经营。应不断优化乡村生产空间，实行大范围、大面积的乡村全域土地综合整治工程，在建设高标准农田的同时，全面提升乡村农用地的生产条件与规模化程度。产业政策要重点支持发展现代种植业、畜牧业、园艺业、水产业，发展比较优势突出、主导产业鲜明、聚集效益明显的农业。优化农业区域结构，按比较优势原则科学划定粮食生产功能区、重要农产品生产保护区、特色农产品优势区。以土地平整、土壤改良、农田水利、机耕道路、农田输配电设备等为重点加强农业基础设施建设。以粮食生产薄弱环节、设施农业、丘陵山区特色农业等为重点提高农业全程全面机械化水平。将养殖业布局在环境承载力大、防疫条件好、远离人口居住区的山区丘陵等乡村地区。

进一步改革农村土地制度与农业经营体制，多数乡村不能再固守小农经济模式，而应发挥集体所有制在土地连片整治、宜机化改造、闲置和撂荒土地利用等方面的组织协调功能，对承包权的权能进行适度调整，积极探索实行长期离乡进城农户土地承包权的转让与退出，增强土地经营权流转的稳定性与长久性，对经营权给予更加充分的保障，稳定租地经营主体预期。着力促进小农户和现代农业有机衔接，发展规模化农业、合作化农业和服务社会化的集约高效农业。持续支持农业专业经营、合作经营、统一经营、土地托管、农业社会化服务等多种经营方式，促进兼业经营、小规模经营向专业化、规模化经营转变，走农业专业化、规模化道路。

农产品加工业应主要布局于集中式、标准化的产业园区。应以县为单位，结合当地农业资源与优势，规划建设基础设施齐全、生产功能完备的农产品加工业园区。应从空间上、政策上统筹利用大量闲置集体建设用地，为农产品加工园区落地提供有利条件。农产品加工业园区可建成为标准化产业发展平台，参考工业标准化厂房，建设农产品加工业标准化厂房，开展土地、税务、人力资源等标准化、专业化服务，为农产品加工业发展提供优良的营商环境。对于那些进不去园区的家庭作坊、小型初级农产品加工厂，应在政策上支持其利用宅基地、农村集体建设用地开展生产，创业致富。

对于地处经济发达地区、产业结构以第二和第三产业为主的乡村，产业政策上应大力支持其拓展产业发展空间和引导要素资源投入。这些地区往往以小企业、家庭工业为主，吸纳了中西部地区农村大量剩余劳动力，在多年的发展中，形成了一村一品、一镇一品的特色产业，逐步完成了乡村产业向现代工业的转变。对于这些乡村，应基于进一步促进人口、资金、技术、信息等生产要素集聚的导向，在空间规划中合理布局产业发展和居住生活空间，扩大产业发展所需的土地要素供给，增强对企业和人口数量增长的承载力。

## （三）以山清水秀为目标推进乡村生态功能建设，使生产、生活空间与生态空间有机融合

乡村生态具备公共产品和农村资源的双重属性。乡村生态既是一种公

共产品，具有一般公共产品的非竞争性和非排他性；同时乡村生态又是一种重要资源，"绿水青山就是金山银山"清楚地表明了乡村生态的资源属性。随着乡村人口外流及乡村生活功能总体弱化，我国乡村生态保护的条件更为有利，乡村的生态空间得到拓展。乡村生活功能越是弱化，其生态功能拓展空间越大。从地理上看，越远离城市的乡村地区，其生态空间拓展范围越大。从地形上看，地势越高的乡村地区，其生态空间拓展的潜力越大。因此，乡村生态空间拓展的重点在远处、在高处，这是生态空间规划的重点，是政策支持与资金利用的方向。

生态是乡村的背景，是乡村生活、生产的底色，是农民描绘美好生活的画板。乡村生态与生活、生产不应是相互对立、彼此冲突的，而应是密切融合、高度统一的。乡村生态保护与建设可提供良好的生活、生产条件，乡村生态空间能够容纳生活居住，也能够承载一定的生产特别是农业生产，提升经济价值。乡村生活与生产也应与生态保护与建设有机结合。乡村生活空间中应有机融入生态要素，乡村人居环境建设应优先考虑生态建设。乡村生产空间应充分保护生态，种植业、畜牧业的发展应以生态承载力为前提，大力发展生态循环农业，充分利用绿色农业技术，让乡村生产空间与生态空间相得益彰。

在发展乡村涉农产业方面，应大力发展现代生态绿色循环农业，大力发展生态旅游、生态养殖等低碳绿色生态产业，积极探索高效生态低碳循环农业模式。要在发展农业产业过程中保护生态，打造乡村生态产业链。

在发展乡村工业方面，应促进乡村产业向绿色、低碳、生态方向发展。应把环境资源承载力作为引入乡村产业的决策依据，把生态环境红线作为乡村产业准入的高压线，严格控制乡村产业水耗、能耗，严格控制排污总量。依法整治已经存在"散乱污"产业，加大对乡村生态的管控力度，遏制乡镇产业"污染下乡"。调整乡镇企业的产业结构，推广新能源和新技术，从源头上控制污染，切实减少乡镇企业污染。

在实现乡村生态价值方面，应健全乡村生态产品价值评价机制，促进自然资源及其产品价格形成。完善乡村生态资源消耗、生态环境损害、生态效益绩效评估政策体系。打造乡村生态产品，实现"绿水青山就是金山银山，冰天雪地也是金山银山"理念。建立完善农村生态资源交易保障机制，制定污染防治、环境保护法律法规，实现用水权、排污权、碳排放权、碳汇等市场交易，以促进乡村生态环境保护，乡村生态修复和改善，实现生态服务功能价值。

### （四）顺应乡村发展趋势，谋篇布局乡村建设"县城—乡镇—村庄"三级体系

相当一部分乡村的人口、工业缩减是不可逆转的大趋势，但这并不意味着不发展乡村，而是应整体加强、分类推进、统筹推进乡村建设。我国乡村建设欠账较多，需要整体加强投资建设，不能单纯因为乡村人口减少而减少乡村建设的投入。应将乡村建设作为新发展阶段满足国内需求的重要着力点、新发展格局中国内大循环的重要落脚点。乡村不断演变分化，又需要分类推进乡村建设，不能不分主次轻重而普遍性地投资建设、"撒胡椒面"。

县城是城乡融合的载体和乡村振兴的龙头，应不断强化县城综合服务能力和经济带动能力。县城既是一县之城，实质上还是县域中乡村之首。我国绝大多数乡村处于以县城为中心的县域范围内，乡村的行政、经济、社会服务、基础设施等都受县城的影响与辐射。县城是大多数农民离开乡村外出务工、经商的首选之地，是农民举家离乡进城生活居住首选之地，是农民工返乡就业创业的首选之地，是"乡村包围城市"的县域内经济发展、基础设施和公共服务最强之地。因此，从很大程度上讲，县城是

城乡融合的主要载体，是以城带乡的主力，是城乡互补的中心；同时，县城还是乡村振兴的龙头、乡村建设的重点。只有县城的综合服务能力、经济带动能力增强了，乡村振兴的"火车头"才能启动，乡村人口进城的就业、子女教育、社会保障等问题才能迎刃而解。如果认为乡村振兴、乡村建设与县城关系不大，甚至将其割裂开来、分而治之，就会贻误战机、顾此失彼、事倍功半。应不断强化县城综合服务能力，使进城农民享受更加均衡、优质的子女教育、医疗、养老、住房保障等基本公共服务。全面放开县城的公办幼儿园、学校对进城农民子女就学的限制。加大财政补贴与个人缴费力度，提高城乡居民医疗保险覆盖面和保障水平。顺应广大农民到县城生活居住的愿望，建设适应进城农民刚性需求的住房，完善县城道路交通网络、垃圾污水处理等配套公共设施。同时，还要强化县城经济带动能力和产业发展能力，发挥县城对乡村产业振兴与农民进城就业的引领作用，将县城打造成乡村产业振兴的排头兵。依据县域内农业农村特色规划乡村产业发展路径，促进各类要素在城乡间充分流动，畅通县域经济循环，以县城产业发展为引擎，助推乡村产业兴旺，延伸农产品加工链价值链，推动第一、第二和第三产业融合发展，带动乡村小微企业发展壮大，充分吸纳农村劳动力就业，更好地实现以工补农、以城带乡、工农互促。

充分发挥乡镇连接城乡的优势，有区别地把有条件的乡镇建设成为服务农民的区域中心。乡镇是乡村的行政中心与服务中心，是城乡的交会点与连接点。然而，许多欠发达地区的乡镇在人口大量外流的情形下，其地位不可避免地下降了。随着城乡进一步融合，以及交通、通信、物流等越来越便捷，县城的"虹吸效应"会越发明显，乡村人口会更多地跨过乡镇而直接进入县城生活工作，不少乡镇的中心地位将不复存在，更多乡镇的学校、市场、住房等空置现象会增多。因此，应该有区别地建设乡镇，不可能也没有必要无区别地把所有的乡镇都建成服务农民的区域中心。对于人口大量流失已不可逆转的乡镇，应以稳定维持为导向，审慎给予乡村建设投入，避免造成浪费。对于有产业集聚与人口集聚功能、有长远发展潜力、各方面条件较好的乡镇，应在乡村建设行动中给予重点支持，将其建成服务农民的区域中心。有条件的乡镇应当抓住实施乡村建设行动这一历史机遇，充分发挥乡镇连接城乡的优势，优化乡镇公共服务资源配置，统筹规划建设中心乡镇、重点乡镇和特色小城镇的基础设施，完善乡镇基本公共服务投入体制机制，创新乡镇公共服务供给方式，不断提高乡镇的基础设施水平与公共服务能力，着重把有条件的乡镇建成服务农民、辐射乡村的区域中心。乡镇在产业上应找准定位，重点发展农产品初加工、农业社会化服务等产业，以及餐饮休闲、养老托幼、物流配送等生活性服务业，发挥其对周边乡村的带动作用与辐射作用。

执笔人：张云华　李青　伍振军　周群力　宁夏

# 以县域统筹推进城乡公共服务均等化

农村公共服务是我国公共服务体系中的薄弱环节和重点领域。由于县域具有农村靶向鲜明、均等条件成熟、政策操作便利等优势，推进县域内基本公共服务均等化成为消除城乡和区域差距、快速提升农村公共服务水平的重要入手点。应当顺应未来15年我国农村公共服务面临的新趋势、新挑战，准确判定未来农村基本公共服务的重点任务，充分发挥县域统筹作用，通过优化细化县城、乡镇、村庄各节点功能定位，推进公共服务资源优化调整、均衡配置、扩散提升，率先实现县域内基本公共服务均等化，为将来更大范围和更高层次的公共服务均等化创造坚实基础。

## 一、县域内基本公共服务均等化是提升农村公共服务水平、消除城乡和区域差距的重要入手点

目前我国城乡在公共服务上仍然存在显著差距，农村地区仍是薄弱环节，迫切需要提升。由于县域是国家公共政策的基础实施单元，从县域入手推进县域内基本公共服务均等化具备便利条件，不仅有利于在短期内取得显著提升效果，而且为将来进一步消除城乡和区域差距、实现全国范围内的基本公共服务均等化打下坚实基础。

## （一）尽管近年来提升显著，农村仍是我国整个公共服务体系中的薄弱环节

21 世纪以来，在全面建成小康社会的过程中，我国农村公共服务水平实现历史性提高，表现在三个方面。一是国家投入力度加大。在相当长的历史时期内，我国农村公共服务的成本，如教育、医疗、养老等方面的费用，主要依靠农民自身和村集体来承担。21 世纪以来，随着我国农村义务教育"两免一补"、城乡居民医疗保险、农村社会保障等制度的深入实施，各级政府投入比例显著增大，承担了主要责任。如农村五保供养明确"在地方人民政府财政预算中安排"，并规定"中央财政对财政困难地区的农村五保供养，在资金上给予适当补助"。二是内容不断拓展。21 世纪以来，农村公共服务的内容越来越丰富，除传统的教育、医疗之外，一些新形式的公共服务从无到有创建起来，如农村文体设施、环境卫生服务、学前教育、农村学生免费午餐等。以农村垃圾治理为例，随着 2018 年国家实施《农村人居环境整治三年行动方案》，全国农村普遍建立起农村垃圾清运体系，截至 2020 年，农村垃圾治理率已提高到 90% 以上。三是公共服务成效显著。我国农村公共服务的不断提升已经取得良好效果，至 2020 年我国九年义务教育巩固率达到 95.2%，文盲率降至 2.67%，农村地区 3~5 岁幼儿入园率超过 70%，农业生产经营人员平均受教育年限超过 7.7 年，2019 年我国农村婴儿死亡率降低到 6.6‰、农村 5 岁以下儿童死亡率降低到 9.4‰、农村孕产妇死亡率降低到 18.6/100000，提前实现联合国千年发展目标，达到中高收入国家水平。

然而，与城市公共服务水平相比，与推进农业农村现代化的中长期目标相比，我国农村公共服务仍然显著薄弱、亟待提升。

从教育看，农村尽管可以保障数量充足供应，但教育质量与城镇存在显著差距。2018 年，全国农村小学专科及以上学历教师比例低于城镇 3.5

个百分点，初中本科及以上学历教师比例低于城镇9.6个百分点。2020年全国仍有约837万名3~5岁幼儿未能入园接受学前教育，几乎全部分布在农村地区。整体教育质量呈现出明显的城市好于县城、县城好于乡镇、乡镇好于村庄的分布趋势。

从医疗卫生看，农村卫生资源可及性和质量明显低于城市。2018年我国投入农村的卫生费用为13920亿元，不足城市的1/3。2019年在每万人口拥有的卫生技术人员数、职业（助理）医师数、注册护士数等几个指标上，农村均不及城市的一半。婴儿死亡率和5岁以下儿童死亡率城乡比值分别高达1：1.94和1：2.29，这显示出农村儿童卫生和发育水平与城市仍存在显著差距。

从社会保障看，农村居民的保障水平仍然偏低。全国农村最低生活保障发放标准不足450元/（人·月），低于城镇居民水平。农村居民参加养老保险、医疗保险的参保险种以城乡居民医疗保险和城乡居民养老保险为主，保障水平相对偏低，以养老保险金来说，大多数省份60岁以上农村居民每月领取养老金水平多在100~200元，难以满足其基本生活所需。

从市政设施和服务来看，农村与城镇的差距更为明显。2020年国务院发展研究中心"中国民生调查"的数据显示，农村受访居民中19.4%没有自来水，较城镇高15.3个百分点；45.2%没有下水道，较城镇高36.6%个百分点；33.7%没有燃气，较城镇高22.3个百分点；27.7%没有宽带网络，较城镇高17.2个百分点；27.3%没有路灯，较城镇高20.4个百分点。此外，由于农村大型文化、体育设施基本缺失，相关公共服务整体处于空白状态。

### （二）提升农村公共服务水平、消除城乡和区域差距，应从县域内公共服务均等化入手

提升农村公共服务需要一个抓手。从现阶段政策实践来看，县域具有农村靶向鲜明、均等条件成熟、政策操作便利的优点，是提升农村公共服务水平、消除城乡和区域差距的有利入手点。从县域入手、率先实现县域内基本公共服务均等化，不仅有助于在短时期内获得显著成效，而且有助于为将来实现更大范围、更高层次的公共服务均等化打下坚实基础。

**1. 县域"姓农"，直接瞄准了农村公共服务这一重点难点**

县域具有鲜明的农村属性。我国在习惯上把"县"和农业农村联系在一起，离开了农业和农村也就不称其为"县"。截至 2020 年底，我国除市辖区和林区以外的县级行政区划共有 1869 个（包含 388 个县级市、1312 个县、117 个自治县、49 个旗、3 个自治旗），约涵盖我国国土面积的 96%，约涵盖户籍人口的 63.9%，几乎涵盖全部的农村人口。强化县域公共服务具有准确的靶向性，可以最大限度地令农村地区获益，避免投入的偏差、外溢，弥补农村公共服务短板，提高整个公共服务体系的公平性。

从县域入手同时具有良好的政策张力。县域公共服务的对象不仅包括传统的农村居民，而且包括相当数量的县域内进城人口，其中以农业转移人口为主。在我国 2020 年 2.85 亿农民工总量中，有 54.6% 在本县域内务工。这部分进城人口极易成为"夹心层"，既无法或不再需要享受原籍村庄提供的公共服务，又被务工地公共服务体系排斥在外。以县域为单位推进公共服务均等化，有助于强化县域内农业转移人口的公共服务，避免机械强调村庄所造成的主体偏差，提高政策的包容性、适应性。

**2. 县域内发展水平相近，推进公共服务均等化的条件相对成熟**

推进公共服务均等化是一项长期艰巨的历史任务。公共服务均等化的终极目标是国土空间内所有居民享受的公共服务水平大体均等，抹平城乡

之间、区域之间的实质性差异。然而，由于我国存在显著的城乡和区域发展差距，这一目标难以一蹴而就。以最低生活保障标准为例，2021年广西壮族自治区城镇居民为平均760元/月、农村居民为平均450元/月，存在显著城乡差别；区域之间差别则更大，如同期北京市城乡并轨后居民最低生活保障标准达到1245元/月，深圳市达到1300元/月，大幅高于广西等不发达省份的水平。其他公共服务的差距情况与此类似。这种情况的背后是我国城乡、区域在经济社会发展水平上存在的巨大差异，进而表现为人均产出、服务需求、供给能力上的巨大差距，在全国范围内同时实现公共服务均等化并不现实。推进公共服务均等化必须分阶段、分步骤完成。

目前推进公共服务均等化条件比较成熟的是县域。县域的地理空间大小比较适中，全域面积通常不超过3000平方公里、跨距不超过100公里，这一空间特征决定了县域内发展水平比较接近。同时，县域内产业的聚集扩散、人口的福利迁移均不存在显著障碍，县域内居民收入相对比较平均，不存在显著差距。推进县域内公共服务均等化具有坚实的经济社会基础，符合公共服务配置的基本规律。假如再提高一个层次，到地级市范围，随着空间跨度的增大、县际发展水平差异加大、要素流动障碍增多，推进公共服务均等化的难度则会成倍增加，甚至缺乏实现条件。假如再降低一个层次，到乡镇范围，则会由于本身差异过小，使推进公共服务均等化显得缺乏必要性。县域是推进基本公共服务均等化的最佳目标层级，也将为未来向更高层级迈进积累经验和创造基础。

**3. 县域是公共政策的基础实施单元，推进公共服务均等化最为便利**

在我国行政体系中，县域是公共政策实施的基础单元，拥有完整统一的财权、事权，可以自由调配域内的人流、物资流、资金流来实现特定的公共政策目标。在公共服务提供中，县级设置有提供各类公共服务齐全的职能部门，可以统筹调配资源、协调各层级的力量，将公共服务均等化的目标落于实处。从县域入手推进公共服务均等化便于操作实施，易于取得实效。

以义务教育为例。由于我国实行"以县为主"的义务教育管理体制，县级政府是推进基本公共教育服务均等化的责任主体，拥有对县域内校际平衡集中统一的事权和财权。在县级政府的协调安排下、在教育部门的具体操作下，可以着力调整人财物校际分配的公平性，对薄弱学校进行倾斜和强化，实现县域内校际平衡目标。在县域内实现基本公共教育服务均等化不仅具有更强的现实可行性，而且这一任务有望在一个较短的时期内率先完成。因此，《国家中长期教育改革和发展规划纲要（2010—2020年）》强调"率先在县（区）域内实现城乡均衡发展，逐步在更大范围内推进"。其他公共服务均等化的推进实施也与义务教育相似。

## 二、面向基本实现现代化，<br>县域公共服务面临的新趋势、新挑战

推进县域公共服务均等化必须立足未来我国县域公共服务的新形势。未来15年，由于影响我国农村公共服务的人口分布、人口结构、需求偏好、支撑条件等即将发生一系列深刻变化，农村公共服务也将面临一系列新趋势、新挑战，推进公共服务县域均等化必须与之相适应。

### （一）随着城镇化程度持续加深和村庄人口持续减少，县域公共服务供求面临新形势

从2000年到2020年，我国城镇化率从36.2%提高到63.9%，年均提

高近 1.4 个百分点。未来 15 年这一趋势仍将持续深化，预计至 2035 年我国城镇化率将会突破 75%。城镇化程度加深意味着未来村庄人口仍将持续减少。村庄人口大量减少将在三个方面对县域公共服务布局产生影响和冲击。

第一，部分公共服务呈现"村庄过剩、县城不足"的局面。县域公共服务的基本特征是基层薄弱，基本方向是县城向乡镇、乡镇向村庄辐射扩散。然而，随着 21 世纪以来我国城镇化持续快速深入发展，农村人口向县城和县外城市大幅度转移，县域公共服务的一些领域已经出现逆转，形成"村庄过剩、县城不足"的局面，突出体现在教育上。张云华和周群力（2021）对山西省孝义市的调查显示，该市阳泉曲镇户籍人口为 1.8 万，常住人口只剩下 4000 多人，约占 22%，各村普遍只剩下一二百人；村小学学生几乎流失殆尽，镇小学学生数量也连年下降，2014 年学生最多时有 550 人，2020 年只剩下 240 人，减少了约 56%，师生比上升到 1∶7.5；照现有减少速度推算，4 年后学校将面临无学生可教的困境。与之形成鲜明对比的是县城教育资源严重不足，城区质量好一些的小学、幼儿园入园名额有限，竞争极为激烈。

第二，部分村庄公共服务成本出现大幅度攀升。县域公共服务的重点在于村庄，村庄公共服务的难点在于成本，而决定村庄公共服务成本的核心要素是人口密度。欧洲一些国家曾提出乡村公共服务设施的人口数量基准，认为配置一所小学的门槛人口大致为 5000 人，一个医生具有规模效益的服务人口至少为 2000 人，一个化学药剂师需要的服务人口门槛为 4000 人。我国传统村庄布局高度分散，在城镇化进程中由于乡村人口下降速度超过村落消亡减少速度，村庄人口规模持续下降，至 2019 年我国平均每个行政村人口下降到 1332 人，平均每个自然村人口下降到 273 人。由于服务人口少、缺乏规模效益，教育、医疗等一些公共服务人均成本高企。未来随着村庄人口规模持续降低，县域公共服务的人均成本将会持续上升，部分村庄公共服务可能陷入进退维谷的窘境。

第三，基层公共服务的提供面临人才匮乏的困境。农村公共服务的提供需要人力，尤其是专业技术人才。然而，随着乡村人口的大量减少，专业技术人才匮乏成为常态。在 20 世纪 60 年代日本城市化高峰期，由于农村公立基层诊所缺乏医师，曾出现大量"无医地带"。在我国城镇化进程中尽管没有出现这样极端的情况，但人才匮乏对县域公共服务尤其是服务质量仍然造成不小的困扰。如河南省某县，由于专业技术人才更偏好进入郑州等大城市生活，县城高中已多年未能引进名牌师范大学的毕业生，教学质量和高考成绩连年下滑，自县城往下到乡镇、村庄，公共服务队伍人才匮乏、素质不足的情况层层加深、每况愈下。

## （二）随着农村人口老龄化加剧，县域公共服务重心将发生转移

老龄化是未来我国人口结构变动的大趋势，而乡村将是进度最快、程度最深的地区。由于年轻人口进城务工、农村生育率下降、预期寿命提高等原因，2010 年后我国乡村人口老龄化呈现加速发展之势，表 30 显示了这一情况。至 2020 年，我国乡村常住人口中 60 岁及以上人口的比重达到 23.8%、65 岁及以上人口的比重达到 17.7%，分别比全国平均水平高 5.1 和 4.2 个百分点。由于影响乡村人口老龄化的因素仍在发挥作用，预计未来数年我国乡村人口老龄化水平仍将持续快速提高。乡村人口结构的这一变动趋势，将对农村公共服务产生三个方面的影响。

表30　　　　　　　2010年以来我国乡村人口老龄化发展情况　　　　　单位：%

| 年份 | 乡村常住人口60岁及以上人口的比重 | 乡村常住人口65岁及以上人口的比重 |
|------|-----------------|-----------------|
| 2010 | 15.0 | 10.1 |
| 2011 | 15.5 | 10.4 |

续表

| 年份 | 乡村常住人口60岁及以上人口的比重 | 乡村常住人口65岁及以上人口的比重 |
|---|---|---|
| 2012 | 16.2 | 10.6 |
| 2013 | 17.1 | 11.2 |
| 2014 | 17.6 | 11.5 |
| 2015 | 18.5 | 12.0 |
| 2016 | 19.4 | 12.8 |
| 2017 | 19.9 | 13.2 |
| 2018 | 20.5 | 13.8 |
| 2019 | 20.9 | 14.7 |
| 2020 | 23.8 | 17.7 |

资料来源：《中国人口和就业统计年鉴》和第七次全国人口普查。

第一，农村养老服务需求显著膨胀。一方面农村老龄人口数量增加，另一方面其子女大量离乡，传统的"养儿防老、子女送终"的家庭养老模式遭到冲击，农村养老服务需求大幅增长。目前，农村老年人在日常照料、老年用品、精神慰藉等需求满足上均存在不足，尤其是一些空巢老人、失能低能老人、经济困难老人存在突出困难。随着第一代农民工整体性返乡养老，农村养老需求仍将持续膨胀（孟亚男和莫依萍，2021）。

第二，老龄人口相关服务需求大幅增长。随着农村日渐成为"老年人生活区"，与老龄人口生活息息相关的公共服务需求也在持续扩大。首先是老年人医疗服务。一些调查显示（刘媛媛等，2014），农村老年人有92.6%患有高血压、心脏病、关节炎等老年常见病，超过75%的老年人认为身体状况一般或不太好，但其所需医疗服务难以获得满足，存在的问题主要包括：村级医疗设备落后、水平低，赴大医院看病交通不便、无人陪同，医疗费报销限制多、经济负担重等。其次是社会保障。农村居民养老保险覆盖以城乡居民养老保险为主，其保障水平不高，基础养老金最低标准多数省份只有 100~200 元 / 月 [①]，随着农村老龄人口比重不断上升，农村养老保险、医疗保险、低保、生活救助等社会保障压力都会增大。除此之外，老龄化对农村文化体育、公共事务、社会治理等服务均会产生影响。

第三，公共服务将更多以互助化方式提供。老龄化不仅影响农村公共服务的需求内容，还会影响其提供方式。随着老龄化程度持续加深，农村公共服务队伍建设本身成为难题，互助化服务应运而生。2008 年，河北省邯郸市肥乡县（现为肥乡区）建立全国首家农村互助幸福院，实行"集体建院、集中居住、自我保障、互助服务"，至 2014 年我国政府已支持建设 3.33 万个农村幸福院项目。随着农村人口老龄化加剧，低龄老年人照顾高龄老年人、有能力老年人照顾低能失能老年人成为不可避免的趋势，范围会进一步扩大。互助服务不是将责任推给社会，而是仍需要政府发挥作用，如财政补贴、业务指导、信誉背书等，其实质是农村公共服务提供方式发生重要变化。

### （三）随着农村居民收入的提高和人群偏好的分化，县域公共服务满足居民需求的难度越来越大

我国农村居民收入连续多年快速增长，截至 2020 年已达到 17131 元，在温饱和小康之后，正在向生活质量现代化迈进，这对县域公共服务也提出了新的、更高的要求。此前，农村公共服务主要解决的是数量问题，即填补村庄中公共服务项目的空白，相对易于使居民获得较高满意度。但现在农村公共服务需要从"有"向"优"提升，居民显得越来越"挑剔"，他们不仅要求有公共服务，更要求公共服务优质、便利，甚至出现群体分化现象，不同群体对同一公共服务内容出现不同甚至相反的需求方向，县

---

① 数据来源：江苏省人力资源和社会保障厅城乡居民社会保险处、省城乡居民养老保险基金管理中心，《城乡居民养老保险政策解读一》，2021年6月，江苏省人力资源和社会保障厅网站。

域公共服务满足居民需求的难度大大增加，未来还会进一步加深。

第一，一些普及类公共服务遭到冷遇。从 20 世纪 90 年代起，为了推进城乡均等、填补农村空白，我国在农村地区布局了大量普及类公共服务项目，如希望小学、农家书屋、文化健身设施、养老院等。然而，随着农村居民的要求越来越高，这些质量水平一般的公共服务项目逐渐遇冷。如农家书屋，至 2018 年底我国已有农家书屋 58.7 万个，实现每个行政村有一个，然而一些基层调研（李燕凌等，2021）显示，不少书屋闲置，冷冷清清，利用率不高。再如文体活动中心，对西南某市的调研（文军和吴晓凯，2018）显示，农民对这些服务设施并没有很大兴趣，不愿意去使用，甚至认为"还不如多建几个麻将室有用"。遇冷的甚至还有养老院，尽管农村地区人口老龄化程度最深、养老需求最高，但乡镇养老院床位却出现较高闲置率（刘风豹等，2017），主要原因是这些养老院的条件简陋，与居家养老相比缺乏显著优势，农民不愿意去。

第二，跨级"择服务"现象愈演愈烈。县域公共服务按县城、乡镇、村三级设置，居民按居住地和轻重缓急程度享受相应层级的公共服务。然而，近年来县域居民越过所在层级寻求更优质公共服务的趋势越来越明显。从医疗来看，农村居民小病吃药找村医，一旦有大病，往往越过乡镇卫生院到县医院问诊，有的甚至直接到大城市的三甲医院问诊。一些省份已出台一些措施，如不按照分级诊疗规定就医的医保报销比例降低 50%、没有手续越级诊疗的原则上不予报销等，但越级诊疗现象仍然普遍存在。再比如教育。在广西都安县，乡镇所在地居民子女大多数已去县城就读，但乡镇所在地学校仍然爆满，因为有更多村里的孩子择校到乡镇所在地就读，甚至一些乡镇学校寄宿容量饱和、村民在乡镇学校所在地租房陪读。在被调研的几个乡镇中，有这类情况的均达到 100 多户。

第三，需求多样化，不同群体的需求方向甚至相反。在公共服务超越了"有"的基本层次之后，居民需求不可避免地会出现多样化。需求多样化意味着政策目标多样化，公共服务提供变得无所适从。这在教育上表现得最为明显。一部分村民更看重教育质量，有的甚至主动花钱费力将子女送往更高层级学校就读。与此同时，另一部分村民更为看重上学便利，要求子女在家门口就读。在成本约束下，满足前一部分居民需求就必须对严重萎缩的村小学、教学点实施撤并，而这正是后一部分村民所反对的，一些村民甚至为此到教育部门和县政府上访。农村教育需求分化不仅体现在受众上，也体现在相关主体上，一些地方教育部门更看重降低成本、提高质量、教师生活便利，往往倾向于撤点并校，而村委会等农村基层组织更看重本级公共服务完整、公共财产保全、村庄习俗沿革，往往反对撤点并校。由于需求多样化，不同群体的需求方向甚至截然相反，公共服务施策的方向、力度和空间选择面临全面困难。

### （四）随着物质、技术等支撑条件的改善，县域公共服务内容和形式将发生深刻变化

全面建设小康社会期间，我国坚持农业农村优先发展的方针，农村公共投资和物质基础得到强化，与此同时，我国数字技术、互联网技术等在全社会快速普及，给农村生产生活方式带来颠覆性影响。这些外部支撑条件的改善，要求县域公共服务增添新内容，也正在催生提供公共服务的新方式，未来这一进程持续深化，将在相当程度上重塑县域公共服务版图。

第一，农村交通条件改善使公共服务辐射半径显著增大。近年来我国农村发生最为显眼变化的领域是交通，目前已实现具备条件的乡镇和建制村100%通硬化路，农村居民家庭汽车普及率达到26.4%，欠发达地区具备条件的建制村客车的通车率也达到了99.1%。交通条件的全面改善正在对农村公共服务布局产生深刻影响。由于交通条件改善，农村居民克服

"距离阻隔"的能力相应提高，公共服务的辐射半径显著加大。这同时产生两个方面的影响：一方面，公共服务得以摆脱就近设置的硬性束缚，可以在更广阔的空间、着眼更大的人群来进行空间布局，为县域公共服务统筹均等创造机会；另一方面，随着上一层级公共服务辐射半径的扩张，不同层级出现服务范围交叉重合，为居民越级"择服务"提供了物质基础支撑，基层公共服务的提供不可避免将受到冲击。

第二，农村基础设施不断完善，推动公共服务内容不断拓展。基础设施和公共服务密不可分，几乎基础设施建成后都会面临后续管护服务问题，其中多数属于政府公共服务范畴。近年来我国对农村基础设施持续加大投入，实现全面提升，截至 2019 年，我国农村供水普及率达到 81%，燃气普及率达到 31%，生活污水处理率达到 30%，村庄内道路达到 321 万公里，排水管道沟渠长度达到 116 万公里，集中供热面积达到 2.9 亿平方米。然而，由于长期受"重建轻管"思想的影响，大量农村基础设施的管护服务尚未能有效提供。以农村人居环境公共基础设施为例，一些村庄的厕所改造后粪便无人清淘；有的地方配备了垃圾转运车，但没钱雇司机和对车辆进行保养；一些地方污水处理站每年产生的高额电费和管护费村里无力承担；村庄道路同样面临管护主体缺失、资金难以落实问题（王程龙，2020）。未来这一矛盾会更为尖锐，倒逼农村基础设施管护公共服务不断拓展。

第三，数字、互联网等技术普及为公共服务提供带来新方式。近年来我国数字和互联网等技术迅速普及，为农村公共服务带来全方位影响。在教育领域，各地已普遍搭建信息化教育平台，利用互联网开展线上线下混合式教学，制作、推送网络精品课程，推动农村学校教学质量不断提高。在医疗领域，远程医疗服务已实现初步发展，一些县域内的乡镇卫生院已在试行通过网络进行专家会诊共享医疗资源。在公共事务办理中，在不少地方已可通过手机申请子女入学、办理养老保险、申请居民低保等，农村居民足不出户就可以办理各项事务；在社会治理中，一些地方已经在进行网格化、即时化管理，尝试通过网络开庭办案、现场连线调解纠纷等。未来随着相关技术的进一步普及和应用方式的持续创新，我国县域公共服务提供方式将会发生日新月异的变化。

# 三、推进县域基本公共服务均等化，
## 应以基础教育等四项任务为重点

农村基本公共服务指的是具有"底线性"和"主干性"的农村公共服务项目。在推进农村基本公共服务均等化过程中，由于不同的公共服务项目现有均等化进度有快有慢、推进难度有大有小、项目本身的公共属性有强有弱，必须有重点地进行。在新时期推进县域基本公共服务均等化，应当以基础教育、医疗卫生、养老服务和基本市政四项作为重点任务。

**（一）农村基本公共服务是指具有"底线性"和"主干性"的农村公共服务，包括了相当宽泛和丰富的内容**

农村公共服务是个高度宽泛的概念。笼统地讲，以县级政府为统领、以各职能部门为分工负责所行使的所有职能均为农村公共服务，有多少个职能部门就有多少个类别的农村公共服务。为便于聚焦，人们通常进行"农村基本公共服务"的限定，这一限定包括了两层含义：一是"底线性"，即与特定的社会经济发展水平相适应，保障居民基本生活和发展权利必不可少、公平享有的公共服务；二是"主干性"，即聚焦于那些需求量大、受众面广且与居民生活生产直接相关的主要公共服务项目。政策目标所追求的"均等"，通常是就基本公共服务而言的。

即便限定到"农村基本公共服务"，其范围仍然是相当宽泛的。表31总结了部分研究者对农村基本公共服务内容的界定，从中可以看出以下几点。第一，农村基本公共服务的边界并不绝对。如一部分学者将公共基础设施列入其中，同时另一部分学者则将之排除在外，类似的项目还有金融支持、商业服务、信息服务等。第二，农村基本公共服务可分为不同的层次。既可以分大类，如将社会保障视为一类，也可析出其中部分内容单列，如社会保障可以分为最低生活保障、社会救助、住房保障等。第三，农村基本公共服务内容非常丰富。以教育为例，县域内教育可细分为学前教育、义务教育、高中教育、职业教育、特殊教育等多项内容，包括了以校舍为中心的硬件建设和以师资为中心的软件建设。农村基本公共服务的这些特征，要求在相关政策制定中进一步提升针对性。

**表31** **部分研究者对农村基本公共服务的界定**

| 研究者 | 农村基本公共服务的内容 |
|---|---|
| 夏锋<br>（2008） | 15项：基本医疗卫生、义务教育、提高收入、公共基础设施、最低生活保障、农技支持、就业服务、生态环境、社会治安、金融支持、文化事业、法律救助、信息支持、市场监管与服务、突发事件与公共危机的处理 |
| 陈振华<br>（2010） | 6类：医疗、基础教育、文化、体育、福利、商业服务 |
| 胡畔等<br>（2010） | 4个方面：教育、医疗、文化、社会保障 |
| 张京祥等<br>（2012） | 4个方面：教育、医疗、社会福利、市政服务 |
| 刘明慧等<br>（2011） | 9项：最低生活保障、社会救助、全民义务教育、基本卫生医疗、就业再就业、基本住房保障、社会公共安全、环境治理、公共基础设施 |
| 孙德芳等<br>（2012） | 4大类：教育、文化体育、医疗卫生、社会福利，并细分为13项 |
| 范方志等<br>（2020） | 7个方面：安全、医疗卫生、教育、文化体育、社会保障、环境保护、基础设施 |
| 陈肖肖<br>（2021） | 6个方面：公共基础设施、公共文体教育服务、公共卫生服务、养老托幼服务、环境治理、信息服务 |

资料来源：作者根据相关材料整理绘制。

## （二）推进县域基本公共服务均等化不同领域任务差异大，应将重点置于因资源配置不均而存在明显差距的公共服务项目上

县域基本公共服务均等化指的是发挥县城的引领作用，通过县域内公共资源的重新配置和优化整合，实现县域内不同层级之间、不同区域之间各类基本公共服务项目水平的大体等同。按照"县域均等"这一目标，我们发现，不同的基本公共服务项目，其均等化任务存在显著差异，大体可以分为五类，如表32所示，其中第五类"因资源配置不均而存在明显差距"的公共服务项目应当成为推进县域基本公共服务均等化的重点任务。

表32　　　以"县域均等"为目标将农村基本公共服务分为五类

|  | 属性特征 | 基本公共服务项目 |
|---|---|---|
| 第一类 | 因辐射半径大，天然具有均等性 | 社会治安、高中教育、职业教育 |
| 第二类 | 因政策进展已实现或即将实现均等 | 居民养老保险、居民医疗保险、城乡居民最低生活保障 |
| 第三类 | 因城乡环境和生产方式等不同具有天然差异 | 生态环境、农技支持 |
| 第四类 | 因公共属性不强，宜以市场方式为主实现均等 | 就业、住房保障、商业服务 |
| 第五类 | 因资源配置不均而存在明显差距 | 基础教育、医疗卫生、养老服务、基本市政 |

资料来源：作者根据相关材料整理绘制。

第一类是因辐射半径大而天然具有均等性的公共服务项目。如高中教育，由于高中阶段学生已具备相当的独立生活能力，能够适应寄宿求学生活，通常县域内只需要建设几所高中、辐射全县即可。再如社会治安，由于道路交通等支撑条件的全面改善，县级相关部门已有能力对县域内治安状况进行快速掌控，县域内并无显著差别；农村地区由于社会结构相对简单、村规民约有效建立、群防群治体系完善，治安情况往往还会更好一些。

第二类是因政策进展已经实现或者即将实现均等的公共服务项目。党的十八大以来，我国在城乡一体化方面进行了大范围和大纵深的突破，很多公共服务项目已经实现城乡并轨，如城乡居民养老保险和城乡居民医疗保险，县域内城镇和农村居民已实现标准统一。还有一些公共服务项目，如最低生活保障正处于并轨过程中，尽管目前仍有部分省份城乡低保执行不同标准，但城乡标准并轨已是大势所趋，可能会在较短时间内完成。

第三类是因城乡环境和生产方式等不同而具有天然差异的公共服务项目。如生态环境，县城所需的服务内容主要是增设公园、绿地，而农村地区由于本身就是生态空间，更需要的是村容整治、污染物治理等。这类公共服务在城乡之间、乡村之间在形式上具有天然差异，但这种差异并不是水平上的差距，并不需要强求均等统一。

第四类是因公共属性不强而宜以市场方式为主实现均等的公共服务项目。以就业为例，尽管不少学者将就业列入农村主要的公共服务之一，但随着我国社会主义市场经济的不断完善，就业已主要通过市场来完成。政府的就业服务主要体现在提供供求信息、加速市场对接，以及在居民失业期间给予必要的生活救济，在这些方面县域内差距并不明显。这类公共服务不是县域均等化的主要发力点。

第五类是因资源配置不均而存在明显差距的公共服务项目，主要包括基础教育、医疗卫生、养老服务、基本市政四项。这些公共服务存在明显的县域内差距，往往是县城好于乡镇，乡镇又好于村庄，甚至有些项目在村庄里尚属空白。造成这种差距的主要原因是资源配置不均衡，优质资源被配置在更高层级。其解决办法是将县域内资源重新配置，实现新的均衡。显然，这类公共服务不仅任务明确，而且提升空间巨大、便于政策操作，应当成为推进县域内基本公共服务均等化的重点任务。

## （三）在基础教育等四个重点领域推进县域均等，一些地方已开展积极探索

基础教育、医疗卫生、养老服务和基本市政是推进县域基本公共服务均等化的重点领域。近年来，随着国家推进城乡公共服务标准统一、制度并轨，一些地方立足县域实际，针对这些领域进行了大胆的创新探索，不仅提升了县域基本公共服务均等化水平，而且进一步摸清了任务重心。

### 1. 基础教育

基础教育包括义务教育和学前教育，推进二者县域均等化的任务重心存在差异，义务教育县域均等化主要是解决"质"的问题，而学前教育县域均等化主要是解决"量"的问题。

先看义务教育。随着国家巩固九年义务教育系列政策的实施，农村义务教育已实现应保尽保，甚至总量过剩，主要问题是县、乡镇和村在师资力量和教育水平上存在差距。表33以广东省德庆县为例显示了这一差距。针对这一状况，德庆县在2020年实施"教育联盟"建设，开启以城区义务教育学校为主体与一所或多所乡镇学校结成紧密型联盟（"1+N"模式）助推城乡教育一体化发展的探索，其中"教师交流办法"规定，联盟学校互派行政管理人员、骨干教师、学科组青年教师跟岗锻炼，建立制度化、紧密化、常态化交流机制，促进县域义务教育质量均衡。

**表33　　广东省德庆县县级、镇级、村级小学师资水平对比**

| | 老化程度（50岁以上教师占比，%） | 学历水平（本科及以上教师占比，%） | 职称水平（副高以上职称教师占比，%） | 小科目教师专业化水平（音乐、美术及科学学科专业教师占比，%） |
|---|---|---|---|---|
| 县级（县第二小学） | 9 | 90 | 13 | 9 |
| 镇级（官圩镇） | 35 | 76 | 4 | 3 |
| 村级（官圩镇12个教学点） | 50 | 45 | 0 | 0 |

资料来源：作者根据相关材料整理绘制。

再看学前教育。随着国家开展两期"学前教育三年行动计划"，农村公立学前教育资源空白的局面得到打破，但乡镇以下尤其是村庄仍然是薄弱环节。至 2019 年，我国农村学前三年毛入园率为 70%，仍有 30% 的农村幼儿缺乏学前教育机会，其中绝大部分为村庄内幼儿。为提升农村幼儿学前教育覆盖率，中国发展研究基金会和一些县合作开展"一村一园"试点，县中心幼儿园牵头培训幼儿教师，在村级建立"山村幼儿园"。以青海省海东市乐都区（原乐都县）为例，政府已将农村幼儿学前教育纳入基本公共服务内容，投入资金建立山村幼儿园 171 个，学前三年毛入园率稳定在 98% 以上。

## 2. 医疗卫生

县域医疗卫生不均等主要体现在各层级的技术水平差异。在县乡村三级医疗卫生服务网中，县中心医院等几家县城医院为正规医疗机构，基本都能达到门类齐全、设施配套、临床医生科班出身，但乡镇及以下多为临时性诊疗机构。至 2018 年，基层临床医生本科及以上学历的比重不足 40%，村级更是以乡村医生和卫生员为主，一些卫生员甚至没有经过规范化培训就上岗，医疗技术水平得不到保障。

为推进医疗卫生县域均等化，国家在 2019 年发布《关于推进紧密型县域医疗卫生共同体建设的通知》，各地立足县域实际进行推进。以广西壮族自治区都安县为例。该县的县人民医院、妇幼保健院和中医医院三所县城医院，分别负责牵头带动部分乡镇卫生院，其中一所薄弱的乡镇卫生院为"紧密型"。紧密型医联体内医务人员在维持编制关系不变的情况下，由牵头医院在医联体内调配使用，对医联体内执业的医务人员可实行"县管乡用"，对到村卫生室工作的医生可实行"乡管村用"，赋予牵头医院人事权、财务权，医联体内实行统一采购、处方流动、药品共享、双向转诊等。

### 3. 养老服务

我国县乡村衔接的三级养老服务网络整体尚不成熟，其中尤其以村级为薄弱环节。县城养老服务初步发展，县级公立养老机构正在向城市标准化养老方向迈进，社区养老、互助养老、专业机构养老等方式也不断涌现。乡镇养老服务以传统的每个乡镇一所养老院为主，普遍存在配套设施简单、服务项目单一、护理人员素质不高、医疗保障对接不畅等问题。村庄养老服务则基本处于空白状态。近年来，村庄日间照料中心、村级幸福院等新型养老服务机构有所发展，但规模化、规范化均不足，徐杰和李瑞敏（2018）对一些县市的调查显示，"绝大多数农村幸福院未能达到相关指标要求"。

一些县市在健全县域养老服务体系方面进行了尝试。张孟强（2020）总结了山东省荣成市的做法。该市构建了县级供养服务设施、乡镇敬老院（乡镇级综合性养老服务中心）和农村互助养老设施三级互联互通的农村养老服务网络，加强以农村空巢老年人、留守老年人为重点的定期探访制度和以农村经济困难老龄、失能老年人为重点的长期照护保障制度。打破行政区划和属地管理限制，根据农村养老实际需求和空间分布特征，对域内 24 所敬老院撤并整合，集中打造 8 处规模化、规范化的农村区域性养老服务中心。在村一级，按照"集体筹建、共同生活、自我保障、互帮互助"模式建设农村幸福院 185 家，并按照"政府扶持、村级主办、志愿引领、社会参与"模式建立"暖心食堂"335 家，覆盖域内 40% 的村居，集中解决 1.2 万名 80 周岁以上老人"一餐热饭"问题。

### 4. 基本市政

与前几项任务相比，基本市政的边界具有开放性。市政本义为城市里的公共事业，与农村在相当长时期内几乎不搭界，农村市政服务一直空白。党的十八大以后，随着县城城市建设水平的提高和公共事业的完善，在国家城乡一体化政策的推动下，市政服务逐渐扩展至农村地区，如水、电、气、道路等管网维护和服务等。从现阶段推进基本公共服务县域均等化的任务来看，农村基本市政主要包括两项内容。

一项是城乡公交。县域内城乡之间虽然一直都有交通运营线路，但和城市公交存在显著差距，如线路密集程度和班次频度低、无法享受税收优惠和政策补贴、乘车和候车条件较差等，甚至运营主管部门也不同，这些差距造成农村公共交通不便利。针对这一状况，一些地区创新探索公交全域布局，下沉服务广大乡镇和村庄。如河北省馆陶县在规范运行已有城乡线路的基础上，按照"环行重点镇、连接节点村"的规划布局，增设6条公交线路，提供方便快捷、价格低廉、稳定可靠的公交服务，逐步实现县域城乡公交一体化运营全覆盖。

另一项是环境卫生。尽管各地村庄环境卫生水平有了显著改善，但环境卫生服务筹资和运营的长效机制尚未建立，一些地方农村保洁员缺乏稳定的薪酬来源，还有一些地方县域垃圾清运处理机制尚未建立或运行不规范，村庄在完成保洁和垃圾收集后只能自行焚烧处理，造成空气污染和环境二次破坏。在构建村庄环境卫生长效机制上也有一些地方已经有了比较成熟的探索。广东省德庆县将农村环境卫生纳入财政保障范围，对村庄内的保洁员按2元/（月·居民）的标准发放基本薪酬，并按照招投标的方式以相对较低的成本选择专业环卫公司，对村庄收集的生活垃圾进行转运处理。该机制已运转3年多，实现了平稳、有序、高效。

## 四、发挥县域统筹作用，率先实现县域内基本公共服务均等化的思路和建议

应当着眼未来我国县域公共服务的新趋势、新挑战，立足基础教育等四项重点任务，以县级统筹为主要抓手，充分发挥县城引领扩散作用，进

一步优化县乡村三级公共服务布局，通过县域内公共服务资源的优化调整、均衡配置、扩散提升，率先实现县域内基本公共服务均等化，为将来实现更大范围和更高层次的公共服务均等化创造坚实基础。

## （一）以县域统筹为抓手，实现县域内基本公共服务资源配置和质量水平的均等一致

推进县域内基本公共服务均等化的基本思路是以县域统筹作为主要抓手，通过县域内公共服务资源的优化调整、均衡配置、扩散提高，实现基本公共服务项目标准统一、质量均等、自由选择，其实施包括四个要点。

第一，充分发挥县级的统筹作用。发挥县级行政单元可以自由调配域内人力、物资、资金的优势，针对资源配置不均衡造成的县域内公共服务差距，进行优化调整、均衡配置、交流提高，实现县域内层级之间、不同区域之间公共服务均衡发展。

第二，推进质量水平均等化。县域基本公共服务均等化的基本目标是公共服务质量水平均等，即对于同一公共服务内容县域内实现标准统一，居民在县域内可以根据实际需要自由选择公共服务内容和提供地。考虑到农村地区人口分散、公共服务成本相对较高，为实现质量水平均等必须建立成本补偿机制，即人均公共服务成本支出按照县城、乡镇、村庄逐级递增。

第三，提高配置弹性。立足我国仍处于城镇化快速发展、城乡人口格局仍未定型的实际情况，县域基本公共服务均等化应强调动态适配性。改变过去单一强调向农村布局的导向，在村庄层次将质量提升置于首位，减少简单加法造成的无效供给，在县城层次则更为强调增加供给数量以满足需求。提高层级间的配置弹性，保留根据未来变动进行随时调整的空间。

四是着眼向上提升。县域基本公共服务均等化不是"拆散平均、向下拉平"，而是着力发挥县城的引领扩散作用，在保持县城已有公共服务水平不

降低的前提下，发挥县城带动乡镇、乡镇带动村庄的作用。在这一过程中，县级以上尤其是大中城市公共服务部门和机构也要在技术、人才、资金、管理等方面发挥指导和支持作用，促进县域公共服务质量水平整体提升。

## （二）优化细化县城、乡镇、村庄各节点功能定位，调整建构适应未来发展趋势的县域公共服务体系

适应未来县域经济社会发展和公共服务供求的新趋势，进一步打破层级分割，在县城、乡镇、村庄三级公共服务体系中，对各节点功能进行重新定位，构建完善更为紧密、高效、一体的县域公共服务体系。

第一，将县城和个别中心镇建设成为县域公共服务中心。利用县城在县域内文明程度最高、技术实力最强、管理最为规范的优势，充分发挥公共服务引领扩散作用，制定服务标准、组织服务实施、提供技术支持，使县城成为县域内公共服务提升的"火车头"。县城进一步增强直接服务县域居民的能力，提升公共服务开放性，面向全县域居民提供各项便利服务，惠及众多进城农民，更好发挥示范作用。

第二，将多数乡镇和少量中心村建设成为县域公共服务的分中心。根据乡镇人口减少和公共服务需求萎缩的趋势，对公共服务项目进行归并整合，提高效率、提升质量。乡镇公共服务应更多接受县级的业务管理指导、标准规范、技术支持，在一些公共服务领域可根据实际需要将乡镇公共服务部门明确为县级相应职能部门的下派机构。乡镇应同时强化对村庄公共服务的组织引导，发挥上传下达、引领扩散的作用。

第三，将多数村庄建设成为便利化公共服务提供点。大多数村庄公共服务不再追求建制完整，而是发挥其贴近村民、即时直接的优势，主要满足村民便利化、应急性公共服务需求，如养老、医疗、基本市政服务。村庄公共服务紧密融入县域公共服务体系，在有需求时及时上传、对接，实

现公共服务的完整化、标准化、高效化。

### （三）以基础教育等四项任务作为突破重点，将推进县域基本公共服务均等化落于实处

现阶段推进县域基本公共服务均等化，应当以基础教育、医疗卫生、养老服务和基本市政四项任务作为突破重点，通过资源优化配置，在5~10年实现县域内均衡发展。未来，可根据居民公共服务需求变化、外部支撑条件改善和政府财政能力增长情况，不断拓展县域基本公共服务均等化的范围，持续提升县域公共服务整体水平。

第一，不断强化、拓展和完善现有教育联盟建设，实现县域内基础教育水平均等化。建立县城学校和乡镇学校、乡镇学校和村庄学校、教学质量较高学校和教学质量较低学校之间常态化轮岗机制，校长、教师等教学力量实行城乡双向交流，保障完善交流轮岗期间待遇安排，将乡村基层工作经历纳入职级晋升考核标准。利用互联网工具进行现场观摩、教学研讨、精品课程推广，辐射带动农村教育质量提升。按照教学质量优先、兼顾群众便利的原则稳妥推进农村撤点并校，农村学校和教学点不得强行撤并。农村学前教育下沉，推进"一村一园"建设，农村3~5岁学前幼儿实行就近入园、合理收费，逐步提升保育质量。地级市及以上教育力量对县域基础教育提供常态化、机制化支持。

第二，显著提升现有医疗卫生共同体合作紧密程度和效率效益，实现县域内医疗卫生水平均等化。试行"县管乡用""乡管村用"等灵活办法，加强医共体内医务人员调配使用。强化县域医疗机构培训实习、下沉指导等双向交流活动，灵活调节医疗服务收入用于人员奖励的比例，建立利益共享机制。提高医疗卫生服务灵活度，实行县域内处方流动、药品共享、双向转诊、统一报销。建立远程医疗协作网，实现县域医疗信息互联

互通，探索网络会诊、手术。提升行业准入标准，提高工作经费和医疗服务补助，强化培训、考核力度，持续提升村医执业服务能力。地级市及以上医疗力量对县域医疗卫生提供常态化、机制化支持。

第三，持续完善县乡村三级养老服务网络，实现县域内养老服务水平均等化。建立健全县域老年人口信息系统，按年龄段、失能程度、患有的老年常见病等分门别类，精确和动态掌握县域养老需求。推动县城高标准养老事业发展，鼓励社会力量参与，建立社区化、专业化养老机构。乡镇养老院实行数量收缩、质量提升，打破行政区划限制，根据县域养老需求和空间特征布局农村区域养老中心，完善居住条件、服务设施、服务质量，提升规范化水平。村庄内主要实行以居家养老和互助式养老，政府提供财政补助和规范指导，并将之与更高层级、其他方式养老相衔接。打通养老和医疗服务、费用报销之间的通道，提升医疗服务可及性、快捷度和便利度，为县域养老网络提供支撑。

第四，加快推进市政服务从县城向乡镇、从乡镇向村庄普及扩散，实现县域内基本市政水平均等化。明确将乡村纳入县域市政服务范围，实现县乡村市政服务统一规划、统一布局、统一提供、统一标准。随着基础设施不断完善，跟进公共服务提供，开展城乡统一的供电、供水、供气、网络等服务。将公交服务引入农村，实行城市公交优惠政策，合理设计行车路线，改善乘车、候车体验，使大多数村庄人口享受到方便快捷、稳定可靠的公交服务，实现从"出门硬化路"到"抬脚上客车"的提升。加强农村人居环境后续服务管理，通过完善运营管理、成本分担、设施维护等机制，实现生活垃圾转运处理、卫生厕所清淘保洁、生活污水按标准处理等长期稳定运行。根据时代发展不断拓展农村基本市政服务内容，直至农村居民与县城居民享受同等市政服务。

执笔人：赵俊超

## 参考文献

[1] 国务院发展研究中心"中国民生调查"课题组. 2020年"中国民生调查"报告[R]. 国务院发展研究中心调查研究报告特刊，2021年第1号.

[2] 凌耀初. 中国县域经济发展分析[J]. 上海经济研究，2003（12）：3-11.

[3] 崔慧广. 县域基本公共教育服务均等化：分析框架、评价指标与测算方法[J]. 教育理论与实践，2014（31）：18-22.

[4] 王善迈，董俊燕，赵佳音. 义务教育县域内校际均衡发展评价指标体系[J]. 教育研究，2013（2）：65-69.

[5] 张云华，周群力. 顺应乡村人口走向，谋篇布局乡村建设[J]. 中国发展观察，2021（3-4）：25-26+69.

[6] 田毅鹏. 村落过疏化与乡土公共性的重建[J]. 社会科学战线，2014（6）：8-17.

[7] 刘媛媛，李丽. 农村老年人养老现状与需求分析——以大连市旅顺口区柏岚子村为例[J]. 社会福利（理论版），2014（3）：2-8.

[8] 刘妮娜. 欠发达地区农村互助型社会养老服务的发展[J]. 人口与经济，2017（1）：54-62.

[9] 贺雪峰. 如何应对农村老龄化——关于建立农村互助养老的设想[J]. 中国农业大学学报（社会科学版），2019（3）：58-65.

[10] 李燕凌，高猛. 农村公共服务高质量发展：结构视域、内在逻辑与现实进路[J]. 行政论坛，2021（1）：18-27.

[11] 文军，吴晓凯. 乡村振兴过程中农村社区公共服务的错位及其反思——基于重庆市5村的调查[J]. 上海大学学报（社会科学版），2018（6）：1-12.

[12] 刘风豹，李建树，张帆. 基于县域城乡统筹理念的中国县域养老设施发展路径研究//中国城市规划学会. 持续发展 更改规划——2017中国城市规划年会论文集[M]. 北京：中国建筑工业出版社，2017.

[13] 卢宝祥. "撤点并校"政策执行过程多重博弈分析[J]. 教育导刊，2019（6）：22-26.

[14] 孙德芳，沈山，武廷海. 生活圈理论视角下的县域公共服务设施配置研究——以江苏省邳州市为例[J]. 规划师，2012（8）：68-72.

[15] 王程龙. 关于乡村公共基础设施建设管护补短板的思考——以农村人居环境基础设施为例[J]. 农业农村部管理干部学院学报，2020（4）：16-18.

[16] 王谦. 城乡公共服务均等化问题研究[M]. 济南：山东人民出版社，2009.

[17] 夏锋. 从三维视角分析农村基本公共服务现状与问题[J]. 统计研究，2008（4）：101-105.

[18] 陈振华. 城乡统筹与乡村公共服务设施规划研究[J]. 北京规划建设，2010（1）：43-46.

[19] 胡畔，谢晖，王兴平. 乡村基本公共服务设施均等化内涵与方法——以南京市江宁区江宁街道为例[J]. 城市规划，2010（7）：28-33.

[20] 张京祥，葛志兵，罗震东，等. 城乡基本公共服务设施布局均等化研究——以常州市教育设施为例[J]. 城市规划，2012（2）：9-15.

[21] 刘明慧，齐海鹏. 城镇化、农村劳动力转移与县域政府公共服务能力提升[J]. 山东经济，2011（2）：118–123.

[22] 孙德芳，沈山，武廷海. 生活圈理论视角下的县域公共服务设施配置研究——以江苏省邳州市为例[J]. 规划师，2012（8）：68–72.

[23] 范方志，王晓彦. 中国农村基本公共服务供给效率的评价研究[J]. 宁夏社会科学，2020（5）：83–91.

[24] 陈肖肖. 农村公共服务优化路径研究[J]. 农村经济与科技，2021（3）：250–252.

[25] 卢迈，赵晨. "一村一园"助力农村儿童站上阳光起点[R]. 国务院发展研究中心调查研究报告择要，2020年第44号.

[26] 文敏. 公共医疗卫生政策与农村医疗资源配置[J]. 理论观察，2020（4）：62–65.

[27] 徐杰，李瑞敏. 我国县域机构养老发展中的问题与对策——以乳山市为例[J]. 中共青岛市委党校—青岛行政学院学报，2018（6）：99–103.

[28] 张孟强. 县域养老服务体系建设的荣成实践与启示[N]. 中国社会报，2020–11–26.

[29] 兰珍莉，李森. 论撤点并校的深层矛盾及其平衡[J]. 教学与管理，2017（7）：8–11.

[30] 赵黎. 新医改与中国农村医疗卫生事业的发展——十年经验、现实困境及善治推动[J]. 中国农村经济，2019（9）：48–69.

[31] 徐拓远，张云华. "十四五"时期积极应对农村人口老龄化的思路与举措[J]. 改革，2021（10）：31–40.

[32] 朱孔来，倪书俊. 试论县域经济的特点和发展[J]. 宏观经济管理，2006（1）：58–60.

[33] 孟亚男，莫依萍. 断裂与绵延：第一代农民工返乡养老研究——基于舒茨现象学社会学的理论分析[J]. 老龄科学研究，2021（5）：35–44.

# 以数字治理为着力点推进乡村治理现代化

　　乡村治理是国家治理的基石，是乡村振兴的基础，也是农业现代化和农村现代化一体设计、一并推进的有力抓手。农村社会经济结构、农业生产组织方式、农民思想观念和需求的变化，给传统乡村治理模式带来挑战。新一代信息科技革命蓬勃兴起，以互联网、云计算、大数据、区块链、人工智能等为代表的信息技术，为社会治理创新带来了新工具与新手段。中共中央办公厅、国务院办公厅印发的《关于加强和改进乡村治理的指导意见》提出，探索建立"互联网＋网格管理"服务管理模式，提升乡村治理智能化、精细化、专业化水平。乡村治理需顺应时代发展和技术变迁的趋势，利用数字化治理缓解传统乡村治理面临的困境，探索建立自治、法治、德治、智治"四治"融合模式，充分利用现代信息技术推进乡村治理体系和质量能力现代化，以精准、高效、智慧的现代乡村治理推动农业现代化和农村现代化。

## 一、乡村治理面临的趋势和挑战

　　在经济社会结构的改革变迁中，传统乡村的封闭性和稳定性被打破，大量农村劳动力向外转移，熟人社会逐步瓦解，城乡融合发展更是推动了要素双向流动和资源市场化运作，乡村治理主体及其内容都在发生巨大变化，这给乡村治理带来了新的挑战。

## （一）村庄空心化给乡村治理结构带来冲击

农村人口持续性外流造成村庄空心化，原有乡村社会结构发生改变，给乡村治理机制带来一定影响。一是村庄空心化致使传统治理方式难以为继。传统乡村社会的封闭性较强，依托血缘、地缘以及人情关系构建了较稳固的社会网络，并通过村规民约、道德约束、宗族观念等非正式制度形成治理准则，维系了相对稳定的乡村治理秩序。人口持续性大量外流，逐渐打破原有的稳定的社会关系网络，带来了乡村传统社会共同体的松解，依靠宗法伦理、村规民约、道德礼俗的传统治理模式难以为继。全国第三次农业普查数据显示，2016 年底，全国 79% 的行政村出现人口净流出，其中净流出人口占户籍人口比重不低于 5% 的空心村比例为 57.5%，空心化率为 24%。根据第七次全国人口普查结果，全国人户分离人口为 49276 万人，其中农村人口占比较高。2020 年底，全国按户籍地统计的农村人口为 64095 万人，而按常住地统计的乡村人口为 50979 万人，这意味着约有 13116 万人离开农村户籍所在地，占农村户籍人口的 20.5%。流出人口长期在外居住生活，形成新的社会关系网络，与老家的社会关系有可能趋于淡化，传统的非正式制度对外流人口的约束力逐渐减弱。二是村庄空心化致使自治机制难以发挥应有的作用。外流人口大部分是有能力、有学识的农村精英和壮年劳动力，留在农村的基本是妇女、儿童和老人。乡村精英人群流失严重，直接弱化乡村自治主体。2020 年全国外出农民工达到 16959 万人[①]，这些农民工基本不参与村庄公共事务管理。在部分地区的村

---

① 数据来自国家统计局《2020年农民工监测调查报告》。

委会换届选举中，参与选举投票的人数无法满足《中华人民共和国村民委员会组织法》要求的村民民主选举选民数量。留守的村民因年龄、能力、意愿等问题，较少参与村庄公共事务的管理和监督，民主管理、民主监督和民主决策流于形式。人口持续流失对乡村治理结构造成影响，这已成为当前乡村治理面临的重要问题。随着城镇化率的不断提高，村庄空心化现象可能更加突出，空心村的治理困境将持续加剧。

## （二）应对乡村群体分化的精细化治理手段不足

伴随经济发展和"三农"政策的实施，农户分化的程度越来越高，农村的经济组织和社会组织也日益增多。在乡村社会场域内，不同群体和组织的需求彼此迥异且利益诉求相互交织，乡村治理的复杂程度明显提高，需要更加精细化的治理手段。一是农户分化愈加凸显，治理需求愈加多元。工业化、城镇化和产业发展使农民逐步分化为农业劳动者、农民工、个体工商户、私营企业主、经济组织管理者等群体，农村社区内部群体利益诉求和需求取向逐渐多样化。从劳动力兼业结构来看，纯农户的比例不断下降，而非农户的比例不断上升。非农户占比从 2003 年的 33.28% 增加到 2016 年的 64.04%，年均增长率为 5.16%。据《中国农村经营管理统计年报（2018 年）》显示，2018 年的纯农户、农业兼业户、非农业兼业户和非农户所占比重分别为 63.7%、18.1%、8.7% 和 9.6%。纯农户与兼业户、非农户的需求完全不同，纯农户与乡村社会的联系更为紧密，与村内公共事务的嵌入更深，而非农户与乡村社会的联系较少，愿意参与的村内公共事务相对较少。二是农民合作社、涉农企业、家庭农场等新型经济组织和村民事务理事会等社会组织快速增多，需要平衡的利益和解决的矛盾同步增加。农民合作社作为最常见的互助性经济组织在农村地区蓬勃发展。截至 2020 年 6 月底，全国农民合作社总数达到 221.8 万家，辐射带动全国近一半的农户①，覆盖农林牧渔各业，并向休闲农业、观光旅游、民间工艺制作和服务业延伸。全国家庭农场数量已经突破 100 万个②，农业社会化服务组织超过 90 万个③。这些经济主体因为农业经营与农户、村集体之间衍生出复杂的利益关系，不可避免地会产生利益纠纷，如分红纠纷、土地占用、劳资拖欠等，乡村治理的难度进一步加大。农村经营管理愈加集约化，产业结构愈加多元化，这些都将对乡村治理能力提出更高要求，更加需要建立精细化的治理体系，理顺各种利益关系，平衡不同主体的利益诉求，满足多元化需求，从而维护农村社会和谐稳定。

### （三）乡村治理机制不完善

农村地区已基本建成自治、德治和法治相结合的治理体系，有效维持了村庄和谐稳定。通过有关法律的建立、修改和完善，逐步建立起以村民自治为核心的群众性自治机制，加上德治为乡村治理带来柔性约束机制，乡村法制化制度化建设也有了长足进步，村规民约覆盖率达到 94.33%，村务监督组织接近全覆盖，平均每个村的法治宣传教育次数达到 3.28 次④。但受经济社会结构变迁的影响，有相当一部分农村存在治理机制不健全、治理效能不高的问题。一是村民自治机制的弱化。村民自治的基础是基层党组织引领多方主体共同参与，但基层党组织松散、多元共治机制不顺、村民充分参与不足等问题仍有存在。部分农村基层党组织管理普遍较为松散，党员流动性较大，开展线下的"三会一课"、主题党日等活动难度较大，党组织的凝聚力比较弱，没有充分发挥出战斗堡垒的作用。一些地区

---

① 数据来自农业农村部发展规划司《农业现代化辉煌五年系列宣传之一：农业现代化成就辉煌 全面小康社会根基夯实》。

② 数据来自农业农村部发展规划司《农业现代化辉煌五年系列宣传之一：农业现代化成就辉煌 全面小康社会根基夯实》。

③ 《有了"田保姆"种地更划算》，《人民日报》2021年02月8日第11版。

④ 数据来自农业农村部合作经济指导司《中国农村合作经济统计年报（2019年）》。

村"两委"具有较明显的行政化、悬浮化特征，与农民群众的脱节较为明显，基于行政本位逻辑的单向治理模式在农村依然普遍存在。依托经验和精英决策的传统治理模式在现代化潮流中越发显现出民主性和科学性不足的缺陷。大部分农村地区信息共享程度和传播效率不高，主要依靠人和公示栏之类的传统传播方式。特别是长期不在村和到村委会驻地不方便的村民，往往不能及时了解与自身利益密切相关的政策信息和村务信息，也难以充分参与村内公共事务决策和管理。长此以往，农民参与集体管理的实效性和积极性有可能持续下降，民主管理和民主决策没有实现的基础，乡村自治机制愈加弱化。二是乡村法治机制不健全。乡村社会的基本治理结构在很大程度上保持了传统的"习惯性治理"，乡村法治没有占据主导地位。法律资源对农村地区的覆盖范围有限，农村地区的法律援助渗透率不高，法律顾问、法律服务工作室覆盖率仅为73.92%；西部地区普遍偏低，其中最低的甘肃为44.97%[①]。农民的法律意识淡薄也是法治淡化的重要原因。缺乏合适的普法途径，农民不懂法、不守法、不用法等问题也较为明显。基层政府和农民之间围绕土地征占、土地流转、资源开发、环境保护等领域的利益冲突时有发生。一些法律在农村地区执行不顺，执法不公、执法不严等现象时有发生。三是乡村德治机制的效能不高。虽然村规民约和红白喜事简办制度的覆盖率较高，但受制于熟人社会，加上缺乏有效的执行手段和监督机制，农村的村规民约和道德规范约束力普遍不强，执行难度较大。此外，近年来各地一直鼓励"新乡贤"参与乡村治理，但是其具有能力、资源、意愿的"新乡贤"数量不足，且缺乏便捷的沟通反馈平台和参与机制，"新乡贤"在乡村治理中难以发挥应有的作用，吸引"新乡贤"参与乡村治理的地方典型案例比较少见。

---

① 数据来自农业农村部合作经济指导司《中国农村合作经济统计年报（2019年）》。

### （四）乡村公共服务需要精准化供给

传统乡村公共服务供给较为粗放，服务能力有限，难以满足农民差异化和多样化的服务需求。农民群众对美好生活的需要日益广泛，不仅对物质文化生活提出了更高要求，民主、法治、安全、环境等方面的需求也日益增长。对标农村现代化目标，需要建立精准、便捷的乡村公共服务供给体系，推动城乡公共服务一体化，降低公共服务成本，精准对接农民群众的公共服务需求。在教育方面，农村地区普遍存在学校布局不合理、师资队伍总体水平不高、教学信息化水平较低等问题，迫切需要寻找低成本方式实现城乡教育资源均衡配置，扩大优质教育的覆盖范围。在医疗方面，农村医疗水平与城市相差较大，缺乏优质的医疗资源，村卫生室的诊疗水平较低，乡村医疗机构的待遇和环境很难吸引高水平的医生，亟须通过医疗资源的信息化实现城乡医疗资源共享，提升乡村医疗服务的普惠性和可及性。在养老方面，农村人口老龄化趋势加快，养老保健的需求与日俱增，现有的养老设施和服务水平不能充分满足养老需要，在农村普遍推行的居家养老更加需要通过数字化平台对农村老人健康状况进行全方位管理和跟踪。

## 二、数字信息技术为乡村治理现代化变革带来新机遇

《中国共产党农村基层组织工作条例》指出，要注重运用现代信息技术，提升乡村治理智能化水平。数字信息技术的应用可以促使乡村形成多元协同治理结构，由经验决策转向数据决策，提高乡村公共事务管理、公共服务供给、公共安全治理的数字化水平，能够给乡村治理带来重大变革。

## （一）有助于对不同治理主体实行精细化管理

乡村治理主体主要包括村民、自治组织、经济组织、社会组织等。数字化治理可以改变传统的自上而下垂直主导的单向治理模式，也能打破地理空间的限制，实现多元主体参与治理，精准对接不同主体需求。一方面，数字技术具有去组织化、去中心化的特性，多个治理主体能够同时作为数据的制造、传播及使用方共同构建乡村治理格局。借助各种数据平台，基层政府、村"两委"、村民、各类组织等多元主体都可以参与乡村治理。即使是外出的村民，也可以利用微信、App参与村级公共事务管理，表达利益诉求和建议意见。另一方面，可以满足个性化需求也是数字化治理的主要特点之一。信息技术支持了网络信息平台的有效构建，基层政府和村"两委"可以利用政务信息化平台及时收集各个主体的需求和意见，并及时反馈，为多元主体提供有针对性的服务，从而促进形成开放、多元、协同共治的治理格局。如福建省厦门市的"农事通"包含了企业、村委会、村民等多个治理主体，建立了村域范围内的信息传递与共享平台。村委会主任在平台中对村民进行"专业化"分组，并对信息进行分类和质量筛选，对具有同类信息需求的村民同时分发信息。目前该平台逐渐与村内的行政架构相融合，在平台内衍生出包括全体农民、党员及专业养殖农户等在内的不同群组，成为分类管理的乡村数字化治理典型。

## （二）有助于健全高效的乡村治理机制

数字化治理可以规范乡村治理程序和流程，重塑乡村治理机制。一是重塑党组织管理。信息技术可以将村级党务管理信息化，以"智慧党建"整合党务、学习、宣传等工作，实现党务数据的采集和储存，及时宣传党的方针政策和理论知识，并可以针对农村党员流动性较大的特点，开展线上组织管理、组织活动、网络教育、民主评议、计划总结等，提升党建管理效率和科学化水平，为提高基层党组织战斗力提供助力。二是提供更全面的决策管理依据和治理手段。基于数字孪生技术建立乡村治理虚拟空间，实时或准实时呈现村庄地理地貌、自然资源、产业、集体资产、公共设施等的情况，全面动态掌握村庄现状，实现村内资产和设施设备的精准管理。如对农村生活垃圾收运进行智能化改造，可以全流程监管收集、运输、处理，实时监测村庄乱丢垃圾行为；采用遥感、物联网、无人机等手段，可以对农村房屋、道路、河流等公共空间进行监测，及时发现乱搭乱建、乱排乱放等现象并采取整治措施。通过对海量、动态、多样数据的实时收集和全景式分析，可以及时捕捉村民关注的热点、焦点问题，对发现的问题进行风险防控，为决策管理提供准确的依据。三是提供便捷的参与途径。数字乡村治理平台能够帮助各类主体及时掌握乡村发展动态，及时了解和参与村内公共事务，促进村务公开与监督，使乡村治理工作更加透明化，有助于形成多元主体协调治理格局。部分地区已建立较为完善的"电子村务"平台，注册开通村务微信公众号、微信群、掌上 App 等，方便村民随时随地关注和监督村务。基层政府也能得到更加及时、精准的治理举措反馈，掌握政策举措的具体落实情况。如腾讯"为村"围绕"党务、村务、商务、服务、事务"，开发了"应用程序 + 微信公众号 + 大数据平台"的智慧乡村服务平台，为超过 1.5 万个乡村提供相关服务。浙江德清构建乡村治理数字化平台"数字乡村一张图"，将规划、经营、环境、管理等进行了可视化呈现。以电子地图、遥感影像、三维实景地图等空间数据为基础，叠加各部门数据，在村庄布设视频监控、污水监测、智能井盖、智能垃圾桶、智能灯杆、交通设施等物联感知设备，形成覆盖全村的物联感知网，在数字空间展示村庄的自然资源、项目布局、基础设施等。通过物联网实时收集污水处理、空气质量、垃圾分类等环境数据，分析公共基础设施运行状态，实现运行设备故障自动警报。通过乡村经营数字化模块，全面掌握村集体"三资"、乡村各经营主体、农村劳动力就业等情况。收集村民关于村庄建设、村务公开、公共事业等工作的民意心声，村委会可及时进行解释和反馈。

### （三）有助于改善乡村政务服务

利用信息技术构建一体化政务服务平台，可以实现乡村政务服务网上办理、在线监管与反馈，提高服务效能。利用政务信息平台发布政务服务办事指南，采用并联审批、信息共享、线上办理等方式，可以压缩审批环节、简化办事流程，并收集农民群众办事需求，从而能够更好更快地满足他们的政务服务需求。《数字农业农村发展规划（2019—2025 年）》明确要求，建设乡村数字治理体系，推动"互联网 +"社区向农村延伸，提高村级综合服务信息化水平。部分地区的社区政务服务网络已经延伸到村一级，在乡村设立便民服务中心或智能服务终端，村民可以通过网络平台或自助终端缴纳水电费和社保、办理信用卡和贷款、办理人口登记等。一些数字乡村试点地区把出生、入学、就业、婚育、建房、就医、救助、殡葬等主要的日常生活服务内容在线化，让村民在家中可以用手机办理大部分证件、证明、申请等事项，提高了政务服务的效率和便捷度。如浙江省衢州市的"龙游通"可以为农民群众提供线上政务服务，同时还提供上门服务工作模式。用户可以通过"网上约办"，随时随地语音联系网格员或村"两委"，工作人员可以即刻收到约办信息，给予及时处理反馈或将需要上级部门处理的事务在平台上直接转至上级部门。

### （四）有助于乡村公共服务供给精准匹配

信息技术有助于合理配置乡村公共服务资源。大数据技术可以通过对一些关键数据的挖掘分析，准确了解乡村公共服务资源分布情况，快速找到乡村公共服务供给的盲区、薄弱环节及需重点倾斜的人群和区域，准确核算提供公共服务的成本及公共服务资源的拥有率和使用率。"互联网+"可以为公共服务均等化提供有效途径，包括农村现代远程教育、公共数字文化等信息惠农工程，可以打通农村公共服务"最后一公里"，使公共服务成本降低，让基本公共服务资源覆盖更多的农村。一些地区整合开发优质数字教育资源，通过卫星和宽带网络免费推送，在农村学校布局远程教学设备，实现城乡学校教育的同步共享和互动，帮助薄弱学校和教学点开齐开好国家规定课程。一些地区在乡镇医院配备远程问诊、影像等指标采集和传输设备，甚至在村卫生室就可以通过远程医疗开展慢性病管理、家庭护理等服务，还可以应用大数据健康管理平台提供智慧医疗和智慧养老服务。

### （五）有助于提高乡村公共安全治理水平

利用人像比对、数据挖掘、地理信息系统等信息技术建立综合治理信息化平台，为乡村法治和公共安全治理提供了新途径。一是提供在线法律服务和普法宣传，完善乡村法治机制。将司法鉴定、公证、法律援助、仲裁调解、律师等法律服务资源网络化，通过移动终端、远程视频等手段为农村居民提供法律援助、司法仲裁、公证等法律服务，塑造法律制度保障。推广网络法律宣传，降低农村地区普法成本，帮助农民增强法律意识，为乡村法治创造有利条件。截至 2020 年上半年，有 20 个省份开发应用了智能移动调解系统，通过大数据分析研判，提高了乡村矛盾纠纷预测预警预防水平。二是推进综合治安数字化。部分地区利用"雪亮工程 + 网格化治理"等模式推进了社会治安数字化，提高了打击犯罪、防范风险的效率，降低了村聚众斗殴、入户盗窃等违法犯罪活动发生率，为创建平安乡村夯实了基础。如上海市宝山区推出的"社区通"将全区 557 个居委会和行政村全部纳入服务范围，并智能对接网格化系统、市公安局 110 接警系统，对治安问题实现即时反应。三是建立乡村数字化公共卫生安全防控体系。移动互联网的发展为公共卫生安全防控提供了重要支撑，提高了公共卫生治理数字化水平，2020 年的新冠疫情防控就是典型的例子。多地启动智慧乡村信息平台，利用布点到村的智能监测站，构建全天候、全方位、全场景监测的乡村公共卫生安全防控管理系统，发布最新的公共卫生政策和公共卫生事件进展信息，解决了乡村地域广阔带来的公共卫生管理不便的问题。农民在家中通过网络便可了解公共卫生事件暴发的时间、地点、传播途径、发展趋势、防护措施等信息，还能通过网络调配物资，减少人员流动并减轻群体恐慌。

# 三、乡村数字治理面临的现实约束

数字信息技术作为乡村治理的新手段，需要相关的支撑条件。从目前一些地区的实践来看，技术服务体系、应用基础、信息基础设施等均未完善，乡村数字治理面临着许多约束因素。

## （一）乡村数字治理的应用支撑不足

乡村数字治理需要信息基础设施和应用平台，不过这两方面与城市智慧社区治理相比还有不小的差距，其根源既有管理机制不顺的原因，也有投入和应用不足的原因。一是管理机制有待理顺。很多地区没有充分认识到乡村数字治理的必要性和重要性，只开展了一些简单的数字化应用，如仅建立村民微信群发布通知，尚未开展系统全面的数字化治理实践。有些地区把乡村数字治理简单理解为在线党务管理和信息发布，没有把政务服务、村务管理集成到信息管理平台。二是应用支撑平台建设不足。部分地区已开发的乡村治理数字化平台，处于"有建设无使用"状态。一些乡村数字治理平台开放性不足，没有设置多功能模块和编程接口，不能很好地支撑多部门开发或提供涉农应用。有些平台在建设前期缺乏对农民群众需求的调查，平台的功能不能满足农民群众的需求。有些平台只做了前期的系统架构，缺乏后期运营维护资金，系统不能进行迭代更新，设备也不能及时更换。有些平台的应用程序和服务功能操作较为复杂，无法让普通群众便捷使用，导致政府提供的数字平台利用率相对较低。

### （二）数据整合利用不足

数据是乡村数字治理的关键。农村数据统筹整合不足，开发利用层次低，制约了乡村治理数字化的进程。一是数据标准规范缺失。乡村数字治理需要建立农村生产、生活和管理的数据集，根据业务模块形成专题数据库，然后对涉农行政业务和乡村服务场景进行数字映射。乡村数字治理的内容、技术应用、数据共享等方面的技术标准未建立，大部分乡村的基础底数仍不清楚。在已有的实践中，各地根据自身需要自行设计数据采集标准，导致数据的异构化现象比较严重，数据采集的针对性不强；加之数据采集手段落后，一些数据采集人员对乡村事务不熟悉，可能会选择性地采集数据，使原始数据的完整性、真实性无法得到充分保障，进而无法对原始数据进行统一清洗和归集。二是数据共享难度大。一方面，乡村数字治理涉及多部门数据，因缺乏顶层设计以及共享机制，部门间数据共享开放不足，数据难以有效整合。另一方面，已建成的专题数据库开放性不够，没有为社会提供数据开发和应用创新的便利条件，数字乡村的应用较为单薄，主要依赖于政府开发的服务。三是数据安全存在隐患。乡村数字治理中大量核心业务数据、敏感数据和隐私数据需要在数据平台和移动智能终端之间传输，一旦储存及管理信息的部门存在数据管理漏洞，就会造成数据信息泄露。在当前的开发中，有些信息平台的隐私保护技术不足，数据安全的相关法规和条例不健全，农民群众的隐私保护意识不强，这些都加剧了数据泄露的风险。

### （三）治理主体的应用能力不足

治理主体的应用能力不足是乡村数字治理推广难的主要原因。一是农民的数字素养不足。对于文化素质相对较低的农民来说，接受数字治理模式具有一定的困难。第三次全国农业普查数据表明，全国农业生产经营人员的受教育程度普遍不高，初中及以下学历的比例为91.8%。受知识、技能、年龄等因素的影响，大部分农民缺乏数字技能，数据驾驭能力有限，运用网络获取数据信息的能力低，对真假掺杂的信息甄别能力不足。二是缺乏专业数据人才。目前的基层干部对数字乡村的认知较浅，利用信息化手段参与乡村治理的能力不足，基层政府与村庄所掌握的数据资源难以发挥有效作用。之前配备的农村信息员队伍虽然人数众多，但对新一代信息技术的掌握能力不足，不能满足农村专项数字化产品和服务的开发、数据平台运营维护等方面的信息化需求。三是针对性强的培训不足。数字治理作为新事物很难被农民群众迅速接受，需要通过培训提高农民的数字素养，从而培养出使用习惯。但目前的农民培训侧重于实用技能，不注重数字素养内容的培训。加之培训资源有限，培育的高素质农民数量偏少。"十三五"期间，全国累计培育高素质农民500万人[1]，且以现代青年农场主、产业扶贫带头人、新型经营主体带头人和返乡回乡农民为重点，而大部分普通的农民并没有接受系统培训，更没有机会接受数字技能培训。

---

[1] 数据来自农业农村部科技教育司《农业现代化辉煌五年系列宣传之十九：高素质农民 农业现代化生力军》，农业农村部网站。

### （四）农村信息基础设施较为薄弱

信息基础设施是乡村治理数字化的基础，但农村的信息基础设施尚不能满足乡村数字治理的需求。一是信息基础设施支撑不足。农村网络带宽不够、信号不稳定等问题依然存在，制约了农村地区远程医疗、在线教育、数字娱乐、移动出行等公共服务数字化供给水平。智慧基础设施、物联网传感器、"雪亮工程"等信息化设备的覆盖面有限，智慧农村警务建设、村镇公共安全视频监控联网建设等远远没有满足现有需求。二是数字化设施设备的投入不足。综合性的乡村数字治理需要"天空地"一体的村庄数据采集、基础设施的数字化改造、稳定的信息处理平台。绝大多数农村难以承担全套信息基础设施的建设支出，选择性建设信息基础设施、实现部分功能成为地方政府开展试点的普遍选择。此外，农村信息基础设施的投资回报率比较低，各地普遍对数据提取、处理、分析和应用开发的投入不足。在一些地区的乡村治理数字化改造过程中，计算机等设备配置以及网络信息化的进展程度均无法满足数字化治理需求。

### （五）乡村公共服务供给数字化进程相对滞后

乡村公共服务供给数字化还未得到广泛运用。一是公共服务数字化供给开发不足。由于空间广阔、人口密度小，乡村交通、医疗、教育等公共服务的应用量较小，而数字化改造又需要较多的投入，这导致成本收益率较低，社会资本参与的积极性不高。相较于城市，市场主体在乡村数字生活、数字医疗、数字教育等方面的开发利用不足。二是公共服务数字化供给应用推广难。公共服务数字化的主要目的是利用信息技术实现优质公共资源共享。乡村的公共服务基础较差，不一定能适应高水平的数字化共享。农村的学校和医疗卫生机构未能全面接入城市优质资源。如全国中小学（含教学点）的网络接入率达到 98.7%<sup>①</sup>，有的地方开展乡村中小学现代远程教育试点，通过互联网与国家示范中小学开展在线同步教学，为乡村中小学补充多门类课程。但受制于薄弱的乡村中小学师资力量，缺乏教师的同步辅导和参与，乡村中小学学生不太能跟上网课进度。在"互联网 +"医疗中也面临相似的困境，农村的基层医疗机构需要辅以必要的设备先对患者开展基础检测，但村卫生室还不能满足相关要求，即使是在乡镇医院也只能开展部分常见病种的远程诊疗。

## 四、乡村数字治理的创新路径

在新发展阶段，群众的需求日益增长，发展环境也日新月异，乡村治理的内容需要与时俱进，治理效能需要进一步提高。将信息技术更深入地应用于乡村治理，是推进乡村治理现代化的必然要求。乡村治理需从传统管理思维转向数据治理思维，加快治理的数字化转变，建立起高效便捷的数字化治理平台。

### （一）完善乡村数字治理管理机制和基础平台

理顺管理机制和完善应用平台是当前乡村数字治理的首要任务。一是统一标准，分类推进乡村数字治理。乡村数字治理涉及多项业务，鉴于不同地区和不同群体的应用基础不同，应采用统分结合的方式推进乡村数字治理。一方面，建立乡村治理数字化规划体系，制定包含基础设施、治理内容、治理效果等在内的乡村治理数字化建设标准，统一部署行政村的治理数字化转型。明确乡村党建、村务管理、公共服务、公共安全等治理内

---

① 数据来自国务院新闻办公室《国务院新闻办就网络扶贫行动实施情况举行发布会》，中国政府网，2020年11月6日。

容的数字化应用标准和基本流程，避免地方各自为政，造成系统不能兼容集成。另一方面，根据地方实际和群体特征，分区、分类推进乡村数字治理。数字化基础好的地方可以开展更多业务模块的数字化应用，并探索涉农业务数据系统的兼容并联；基础薄弱的地方可先从"智慧党建"和"线上村务"开始，逐步提高乡村数字治理的应用程度。针对文化水平不高、学习接受能力较弱的群体，可以开发特殊群体的专用版本，如"简易模式""老年关怀模式"等，尽可能避免对部分农民群众造成排斥。二是强化乡村数字治理的应用支撑平台。以省级政府政务服务平台为基础，整合本地各层级面向乡村居民的政务服务资源，建立覆盖市、县、乡镇、村的统一"融媒体＋政务服务"综合门户，支撑各级政府部门开发便民应用程序，实现更多涉农服务事项在线办理。利用已有的益农信息社、电商服务店、政务代办点等场所设施，开展电子政务查询、代办等服务，有条件的服务场所可配置自助机、机器人等智能终端。

### （二）完善乡村治理数据体系

着力解决数据采集、治理和应用等问题，建立乡村数字治理的数据基础。一是进行乡村基础数据采集。建立乡村数字治理的元数据标准、大数据指标体系以及数据库资源编码体系，开展乡村人口、产业、地理、基础设施等基础数据采集工作。利用基层网格员、村干部等力量进行定期数据更新。根据乡村治理需要，对原始数据进行清洗、脱敏和归集，基于治理业务板块形成相应的专题数据集。二是进行数据共享与汇聚。构建统一的数据共享交换平台，按需开放平台数据接口，与农业农村、民政、自然资源、公安等部门的数据实现在线共享，汇聚形成多层级的农村生产、生活和管理的数据集，支撑乡村政务服务信息资源跨地区、跨层级、跨部门互认共享，打破数据"孤岛化"现象，实现数据统一管理。三是加强数据安全管理。出台乡村数据安全相关规章制度，构建数据采集、传输、存储、处理等环节的安全防护体系，落实部门数据的安全监管责任，建立数据安全应急防控机制，警惕数据被窃取、破坏和滥用等现象的发生。四是加强数据的开发利用。在保证数据安全的基础上，通过开放授权向社会提供开发应用的便利条件，吸纳社会力量共同开发推广乡村数字治理的相关应用程序。

### （三）强化治理主体的数字技能

人才支撑是乡村数字治理落地实践的重要保障，需着力提升治理主体的数字素养，加大教育培训力度，使乡村数字治理能够落到实处。一是提升农民的数字素养。研发符合我国实际情况的"数字技能政策工具包"，协同推进覆盖全民的数字技能培训。将农村居民基础数字技能的培育作为主要目标，着力改善农村居民数字能力，提升农民对数字技术的认知程度。针对受教育水平低、年龄大、身患残障等弱势群体，提供以图像影音等为主的培训载体，同时通过"家庭内部培训""社区志愿培训"等途径，提高培训的便利性和可及性。二是改善数字素养的教育培训内容。对农村地区的学历教育、职业教育中的"电脑课"进行升级换代，改设数字技能培养课程，提高数字技能课程在教育培训中的比重。三是加强公共服务人员的数字技能培训。整合企业、职业院校、培训机构的资源，对基层干部、农村教师、乡村医生开展专门的数字技能培训。大力培育村"两委"、乡村信息人才、农村民间组织的数据意识和数据应用能力，造就一支强有力的乡村数字治理骨干队伍。

### （四）加快推进农村信息基础设施建设

信息基础设施是开展乡村数字治理和信息服务的基础。一是加大农村信息基础设施建设投资力度，弥补城乡数字鸿沟。建议继续大力推行"宽带中国"行动计划，着力实现农村通信网络的全方位升级扩容。加快 5G、千兆光纤、物联网设备等信息基础设施在部分有条件、有需求的农村地区布设。根据自身条件对农村交通、水利、电力、物流等基础设施进行智能化改造，以满足乡村数字治理需求。建设更为稳定高速的农村教育专网、医疗专网，实现所有学校、乡镇卫生院的互联网稳定快速接入。二是建立共建共享的政企协作机制。创新政府投资方式，对于公用性比较强的信息基础设施，可由政府引导产业基金等进行半市场化投资。建立多元市场参与机制，采取颁发许可证、建设补贴等多元化方式激励社会资本参与，让外资和民企等多元市场主体愿意投资建设农村信息基础设施。三是继续降低网络使用费用。实施"提速降费 2.0"行动计划，进一步加大针对农村居民、新型农业经营主体的网络专项降费力度，面向农村地区推出在线教育、医疗卫生、普惠金融、政务信息等公益性 App 的专项资费减免与优惠套餐，最大限度发挥互联网等信息基础设施的效用。

### （五）加快乡村公共服务供给数字化应用

拓宽数字信息技术在公共服务供给中的开发应用领域，推动大数据、区块链、人工智能等技术与医疗、教育、舆情监测、公共危机等方面的深度融合。一是健全政企合作建设运营机制。鉴于医疗、养老、文体等领域的数字化供给前期需要较大投资、在运营阶段能够产生一定的盈利空间，可开放授权，合理配置市场资源，引入企业参与公共服务数字化应用，减轻政府财政投入压力。二是提高乡村远程教学的质量。建议省级层面统筹推进教育资源数字化，整合优质城市学校的精品课程、名师课堂，均衡安排城市学校与农村学校对接，为农村学校提供能同步共享和互动的在线课程。依托互联网开展网络研学、集体备课、结对帮扶等，帮助乡村教师提升教学能力。三是进一步推广乡村远程医疗。建立省级远程医疗服务平台，统一调配医疗资源，逐级建立远程诊疗中心，为基层医疗机构提供急危重症、疑难杂症的远程医疗服务。试点推进部分县级医院"5G+远程医疗"工程，试点推进为乡村医生配备智能手机与专属应用的"互联网＋乡村医生"工程，利用远程医疗服务平台扩大乡村医生的诊疗服务范围。四是加快布局农村智慧养老。建立智慧养老服务信息平台，利用智能穿戴设备、家居设备等为农村老年人提供随身监护、健康管理、医疗保健等服务，把所有的养老机构和场所都纳入日常监管。开发智慧养老呼叫服务，根据居家老年人呼叫需求，提供上门清洁、做饭等服务。

执笔人：殷浩栋　孙成龙

# 丘陵山区农业现代化与农村现代化
# 一体设计、一并推进的思路与建议

我国 2/3 的国土空间面积是山区丘陵，涵盖了 59.8% 的村庄和 50.28% 的乡村常住人口，拥有大量粮食产能和后备耕地资源，是我国粮食安全的重要保障，也是果、茶、食用菌等农林产品的优势产区和畜禽养殖、反季节蔬菜生产的重要基地。丘陵山区过去长期是我国深度贫困相对集中的地区，现在依然是乡村振兴基础相对薄弱、需要重点帮扶的地区和推进农业农村现代化的难点地区。同时，丘陵山区还是江河水源地、森林和生物多样性富集区，承担着重要的生态涵养功能，内陆边境和少数民族聚居区也主要位于山区，因此丘陵山区的农业农村现代化对于维护我国生态安全、边境安全、民族团结与社会和谐稳定具有重要意义。丘陵山区农业生产、村落布局和生态功能的特殊性，决定了其更加迫切需要农业现代化和农村现代化的一体设计、一并推进，以更有效地整合发挥特色资源优势及协调好生产、生活、生态功能。

## 一、丘陵山区农业现代化与农村现代化的优势与机遇

山区和丘陵地区地形起伏多变，高大连绵的山脉分隔出相对封闭的沟

谷、盆地与山间小平原，海拔高度的变化形成垂直分布、层次分明的气候带，使丘陵山区具有三维立体的空间布局与复杂多样的自然环境，同平原地区有较大差别。因此造成丘陵山区的农业生产方式与村庄空间布局，具有不同于平原地区农业与农村的自身特点，并形成丘陵山区农业农村现代化的特色优势。

### （一）丘陵山区具备良好的生态环境与多样的生态资源，是发展优质特色高值农业的资源优势

丘陵山区在生态环境资源上具备优势。一是生态环境良好。与平原地区相比山区人口密度较低，人类活动强度和开发程度更低，大部分地区具有相对自然原始的生态环境，森林植被覆盖率更高，生态破坏和污染物积累程度明显低于平原地区。我国国家级自然保护区中大部分位于丘陵山区（包括青藏高原地区），第一批设立的 5 个国家公园也都位于丘陵山区。二是生态资源多样性更为丰富。海拔差异形成的山地垂直气候带，以及由于山脉阻隔造成的地理隔离和局部小气候，为山区带来高度丰富的气候多样性、环境多样性、生物多样性、景观多样性。

丘陵山区的良好生态环境及其多样性，成为发展优质特色高值农业的资源优势。各种农作物中，蔬菜、水果、茶叶、中药材等经济作物的价值一般要高于粮食、油料、棉花等大田作物，其单位面积产值一般是大田作物的 1.5 倍以上，有的甚至能达 3~4 倍（见表34），这些农作物的种植业和畜牧养殖业可以被称作"高值农业"。山区和丘陵地区虽然耕地资源少，但适宜发展高值农业，山坡地是茶叶、中药材、多种水果的优势产区，山区相对凉爽的气候、相对隔离的空间、丰富的林草资源为发展畜牧养殖业提供了有利条件。像浙江、福建、广西、贵州、云南等山区丘陵比重较高的省份，同时也是高值农作物种植比重较高的省份；而像山西、宁夏南部

山区和青藏高原，虽然由于水土气候等原因高值农作物占比不高，但有较高的畜牧业产值比重（见表34）。同时，丘陵山区的生态环境资源优势，使当地适宜生产对产地生态环境要求较高的优质农产品，并选择适合本地条件的区域品种，形成独具特色的优势产业。如云南、甘肃等省，利用高原山区高海拔的气候差异和无污染的生态环境，形成绿色有机的反季节高山蔬菜、水果、花卉等优势产业，浙江临安依托当地野生山核桃资源形成山核桃与坚果加工产业集群。贵州省六盘水市水城区根据海拔高度和土壤、气候差异，将海拔1400米以下划为猕猴桃优势带，1400~2000米划为刺梨优势带，2000米以上作为畜牧养殖业发展区。特色高值农业与特色产业，成为推动丘陵山区经济发展、支撑乡村建设、带动农民增收的主要力量。贵州省六盘水市水城区2020年农民人均可支配收入11273元，比2014年增长76.1%，其中来自经营性收入增长的贡献占比达74.7%（见表35）。

表34　　　　　　　　山区丘陵占比较高省份高值农业生产情况

| 地区 | 山区丘陵比例（%） | 高值农作物种植面积占比（%） | 高值农作物亩均产值与农业亩均产值比 | 高值农作物产值占农业产值的比重（%） | 畜牧业产值占农林牧渔产值的比重（%） |
|---|---|---|---|---|---|
| 山西 | 67.52 | 16.25 | 3.77 | 61.23 | 29.43 |
| 浙江 | 72.58 | 52.37 | 1.57 | 82.46 | 11.78 |
| 福建 | 85.00 | 54.88 | 1.52 | 83.60 | 19.72 |
| 广西 | 76.54 | 42.01 | 1.47 | 61.90 | 5.47 |
| 重庆 | 90.93 | 34.03 | 2.14 | 72.92 | 29.07 |
| 四川 | 90.55 | 25.45 | 2.69 | 68.46 | 33.56 |
| 贵州 | 92.50 | 42.78 | 1.87 | 80.09 | 21.33 |
| 云南 | 93.60 | 31.21 | 2.12 | 66.28 | 32.43 |
| 宁夏南部山区 | — | 12.19 | — | — | 46.70 |
| 西藏 | — | 12.64 | 5.17 | 65.39 | 50.94 |

续表

| 地区 | 山区丘陵比例（%） | 高值农作物种植面积占比（%） | 高值农作物亩均产值与农业亩均产值比 | 高值农作物产值占农业产值的比重（%） | 畜牧业产值占农林牧渔产值的比重（%） |
|------|------|------|------|------|------|
| 青海 | — | 17.34 | 3.94 | 68.12 | 55.19 |
| 全国 | 64.04 | 22.68 | 2.87 | 62.55 | 26.67 |

注：高值农作物包括蔬菜、瓜果、茶叶、中药材，高值农作物种植面积包括蔬菜、中药材种植面积和果园、茶园面积。

资料来源：2020年《中国统计年鉴》《中国农村统计年鉴》和相关省份统计年鉴，全国和相关省份地理国情普查公报。

**表35　贵州省六盘水市水城区2014年、2020年农民人均可支配收入增长情况**

| 农民人均可支配收入 | 2014年收入（元） | 2014年收入构成（%） | 2020年收入（元） | 2020年收入构成（%） | 收入增量（元） | 收入增长的贡献（%） |
|------|------|------|------|------|------|------|
| 工资性收入 | 3642 | 56.9 | 4140 | 36.7 | 498 | 10.2 |
| 经营性收入 | 1777 | 27.8 | 5415 | 48.0 | 3638 | 74.7 |
| 财产性收入 | 899 | 14.0 | 1506 | 13.4 | 607 | 12.4 |
| 转移性收入 | 82 | 1.3 | 212 | 1.9 | 130 | 2.7 |
| 总计 | 6400 | 100 | 11273 | 100 | 4873 | 100 |

资料来源：《六盘水统计年鉴2015》、六盘水《2021领导干部手册》。

## （二）丘陵山区丰富多彩的自然景观与人文风情，成为发展乡村特色产业、建设和谐美丽乡村的资源优势

丘陵山区在人文环境资源上具备优势。一是丘陵山区保存有我国最为原生态的人文历史传统。丘陵山区相对封闭的地理环境和丰富的生态资源，成为历史上先民躲避战乱灾荒的世外桃源。长期自给自足、相对封闭的生活环境，使山区村落相对平原地区保留了更多的传统农耕文化和民俗文化因素。我国现已评定的487个历史文化名村，绝大多数地处山区和丘陵地区。二是丘陵山区保存有我国最丰富的民族文化多样性。丘陵山区是我国少数民族的主要聚居区，也是历史上汉族移民迁入并开发的地区，形

成了丰富多彩的少数民族文化和客家、屯堡等独具特色的汉族地域文化。

丘陵山区丰富多彩的自然景观与人文风情，成为发展乡村特色产业、建设和谐美丽乡村的资源优势。丘陵山区集中了我国美丽的自然风光与丰富多彩的民俗文化，是当地农村发展休闲旅游、特色农产品加工、民族手工艺等乡村第二和第三产业的资源基础。在农业农村部 2021 年认定的 60 个全国休闲农业重点县中，属于山区县和丘陵县的分别为 27 个和 15 个，占总数的 70%。被誉为"中国最美乡村"的江西婺源和被誉为苗族文化"露天博物馆"的贵州西江千户苗寨，成为全国闻名的旅游目的地。浙江临安、江西靖安、贵州修文等地乡村，兼具绿水青山、气候宜人的生态景观优势和靠近大城市、交通便利的地理区位优势，成为周边杭州、南昌、贵阳等城市市民休闲度假、消夏避暑的目的地。每年夏季都会有大量城市老人到靖安县中源乡三坪村居住，全村 2020 年实现旅游综合收入 6000 万元。丘陵山区乡村厚重的历史传统与文化风俗，也是当地开展乡村建设、培育文明乡风的重要基石。为克服土地空间狭窄的局限，丘陵山区的村庄空间布局大多顺应山形地势，房屋建筑适应水土气候，充分利用道路和河流资源，形成了福建土楼、湘西吊脚楼、陕北窑洞等特色鲜明的建筑形式，是当地进行村庄规划、开展乡村建设时重要的风格参照。丘陵山区村民在开发山林的长期生产生活实践中形成的，体现不惧艰险、敬畏自然、团结协作精神的民风民俗，也成为当地培育淳朴文明乡风、助力乡村自治德治的文化来源。

### （三）近年来丘陵山区人口大幅减少，为进一步提升生态环境资源禀赋，实现具有山区特色的农业现代化带来了机遇

丘陵山区人口大幅减少，为进一步提升生态环境资源禀赋，实现高值农业生产的规模化、专业化带来了机遇。近年来，农村人口减少、村

庄空心化成普遍趋势，而丘陵山区农村人口减少和村庄空心化的程度更是甚于平原地区。许多丘陵山区村庄空心化率超过50%，东南丘陵和西南山区一些村庄甚至超过80%（见表36）。位于吕梁山区的山西临县周家沟、杨家沟等五个偏远自然村常住户仅剩73户，常住人口流失率达70.6%。此外，还有以扶贫、避灾、保护生态等为目的有组织的移民搬迁，将人口从高山深山区向外转移。例如，宁夏从1982年起的30年内，将南部山区66万农民迁移到平原或生产生活条件较好的地区（朱丽燕，2011）；陕西从2011年起利用10年时间，将60万户240万名农村居民从深山老林、灾害频发、地方病流行的地区搬迁到生存条件较好的平川河谷地区（何得桂，2016）。丘陵山区人口大量外迁，显著减轻了当地环境承载压力，使生态环境得以恢复和改善。从1999年起，全国累计实施退耕还林还草5亿多亩，25度以上坡耕地全部纳入退耕还林范围。陕西米脂、宁夏原州等地农村人口外迁后，留下的耕地很快恢复为林地或草地；重庆酉阳耕地撂荒后也迅速恢复为杂木林，当地村民反映滑坡等自然灾害明显减少（张凤荣等，2019）。人口从高山深丘区退出后，这些区域的农业生产结构得以调整，用适应山区条件、体现当地特色的经济作物替代不具优势的粮食作物；遗留的村庄建设用地与耕地可以复垦或还林，形成连片的山区特色生态农业发展空间。如贵州省六盘水市水城区，将位于高山区的村庄整体搬迁、村民集中安置，将土地退耕还林，流转给种植企业与合作社发展规模化的猕猴桃、刺梨、茶叶种植。宁夏南部山区经过生态移民和退耕还林还草后，利用草山草坡资源发展肉牛养殖，形成的宁夏六盘山肉牛产业集群2020年被农业农村部认定为全国50个优势特色产业集群之一，成为当地农民脱贫增收的支柱产业。

表36　　　　　　　　典型丘陵山区村庄人口空心化情况

| 区域 | 村庄 | 户籍人口数量（人） | 常住人口数量（人） | 空心化率（%） |
|------|------|------|------|------|
| 东南丘陵 | 福建德化县东里村 | 1300 | 120 | 90.77 |
| | 福建德化县南斗村 | 2253 | 375 | 83.36 |
| 北方丘陵 | 内蒙古和林格尔县台格斗村 | 900 | 400 | 55.56 |
| | 内蒙古和林格尔县白旗夭村 | 876 | 402 | 54.11 |
| 黄土高原 | 山西临县刘家村 | 150 | 35 | 76.67 |
| | 山西临县周家沟村 | 75 | 8 | 89.33 |
| 西南山区 | 重庆西阳县小湾村 | 120 | 19 | 84.17 |
| | 重庆西阳县清沙坨村 | 100 | 21 | 79.00 |

资料来源：福建、重庆村庄资料来自张凤荣等（2019），内蒙古、山西村庄资料来自笔者2021年实地调研。

## （四）近年来丘陵山区村庄布局调整，为推进乡村建设，改善山区农村人居环境与乡村面貌带来了机遇

易地扶贫搬迁、生态移民、避灾移民搬迁等一系列政府主导的政策性移民搬迁，以及村民自发外迁，使常住人口从高山深丘区逐步退出，村庄居住生活空间向道路沿线和城镇周边聚集。内蒙古和林格尔县白旗夭村，2021年有常住人口156户402人，其中85%的村民居住在公路相对集中的4个自然村，只有14户居住在远离公路的山上。白旗夭村2018年制定了人居环境整治工程规划，规划与建设内容也重点关注公路沿线的4个自然村。各类政策性移民搬迁也主要将移民安置社区建在中心村、集镇或县城，使村庄布局向道路沿线的中心村与城镇集中。"十三五"期间易地扶贫搬迁共搬迁960万人，其中52.1%被安置在城镇安置区。贵州六盘水市水城区19个集中安置点，有6个在县城，12个在集镇，1个在中心村；山西吕梁87个集中安置社区有81个在县城，6个在乡镇。新建安置社区同迁出地相比，村庄规划水平与建筑质量都得到提升，各类基础设施与公共

服务配套更加完善，人居环境得到显著改善。如山西临县城庄镇五和居社区，是将 5 个偏远山区自然村整体搬迁的集中安置区，社区住房有燃气，可以集中供暖，社区内配套有幼儿园和老年人日间照料中心，由于社区建在集镇上，村民上学、就医、购物都更为方便。一些地区还利用新建安置社区的机会开展美丽乡村建设，使乡村整体风貌得到改观。贵州六盘水市水城区将在高山区的彝族村庄搬迁下山，将集中安置社区打造为彝族文化小镇，每年能够吸引大批游客，村民也可通过民宿接待、民族手工艺等产业实现增收。

## 二、丘陵山区农业现代化与农村现代化一体设计、一并推进面临的障碍与风险

### （一）丘陵山区农业农村现代化面临资源环境方面的约束

地形崎岖、位置偏远、交通不便，是丘陵山区农业农村现代化面临的最大环境障碍。一是增加了山区农村居民开展人员、物资交流与获得信息、要素资源的成本。山区丘陵的崎岖地形增加了交通运输成本，进而抬高生活用品与服务价格，致使当地农村居民面临更高的生活成本。同时，丘陵山区交通不便，阻碍了信息传播与要素流动，使当地农村难以及时获取外界发展信息，要素资源发生低效"错配"（刘升，2021）。二是增加了山区特色农业对接消费市场的物流运输成本。山区特色农产品大多具有时间敏感的特点，水果、蔬菜保质期短，反季节农产品依靠市场时间差，对缩短运输时间和运输过程中保鲜都有更高要求。为此，需要采取高速公路、航空等较快捷途径来运输农产品，并在全程配套建设保鲜冷链设施，这使山区特色农业具有较高的物流运输成本。三是增加了山区农村基础设施、公共服务和社会治理的供给成本。山区丘陵的起伏地形大大增加了道

路等公共基础设施的建设难度，其建设成本往往是平原地区的若干倍。而丘陵山区公共服务和社会治理的辐射半径也受到地形与交通的极大限制，要维持同样的覆盖范围需要公共部门付出更高成本。

地域空间狭窄、土地资源有限，是丘陵山区农业农村现代化受到的资源硬约束。丘陵山区尽管相对平原地区人口密度较低，但地势低平、适宜人口集聚与产业发展的空间少。据已有研究资料，山区90%以上的村庄聚集分布在较低海拔的地区，80%以上的村庄和建筑分布在坡度20度以内的较平缓地区（冯应斌、龙花楼，2020）。绝大多数人口、耕地和建设用地集中在狭小的空间，丘陵山区人多地少问题较为突出。首先是耕地资源不足。丘陵山区耕地总量和人均耕地面积小，且耕地地块受地形影响高低不平，细碎化程度高，其中不少属于耕种难度大且易造成水土流失的坡耕地。据国土资源三调数据，我国现有耕地资源中坡度在15度以上的耕地面积为1.79亿亩，占全部耕地面积的9.35%，坡度在25度以上、应退耕还林耕地面积为6337.83万亩，占耕地总面积的3.31%。其次是建设用地资源紧张。在丘陵山区有限的平地资源中，大部分早已被开垦为耕地、划作基本农田，只留下少量建设用地用于村庄与城镇建设，而将山地、林地变为建设用地则受到地形地质条件和生态环保要求的限制。据《中国县域统计年鉴2016（乡镇卷）》数据，全国山区县乡镇按城镇常住人口计算的人均建成区面积为0.08公顷，丘陵县乡镇为0.06公顷，而平原县乡镇为0.11公顷。在西南、西北山区，许多县城与集镇受地形限制只能沿山谷一线布局，城市建筑与各类公共设施都要以"螺蛳壳里做道场"的方式见缝插针而建，很难再拿出更多建设用地来发展乡村产业与支持乡村建设。

自然灾害风险，是丘陵山区农业农村现代化面临的特殊限制。一方面，丘陵山区地形与地质结构复杂、天气瞬息万变，冰雪霜冻、暴雨洪水等自然灾害发生概率较高，再加上崩塌、滑坡、泥石流等山地特有的自然灾害，丘陵山区的自然灾害发生概率明显高于平原地区。另一方面，丘陵山区人口与经济资源分布比平原地区更为集中，基础设施与经济条件相对薄弱，当地城镇、村庄和家庭抵御灾害、承受损失的能力较低，面对自然灾害时更加脆弱。因此，丘陵山区的农业农村现代化需要更多考虑自然灾害风险，例如在村庄选址与产业布局上要主动避开灾害高风险区域，在各项建设上要采用更高的抗灾质量标准，在产业发展中选择抗风险能力更强的品种、生产与经营方式。同时，还需要为防范和应对灾害风险而增加投入，例如防灾设施与保险投入，预留防灾物资储备与资金储备，以及为抗灾救灾、弥补灾害损失与开展灾害重建的投入等，这些都为丘陵山区的农业农村现代化带来额外的成本。

## （二）山区特色农业面临市场竞争能力不足的风险

山区特色农业是完全商品化、完全参与市场竞争的农业，市场竞争能力不足是山区特色农业面临的主要障碍。

一是丘陵山区的相对封闭性，造成好产品藏在深山人未知，难以形成品牌知名度与市场影响力，难以掌握市场定价权。山西临县被原国家林业局命名为"中国红枣之乡"，临县红枣是国家地理标志保护产品。然而，临县农民手中的红枣长期以来都是由外地商贩收购，运到外地包装加工，打上外地品牌标签进行销售。在红枣消费量大的北上广等大城市，消费者根本不知道自己消费的红枣产自临县。与临县红枣的"默默无闻"形成对比的，是贵州六盘水市水城区对本地猕猴桃和刺梨产业的品牌打造与宣传。水城猕猴桃是从四川引进的，刺梨是当地一种野生水果，外地消费者对其都缺乏了解。当地政府平台企业持有猕猴桃与刺梨公用品牌，并统一宣传打造和运营，水城红心猕猴桃连续三年获得央视广告免费宣传推广，刺梨产品进入高铁列车和车站、加油站、高速公路服务区超市，迅速扩大了相关产品在全国的知名度。

二是山区特色农业前期投入大，投入能力不足制约了其高水平高质量发展。如水果、茶叶生产，其高标准果园、茶园等生产基础设施建设，以及专业技术支撑、产业体系配套，都需要大量前期投入，是发展山区特色农业的沉没成本。临县核桃是与红枣齐名的当地特色产品，由于经营主体多为分散的小农户，因此缺乏对核桃种植的资本与技术投入能力。小农户生产不具规模优势，自家种植核桃的收入不如外出务工的收入，越来越不愿在核桃树上下功夫，导致核桃产量下降、品质退化，核桃产业陷入低水平发展陷阱。贵州六盘水市水城区的猕猴桃产业则利用当地煤炭产业转型升级契机，引导部分煤老板转投猕猴桃种植，为猕猴桃产业发展带来充足的资金支持。全区猕猴桃种植面积达 11.5 万亩，其中完成田间喷（滴）灌等基础设施建设的高标准"吨产园"面积 0.7 万亩。全区猕猴桃生产经营主体共有 123 个，主要是龙头企业与合作社，覆盖了猕猴桃的生产、加工、科技、物流、销售、电商、休闲观光等全产业链各环节。

三是山区特色农业生产周期长，面对市场需求变化难以适时进行调整。以林果为代表的山区特色农作物从种植投产到实现挂果、产生经济效益，往往需要经历数年的时间。在这一过程中，早期对市场空间缺乏准确预判，产能规模盲目扩大，中期不能及时开拓下游市场，或者后期市场需求发生变化，都会使山区特色农业陷入产能过剩、产品滞销的困境。如贵州六盘水市水城区的刺梨产业，从 2015 年起步到现在，种植规模已达到 40 万亩，其中 5 万亩已进入盛果期，当年可产刺梨鲜果 1.5 万吨。为消化快速增长的刺梨产能，当地政府一方面出资成立加工龙头企业，承诺本地刺梨实行保底收购加工；另一方面在全国利用各种途径大力开拓刺梨产品销售市场，力图消化现有产能。未来几年，随着 40 万亩刺梨全面进入盛果期，鲜果产量将达到十几万吨，当地政府和龙头企业将面临更大的加工和销售压力。猕猴桃产业也面临类似压力。近年来，许多山区在选择扶贫产业时不约而同地发展猕猴桃种植，其产能规模急剧扩张。2019 年全国猕猴桃种植面积比 2015 年增加 60%，鲜果产量可使全国每人分得 2 千克。贵州省 2017 年就制订计划，到 2020 年将猕猴桃种植面积扩大到 80 万~100 万亩，是 2015 年种植面积 32.4 万亩的 3 倍左右。各地扎堆种植猕猴桃，造成市场短期内供大于求，待产能释放后行情又陷入低迷，一些地方猕猴桃地头收购价直接被腰斩，甚至出现果在枝头无人收的情况。

## （三）山区农村面临人口与产业快速"空心化"与资源过度开发、生态环境退化的风险

丘陵山区乡村人口大幅减少，如果不能及时调整村庄布局、转换空间功能，就会面临人口与产业快速"空心化"导致的乡村凋敝的风险。农村现代化离不开农村常住人口与乡村产业的支撑，乡村产业是乡村振兴的经济基础，而乡村产业发展、乡村建设和乡村治理，都要依靠乡村人力资源。虽然乡村人口减少是城镇化进程中的普遍现象，但若任由乡村人口快速流失而不加调控，村庄的各项功能就难以为继，会陷入萧条凋敝境地。日本农村地区在 20 世纪 50 年代以后出现的"过疏化"现象，就是我们需要吸取的教训。日本在农村城镇化过程中乡村人口快速流失，常住人口数量减少且严重老龄化，难以支撑农业生产与农村各项公共事业，乡村因此呈现萧条景象。在各主要发达国家和地区中，日本是唯一在城镇化进程完成后，乡村人口比重快速下降的国家。当前，我国许多农村也出现人口与产业"空心化"现象，丘陵山区农村尤为明显。如内蒙古和林格尔县，有 278 个自然村常住户数少于 20 户，58 个自然村常住户数不到 5 户，这些村庄已难以支撑产业发展、提供治理与服务。如果不能及时调整村庄布局、建设中心村与城镇，形成能集聚人口与产业的乡村区域中心，丘陵山区乡村的人

口流失与产业"空心化"将会不断加快加深，掏空乡村振兴的基础。

丘陵山区在发展乡村产业与开展乡村建设过程中，如果过度开发环境资源，就会导致环境退化、资源被破坏，丧失此方面的禀赋优势。过去，山区农村受困于人口压力和耕地资源、水资源的限制，往往以伐木、垦荒等方式"靠山吃山"。这样做虽然能解决一时生存难题，但也导致山区水土流失、生态退化、灾害频发，引发大自然对人类的报复。如西海固地区、西南石漠化地区，就曾经陷入资源开发、生态破坏和贫困的循环陷阱。如今，一些山区村庄依然通过采石、采矿等方式"靠山吃山"，所造成的资源破坏、环境污染和地质灾害隐患是难以避免的。即使是发展山区特色农业等"绿色"产业，也存在因超出资源环境承载力导致环境退化、产业受损的风险。如一些南方山区在发展柑橘等水果产业过程中，曾因大规模开辟荒山、建设果园造成水土流失，又因大面积单一种植使生物多样性下降、生态平衡被破坏，一度造成柑橘黄龙病大规模流行，导致果农"减产又减收"（杨文侠、唐焕庆，2014）。同时，山区乡村也存在过度建设破坏环境资源的风险。如一些村庄在旧村改造或新村建设过程中，或占用山林、耕地、河道资源大兴土木，或不顾历史文化随意拆旧建新，使村庄的自然田园景观与历史人文风貌被破坏。还有一些地方以开展乡村建设和发展乡村旅游产业为名，行开发房地产之实，在占用建设用地、生态空间等环境资源的同时还可能诱发经济、社会风险。

## 三、丘陵山区农业现代化与农村现代化一体设计、一并推进的思路与建议

2018年9月习近平总书记在十九届中央政治局第八次集体学习时指出，要科学把握乡村的差异性，因村制宜，精准施策，打造各具特色的现

代版"富春山居图"①。丘陵山区农业农村现代化，应充分立足于丘陵山区现实条件，发挥丘陵山区在生态与人文环境方面的资源优势，描绘一幅独具特色的山水田园风景画。

### （一）基本思路

丘陵山区农业现代化的基本思路是，依托丘陵山区良好、多样的生态与人文环境资源，高水平发展山区特色农业与特色产业。通过规模化经营、集约化生产提高产品质量、降低生产成本，通过品牌打造、产业化经营提升产品附加值、实现多功能性与多元价值。丘陵山区农村现代化的基本思路是，顺应山区人口变化与村庄布局调整趋势，高水平建设中心村、小城镇等区域中心。通过提升区域中心的人居环境、基础设施与公共服务水平，吸纳山区乡村常住人口与村庄生活空间向此聚集，使山区特色农业生产空间得以集中，并扩大生态空间。

高水平建设中心村、小城镇等区域中心，为山区特色农业与特色产业高水平发展创造有利条件，是丘陵山区农业现代化与农村现代化一体设计、一并推进的关键点。区域中心能够集中更多的人力资源，配备更为完善的基础设施与公共服务，形成更高水平的消费市场；能够更高效地利用建设用地资源、容纳产业聚集，是发展加工销售、旅游服务等第二和第三产业的适宜空间；能够进一步集中生产空间、扩大生态空间，促进山区特色农业生产规模化，夯实山区特色农业与特色产业发展的生态基础。并且，区域中心建设需要抓住山区人口转移与村庄布局调整的窗口期，吸引人口聚集并带动要素与产业聚集，一旦错过窗口期将导致不可逆的人口流失与产业"空心化"，错失丘陵山区农业农村现代化的机遇。

---

① 中共中央党史和文献研究院：《习近平关于"三农"工作论述摘编》，中央文献出版社2019年版，第24页。

### （二）具体建议

第一，大力保护山区生态与人文环境资源，厚植自然生态与文化特色的优势基础。良好、多样的生态与人文环境是发展山区特色农业与特色产业的基础，也是建设山水田园美丽乡村的基础。山区的自然生态环境和历史文化资源一旦被破坏就难再恢复，即使修复也难以具备原生态的内容与功能。因此，首先，丘陵山区要将保护生态环境与人文环境放在第一位，在保护的基础上发展建设。做好气候土壤等生态要素、物种与种质资源、文物与文化遗产资源的调查，摸清生态与人文环境资源家底。严格落实生态环保红线和文物保护等相关规定，严格保护自然环境与历史文化遗存。发展各类特色农业应优先保护生态系统与物种资源，如有机农业生态环境、地方特色品种等；开展乡村建设应优先保护古镇、古村、古建筑；发展乡村旅游、特色手工业应优先保护并传承传统艺术与技艺等。其次，在选择产业与发展方式上要有所为、有所不为。应严格限制伐木、开矿、采石等对环境资源有长期破坏的产业，已有的应有序退出。发展特色农业与特色产业、开展乡村建设时应充分考虑当地自然生态与人文环境，鼓励采用生态循环的生产方式，村庄、城镇的建设风格要同当地传统布局风貌相协调，探索森林碳汇等生态资源价值实现的新途径、新方式。严格禁止滥用化肥农药、排放与转移未经处理的污染物等行为。

第二，提升组织化水平、推动高质量发展，增强山区特色农业的市场竞争能力。一是提升山区特色农业的产业组织化水平。鼓励龙头企业等有实力的新型农业经营主体牵头开发特色农业生产基地，提高特色农业的资本、技术投入密度。引导各经营主体开展横向联合，同产业链上下游开展纵向一体化，实现抱团发展。根据下游市场需求端销售能力、中游加工运输能力，确定上游生产端的种植、养殖规模，减少生产的盲目性。例如贵州六盘水市水城区猕猴桃产业，由政府平台公司牵头、组织各经营主体成立猕猴桃产业集团，持有公用品牌，统一负责果品分级、定价和对外销售，避免各经营主体的内部恶性竞争。二是提升山区特色农业的产业化经营水平。推动山区特色农业纵向延伸产业链，加大对品牌打造、产品研发与市场开发的投入，通过精深加工、高端市场销售提升附加值。引导山区特色农业横向拓展多种功能，发展"农业＋旅游""农业＋研学""农业＋康养"等融合产业，以多功能性实现多元价值。三是提升山区特色农业的硬件保障水平。加大山区农业基础设施建设投入力度，推广建设高标准农田、果园、茶园。完善特色农产品优势产区的冷链仓储、道路交通等方面的基础设施，降低农产品的保存、运输成本与损耗。研发推广适合山区特点的农业机械，利用物联网技术，提升山区特色农业的机械化、智能化水平。加强农业气象等防灾减灾能力建设，有针对性地设计和推广保险产品，强化山区特色农业的防风险能力。

第三，抓住村庄布局调整机遇，集中力量建设中心村与小城镇，提升区域中心的吸纳集聚能力。一是大力建设山区中心村与小城镇。扩大中心村、城镇的人口容量，提升住房条件、人居环境与公共服务能力、社会治理水平，使其成为山区常住人口聚集的集中居住社区。整合区域内建设用地资源，配套完善各类基础设施，使其成为土地利用集约高效的产业发展基地。依托相对集中的人口、基础设施与公共服务，聚集商业资源与消费市场，使其成为旅游商贸服务中心。二是完善山区道路交通基础设施布局。提升中心村、小城镇连接大城市与火车站、机场、港口等交通枢纽的道路等级，形成山区通向山外大市场的快速便捷交流通道。大力建设连接区域中心同特色农业生产基地、旅游景区的道路系统，形成山区内部人员物资交流的毛细血管网。建设完善装卸、停车场地和车站、休息服务区等配套设施。三是增强山区各类基础设施的抗灾防风险能力。通过合理规划实现建筑、道路的避灾选址，根据当地实际情况提高建设质量标准，配套建设防灾、抗灾和避险设施，完善人员物资储备，加强救灾应急力量建设。四是及时转换人口迁出区空间功能。通过复垦、退耕还林、封山育林等措施恢复撤并搬迁类村庄的自然生态，推动村庄空间功能向特色农业生产空间和生态空间转换。

执笔人：宁夏

## 参考文献

[1] 朱丽燕. 生态移民与宁夏西海固地区的扶贫攻坚[J]. 农业现代化，2011（4）：413-417.

[2] 何得桂. 山区避灾移民搬迁政策执行研究：陕南的表述[M]. 北京：人民出版社，2016.

[3] 张凤荣等. 土地的视角：山区农村的起源、现状和未来[M]. 北京：中国农业大学出版社，2019.

[4] 刘升. "错配修复"：交通发展对山区农民增收的内在影响机制研究[J]. 理论月刊，2021（8）：123-132.

[5] 冯应斌，龙花楼. 中国山区乡村聚落空间重构研究进展与展望[J]. 地理科学进展，2020（5）：866-879.

[6] 杨文侠，唐焕庆. 南方山区集中连片大规模开发果园的建议——由安远县柑橘黄龙病引起的反思[J]. 江西林业科技，2014（4）：51-54.

专题报告十一

# 城郊地区农业现代化与农村现代化
# 一体设计、一并推进的思路与建议

我国城郊地区在国土空间中占比不大,但比较特殊而且意义重大。在行政体制上,城市郊区由城市管辖。城市郊区是城市的重要组成部分,在农业现代化和农村现代化发展上与非城市的乡村地区,特别是粮食主产区、丘陵山区等有很大不同。从调研情况看,城郊地区应依托区位优势,把改善环境、做强产业、吸引人才、投入资金和提升治理作为着力点,充分发挥政府、市场和社会的作用,推进农业农村现代化一体发展。

## 一、城郊地区农业现代化与农村现代化的主要特点

城郊地区是我国城市中心区和乡村核心区的中间地带和过渡地带,是相对中心城区和核心乡村及偏远乡村而言的区域,是我国现代经济增长的重要区域。这类地区既有发展农业和乡村的任务,也有发展非农产业和城镇的任务,既要考虑生产发展的因素,也要考虑生活居住的因素,还要考虑生态环境建设保护的因素。改革开放以来,我国城郊地区在探索推进农业现代化和农村现代化的实践过程中取得了重要经验,具有鲜明的时代特色和地域特色。

## （一）注重发展都市现代农业，加快改造传统农业，推进农业现代化

城郊地区的农业在城市发展中具有基础性，也具有市场化较强和边缘化较快的性质，推进农业现代化的普遍做法是大力发展都市现代高效特色农业，加快从传统农业到现代农业的转变。一是在农业产业体系建设上以从事菜篮子产品和粮食生产的多功能农业为主。如北京市郊区的农业种植结构以蔬菜和食用菌为主，其 2019 年种植面积所占的比重超过 1/3，同时畜牧业、食品加工业及商业服务业比较发达，组建北京首农食品集团，经营范围广，资产、营收双超千亿元，员工近 6 万人。二是在农业生产体系建设上以发展设施农业为主，有高投入、高产出、高成本、高风险特点。如宁夏银川市的闽宁镇依托贺兰山，组织来自山区的移民，开发水土资源，大力发展葡萄酒庄产业、肉牛养殖业和电商脱贫产业等。三是在农业经营体系建设上以发展新型农业经营主体为主，农业企业、合作社与专业大户等较发达，乡村集体经济组织有实力。如黑龙江省哈尔滨市的和粮农业公司，联合 8 家大型水稻杂粮种植专业合作社，集品牌培育、种植、加工和销售于一体，年销售大米杂粮总数量 30 万吨以上。四是在农业科技体系建设上加大投入，推动新品种、新技术、新模式的开发与集成，完善科技推广服务体系。如吉林省长春市在郊区建设现代农业博览园，集现代化、生态型、综合性于一体，是科技示范推广基地，也是设施农业展示应用基地，还是农业科普培训基地和观光农业旅游风景区。

## （二）注重开展新村建设整治，逐步建设美好乡村，推进农村现代化

城郊地区的农村在城市发展中具有社区性，也具有不断变化和持续调整的性质，推进农村现代化的重要做法是加强新村建设整治，推动生产生

活生态功能统筹、与城市功能衔接、加强新型社区建设。一是在基础设施建设和基本公共服务上投入较大，乡村基础条件较好，公共服务较多。如福建省厦门市加强统筹协调，实施乡村振兴战略，科学划分五类村庄[①]，推进村庄分类发展，完善政策体系，实施项目驱动，坚持典型示范，2020年乡村振兴项目累计完成投资326.77亿元，在全省率先打造8条"产业兴、生态美、环境优"示范动线。二是在思想观念和生活质量上追求较高，地方政府引导支持保障力度大。如四川省成都市郫都区制定《推进乡村振兴经营村庄分类推进考评实施办法》，将全区村庄及涉农社区分为精品提升村、示范达标村和全面启动村等三种类型，组织村庄查理项目并择优集中推介支持，通过先进带后进，实现后进变先进、先进向前进，推进乡村全面提升。三是在乡村治理和维护稳定上较难，非农产业发展较多，人口构成多元化，乡村社会运行和治理应不断变化。如上海市浦东新区的合庆镇，探索推进镇村体系重构、产业功能瘦身转型和空间布局有序调整，逐步建设成为浦东新区以生态休闲功能为主导的宜居型滨海特色镇，加强乡村数字化建设。

### （三）抓好改革，推动发展，整合资源，探索创新，推进农业现代化与农村现代化

城郊地区的农业和农村在城市发展中具有多重交叉性，也具有多功能性和能创新性，推进农业现代化和农村现代化一体发展的典型做法是注重整合资源、抓好改革试验、开放创新、制定规划、交替引领和互相推动。一是加强领导组织，促进农业农村发展创新。如湖南省岳阳市郭镇乡以麻布村为主，以建中村、磨刀村为辅，占地11000余亩，整合资源，分五期

---

① 即集聚提升中心村庄、转型融合城郊村庄、保护开发特色村庄、撤并拆迁衰退村庄和待定类村庄。

建设融现代农业、郊野公园、综合文旅等为一体的大型田园综合体"自在·云梦泽养生谷"项目，从 2018 年起实施，其现代农业发展等已产生较好影响。吉林省长春市农安县合隆镇陈家店村在国家、省、市、县支持下，开展了城镇化建设，发展村级公益事业，创新经济发展，大力融合第一、第二、第三产业，使农业与工业、服务业相协调，建设现代农业示范区和农业主题公园。二是强化规划引领，统筹城乡区域发展。如上海市浦东新区合庆镇编制实施了《浦东新区合庆镇总体规划暨土地利用总体规划（2015—2040 年）》，福建省厦门市编制实施了《厦门市村庄空间布局规划（2018—2035 年）》。三是建立协调机制，推动解决突出问题。如宁夏石嘴山市平罗县深化改革创新，积极争取中央、自治区和市政府支持，建设农村综合改革服务中心，集成推进 24 项农村改革试验任务，着力破解体制性障碍、机制性梗阻、政策性堵点，深入探索农村用地盘活新机制、现代农业发展新模式和农民收入增长新方式。

## 二、城郊地区农业农村现代化一体发展面临的问题

城郊地区处于我国加快发展、深化改革和维护稳定的前沿地带。从调研情况看，城郊地区在推进农业现代化和农村现代化一体发展方面还存在突出问题，需解决的问题敏感复杂。

### （一）受资源环境约束较大，农业经营成本高，推进农业现代化比推进农村现代化更难

城市郊区是农业劳动力转移就业程度很高和农村土地利用变化很剧烈的地区。我国城郊地区的经济发展水平相对较高，人口流动性强，有较好水利条件的土地特别是耕地资源稀缺，人多地少矛盾突出，土地等资源要

素珍贵，而且土地产权性质和土地利用方式多样，在土地构成上不仅有国有土地，还有集体土地，且集体土地不断被征用、占用和转为国有土地，相比于推进农村现代化，推进农业现代化更难更复杂，农业经营面临的资源竞争和环境约束很大，提高现代农业发展质量、效益和竞争力难度大，农业农村现代化还不均衡不充分。一是农村人的现代化和物的现代化发展较快，在农村人力资本提升的同时农业用工成本也上涨，在农村基础建设和村庄整治不断加强的同时农业用地越来越难获得，农产品生产经营成本及产品价格较高，难以与外地农业和乡村发展在成本价格特色方面开展竞争。二是农村的空间布局优化调整较快，而现代农业的结构优化调整不够，本地市民消费、农民增收、文化传承和生态建设等不充分。三是农村管理治理的转变创新比较普遍，而农业经营方式的转变创新不够普遍，特别是发展设施农业的做法，实际上是"用资金替代土地"，但其经营成本高，收益不确定，风险比较大。

**（二）受城市发展变化影响较大，乡村规划布局难，工农关系、城乡关系和乡村关系复杂**

城郊地区的发展具有动态性和不确定性，其地理位置特殊且重要，发展目标多维，农村地域在全域空间中所发生的变化调整大，加大对农业及乡村发展的投入难。一是城乡发展一体化尚待推进。目前我国的工业化和城市化尚未完成，随着工业化和城市化的快速发展，人口、住宅、工业和商业等不断从城市中心区向郊区扩散，乡村土地被征用和占用的情况比较普遍，在行政区划上，根据经济社会发展需要城市郊区会不断有所调整、拆分和重组。城市郊区推进农业农村现代化的内容，在规划布局上还存在难题，制约对农业农村现代化发展的长期投资。二是新型工农城乡关系尚未建立。目前城市郊区推进农业农村现代化与推进工业化、城市化之间的竞争或冲突还较多。相比于城市中心区及工商业发展和城市化建设，城郊地区的农业农村发展在城市主体功能中处于从属地位，在城市的稀缺资源要素的市场化配置中处于弱势地位，农业增加值在全部增加值中所占的比重下降幅度大。三是加强生态环境建设特别是生态涵养区建设的农民补偿难。生态环境建设保护对城市郊区发展意义重大，但投入产出有特殊性，需要考虑生态价值、生活价值和农民就业增收等问题，各地在探索实践中还不同程度地存在统筹不足、相互攀比、难以持续等各种矛盾或问题。

## （三）综合发展要求较高，深化改革矛盾多，推进乡村和谐稳定、宜居宜业和美丽家园建设存在一定难度

城郊地区的社会经济相对发达，农民就业增收渠道相对较多，与粮食主产区和丘陵山区相比，乡村人口在收入水平、生活质量和思想观念上追求较高，同时在人口构成上，既有农村居民，也有城市市民，不仅常住人口多，而且流动人口多，外来人口较多，改革、发展和稳定的矛盾相互交织，组织推进农业农村现代化工作难度大。一是农村集体产权制度改革敏感。不少城郊地区的集体经济相对发达，带来了大量经济收入，也带来了相关的经济管理、收入分配及收入差异处理问题。二是农村基层社会治理矛盾突出。在不少城郊地区的城乡接合部，"人的城市化"滞后，存在公共管理复杂和公共服务、社区治理不到位以及受投机、寻租、博弈影响等问题。三是推进农业农村现代化的制度体系不健全、不完善。不少城郊地区对农业农村现代化的重视和推进还不足，没有组织深入调研，对提高现代农业发展质量、效益、竞争力和推进乡村和谐稳定、宜居宜业、美丽家园建设的认识不深不透，也没有制定明确的战略目标和重点任务，在加强组织领导、战略规划、整合资源、增加投入、深化改革和协调推动上存在不足，地方支持创新不足，破解现实难题不力。

# 三、城郊地区农业现代化与农村现代化一体设计、
# 一并推进的思路与建议

把城郊地区的农业现代化与农村现代化工作抓好，努力做到两者一体设计、一并推进非常重要。城郊地区应依托区位优势，深刻认识农业和乡村在城市发展中的多种功能和独特属性，充分发挥政府、市场和社会的作用，调整优化农业结构和村庄规划布局，转变提升农业发展和乡村建设方式，逐步实施全域乡村整治，深入推进农村改革创新。要最大程度发挥以工补农、以城带乡的作用，尽早补齐农业农村现代化短板弱项，探索创新工农城乡关系，建立城乡融合发展的体制机制和政策体系，推动实现农业现代化和农村现代化一体发展。

## （一）以改善环境条件为基础，实行布局优化功能组团，协同推进乡村生产生活基础设施建设

针对城市郊区农业经营成本偏高、农村人居环境较差的突出问题，要立足新发展阶段，深入调研、扬长避短、因地制宜、系统谋划，统筹考虑现代农业生产发展、乡村人口生活改善和城乡生态建设保护等的需要，健全和完善城乡区域发展中长期战略规划，调整优化县乡村的空间布局和产业结构，明确县域内的农牧业、园林区和居住社区等功能分区，实行功能组团发展，加强农村土地整理、耕地质量建设和乡村人居环境示范整治，探索土地集中连片整治和村庄结构调整、道路硬化、行路亮化、庭院净化等，健全基础设施，加强公共服务，保护生态环境，推进农业适度规模经营，推进乡村宜居宜业，推进乡村振兴战略落地见效，全面建设美丽乡村。

**（二）以做强乡村产业为重点，集中打造特色比较优势，构建综合发展的乡村产业就业系统**

针对城市郊区实现农业高质高效发展具有复杂性、城乡居民收入差距大的突出问题，要提高都市现代特色农业发展水平，推进种业创新和农牧循环，加强菜篮子产品供应保障，提高粮食生产发展质量，加快发展乡村特色产业。要在乡村产业发展中引入新思想、新技术和新元素，以满足城乡居民对美好生活的不断增长的需求为导向，探索用科技创新、现代美学、人文艺术点亮传统乡村，加快推进郊区农业产业体系、生产体系、经营体系和科技支撑体系现代化，促进产业链上下游配套，多业态经营，多功能拓展和产业多元化、多样化、集群化发展，推进农业高质高效发展和农民增收致富，逐步建立形成综合发展的乡村产业体系、就业平台和稳定创收渠道。

**（三）以吸引优秀人才为动力，激励各种人才下乡进村，促进城乡区域人口的合理流动**

针对城市郊区受城市发展变化的影响较大、城乡发展一体化尚待推进的突出问题，要提升对乡村空间公共性的认识，深刻理解推进乡村现代化的目的是让乡村发展为人服务，不仅要为农民服务，而且要为市民服务，还要为各种临时或流动人口服务，引导促进乡村人的发展。要推进城乡发展一体化，加强新型乡村社区建设，将新型乡村社区作为实施新型城镇化战略的重要组成部分，以社区为主要载体，集聚乡村人口，提升生活品质，发展文教、卫体等社会事业和健康、休闲、养老等新兴产业。要紧紧围绕开发乡村所特有的功能，包括生产供给蔬菜、粮食和其他重要农产品，为国家、城市和乡村提供生态屏障和生态产品，传承国家、民族、地域的优秀传统文化等，以建设现代农业和美好乡村的事业吸引、集聚人才，培育新型市场主体，发展生产、技术与金融服务，改进文化、社会和生活服务。要引导小农进步和人口合理流动，让不愿意从事农业的人口积极转产转业，让愿意从事农业的人口积极向职业农民发展转变，推进乡村人的全面发展。

**（四）以投入涉农资金为关键，建立健全农业发展和乡村建设投资融资机制，探索创新"三农"金融服务体系**

针对城市郊区受城市发展变化的影响较大、新型工农城乡关系尚未建立的突出问题，要加强生产生活生态功能统筹，促进都市现代特色农业高质量发展，扩大乡村消费和投资，有计划、有步骤、有组织地实施乡村建设行动，优先增加城市财政对农业发展和乡村建设的投入，健全普惠金融政策工具箱，完善政策性金融、商业性金融与合作性金融合理分工的"三农"金融服务体系和政策，积极拓展农业发展和乡村建设投入渠道，依法依规保障农业发展和乡村建设投入回报，探索创新农业发展和乡村建设投融资机制，加强现代科技装备应用，逐步推进村庄整治，推动城乡融合发展落地见效。

**（五）以提升治理效能为保障，建设城乡融合新型基层社区，处理好深化改革、促进发展和社会稳定的关系**

针对城市郊区综合发展要求较高、深化改革发展矛盾多的突出问题，要把解决好"三农"问题作为党政工作的重中之重，加强和改进乡村治理，以建设城乡融合新型基层社区为抓手，以处理好乡村内部以及城乡之间人与人的社会关系为核心，坚持和巩固良好社会秩序，坚决维护社会和谐稳定，不断激发社会活力，推进社会治理现代化。重点是顺应时代发展需要，处理好深化改革、促进发展和社会稳定的关系，贯彻实施《中国共产党农村工作条例》和《中华人民共和国乡村振兴促进法》，健全完善城乡发展一体化体制机制，深化农村改革创新，构建更加完善的要素市场化配置体制机制，强化县（区）域统筹协调，发展新型集体经济，重视做好经营村庄工作，探索创新数字治理，加强社会文明建设。

执笔人：秦中春